东亚货币金融合作与中国对策

DONGYA HUOBI JINRONG HEZUO YU
ZHONGGUO DUICE

首都经济贸易大学出版社

Capital University of Economics and Business Press

·北 京·

图书在版编目（CIP）数据

东亚货币金融合作与中国对策/张毅来著. —北京：首都经济
贸易大学出版社,2016.8

ISBN 978 - 7 - 5638 - 2552 - 3

Ⅰ.①东…　Ⅱ.①张…　Ⅲ.①货币—国际合作—研究—
东亚　Ⅳ.①F823.1

中国版本图书馆 CIP 数据核字（2016）第 216169 号

东亚货币金融合作与中国对策
张毅来　著

责任编辑	刘　欢
封面设计	**风得信·阿东** FondesyDesign
出版发行	首都经济贸易大学出版社
地　　址	北京市朝阳区红庙（邮编 100026）
电　　话	（010)65976483　65065761　65071505（传真）
网　　址	http://www.sjmcb.com
E - mail	publish@cueb.edu.cn
经　　销	全国新华书店
照　　排	首都经济贸易大学出版社激光照排服务部
印　　刷	北京九州迅驰传媒文化有限公司
开　　本	710 毫米 ×1000 毫米　1/16
字　　数	226 千字
印　　张	13.25
版　　次	2016 年 8 月第 1 版　2016 年 8 月第 1 次印刷
书　　号	ISBN 978 - 7 - 5638 - 2552 - 3/F·1434
定　　价	33.00 元

目　　录

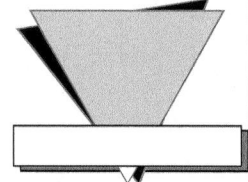

导　言

本书的问题意识

随着经济全球化的快速发展，世界各国的经济联系正前所未有地日益紧密。特别是在金融资本交易方面，随着各国资本项目自由化和 IT 技术的发展，资本可以在瞬间移动到世界上的各个角落。很多发展中国家具有较高的资本边际收益，但是资本不足。国际资本流动，使全球资本都可用于这些发展中国家的经济发展，投资者也能获得较高的收益。从世界的角度来看，这提高了资本的利用效率。金融全球化给许多全球经济参与者带来了实际、客观的利益。

但是，在这个金融全球化的过程中，世界各地屡次爆发了较大规模的货币金融危机。特别是 20 世纪 90 年代以来，先后发生了欧洲货币金融危机（1992—1993 年）、墨西哥货币金融危机（1994—1995 年）、东亚①货币金融危机（1997—1998 年）、俄罗斯货币金融危机（1998 年）、巴西货币金融危机（1998 年）、厄瓜多尔货币金融危机（1999 年）、阿根廷货币金融危机（2001 年）以及最近美国次信贷危机引起的全球金融危机（2007 年至今）等。这一系列货币金融危机给当事国造成了巨大的经济损失，并且影响了世界经济的稳定。

特别是 1997 年的东亚货币金融危机，给经济发展迅猛的泰国、韩国、印度尼西亚、马来西亚、菲律宾等亚洲国家造成了巨大的经济打击。货币金融危机不仅使这些国家的经济高速增长遇到挫折，而且还导致一些国家出现了社会动乱和流血骚乱。为了吸取经验教训，认识到货币投机引起的金融危机危害的严重程度以及一个国家应对金融危机的能力极限，防止货币金融危机再次发生，东亚各国的货币金融合作热情一度高涨。其中，基于对 1997 年东亚货币金融危机发生的原因的认识，如各国的汇率制度问题、"双失调"问题、国际流动性支援不足的问题等，探讨了各种货币金融合作的方式和对策，一部分已付诸实行。

---

①　本书研究中所称的东亚，指的是包括东北亚和东南亚在内的"东亚"，亦即东盟（10 国）+3（中日韩）；这一业内的称谓之内涵与人们日常地理区划概念中的"东亚"之内涵明显有区别，请读者留意。

　　但是很遗憾的是，东亚货币金融合作方式与对策的相关研究的主要着眼点，是如何应对引发东亚货币金融危机的独特机制。除了其独特发生机制以外，本书着眼的是，东亚货币金融危机与世界各国屡次发生的一系列货币金融危机的共同原因。这个共同原因就是：当前国际货币体系"美元本位制"①的内在缺陷。2007 年发生的美国次信贷危机引发了世界性的金融危机，这使得"美元本位制"的内在缺陷再次受到世界关注，"美元本位制"的可持续性问题再次成为一大话题。因此，研讨东亚货币金融合作时，必须明确其与"美元本位制"缺陷之间的关联性，思考如何应对及开展国际合作。

　　第一位从理论上提到"美元本位制"存在严重问题的，是耶鲁大学前教授特里芬（Robert Triffin）。特里芬从 20 世纪 60 年代开始将"美元本位制"的缺陷以"流动性的困境"作为理论总结加以提出，他认为随着世界经济的发展和国际贸易的扩大，全球交易需求的发展需要相应的国际流动性的增加，此时如将一个国家的货币（也就是美元）作为世界的基轴货币②，也就是国际流动性的主要工具，就必然存在内在矛盾。具体来说，如果只考虑供应全球充分的国际流动性，则美国的对外收支必然为赤字，这必将导致美元的信用下跌，而这将动摇美元作为国际流动性工具的基础；但如果考虑美元的国际信用，就要求美国维持其对外收支平衡，但这又不可能给全球提供足够的国际流动性，又会抑制全球经济的发展。这就是"流动性的困境"。基于这一认识，国际货币基金组织（IMF）建立了特别提款权（SDR）③（不是任何一国货币），作为一种国际流动性工具。但是特别提款权在实际应用中未能充分发挥作用，在国际流动性中仅占极

---

　　①　"美元本位制"的核心含义：以美元作为主要的世界基轴货币的国际货币体系。

　　②　贯穿本书的一个重要概念，就是"基轴货币"。基轴货币，是指一定范围内的"最强最成功"的国际货币，如世界基轴货币就是全球范围内"最强最成功"的国际货币。它扮演了这个范围内的国际外汇市场上交易中介货币的职能，并由此衍生出国际结算货币、标价货币、介入货币、储备货币等功能。所谓"最强最成功"，就是指能够最广泛、最充分地发挥这些功能。后文还会对此进行较详细阐述。

　　③　特别提款权（SDR）是 IMF 于 1969 年创设的国际储备资产，作为完善各国国际流动性的工具。SDR 的价值是由主要 4 大国（或地区）的货币（美元、欧元、日元、英镑）所构成的货币篮子价值确定的，可进行国际结算。2016 年 10 月 1 日起，人民币将正式被纳入这个货币篮子，由此，人民币价值也将对 SDR 价值产生重要影响。

小份额，美元作为国际流动性的主要工具，也就是世界基轴货币的地位没有任何变化。

虽然存在这一根本性的矛盾，但在布雷顿森林体系下，为了保证基轴货币——美元的信用，人们还是做了一些尝试。简单说，各国要求美国保持美元对黄金兑换的义务，以期通过美国有限的黄金储备约束，使其不得不规范自己的货币金融政策，进行负责任的经济运营，以保证美元价值稳定，进而维持整个世界价值体系的稳定。但众所周知，经过1971年的"尼克松冲击"，对美国的这一束缚被美国自己解除了。这也标志着布雷顿森林体系瓦解。但通过这一体系建立起来的美元的基轴货币地位不但没有丧失，反而得到了空前强化，最终形成了"美元本位制"。而美元基轴货币地位得以空前强化主要体现在：从1973年开始，从黄金兑换束缚中解放出来的美元，随着主要发达国家陆续实行了浮动汇率制，其作为基轴货币，几乎可以无止境地行使"负债结算"的这一特权得以形成。由此产生了以过剩美元为主的世界性过剩货币资本和过剩的资本流动，形成了远超实体经济规模的金融经济规模。在这样的背景下，国际投机机构就能动用巨大规模的过剩货币资本，轻易影响甚至操纵许多国家的货币汇率。在这种情况下，世界各国特别是许多发展中国家屡次爆发货币金融危机，这与过剩美元的根源——美国经常项目收支赤字的累积，以及可持续性问题，都是"美元本位制"严重缺陷的具体体现，需要特别重视。

1997年的东亚货币金融危机就与这些缺陷具有重大关系。因此，东亚各国不应只考虑如何在战术层面，在有缺陷的"美元本位制"中独善其身，而应该具备更高层面的战略思想，去思考如何改革"美元本位制"；而这，就需要东亚各国深度合作。这是东亚货币金融合作的真正意义所在。

在明确了通过东亚货币金融合作改革国际货币体系的战略之后，应根据东亚现状，认真考虑东亚货币金融合作的具体方式。当然，探讨东亚货币金融合作时，中国的作用无疑是巨大的和决定性的，因此，在东亚货币金融合作中，中国的作用和对策也是要解决的重要课题之一。

因此，本书以"东亚货币金融合作与中国对策"为书名，从理论上总结了笔者迄今为止对该问题的系统性思考。希望以这个研究加深当前对于

东亚货币金融合作的理解和认识，引入一些中国经济改革过程中应考虑的新视角，促进各界思考如何推动东亚货币金融合作，维护世界经济稳定和中国经济的持续发展。

本书的框架构成

本书由包括导言和结语在内的共 7 章构成。

第一章明确了美元对黄金停止兑换后的"美元本位制"的各种问题和内在缺陷，明确了这些问题和缺陷与世界各地屡次发生的货币金融危机之间的关系，并详细梳理了 1997 年东亚货币金融危机的独特发生机制。通过这两方面的探讨和整理，详细阐明了"美元本位制"和东亚货币金融危机之间的深刻联系。

第二章从改革"美元本位制"的观点出发，提出为了构建"复数基轴货币体系"，需要以促进东亚货币同盟的发展为终极目标来开展东亚货币金融合作。为了建立更稳定的国际货币体系，这对东亚各国和世界各国来说都具有重要的积极意义。为了实现该目标，需要大力推动深化东亚货币金融合作。本章还详细讨论了如何深化这样的合作。

第三章围绕理应在东亚货币金融合作中发挥重要影响力的中国进行分析，阐明了参与和推动东亚货币金融合作所能够给中国带来的诸多利益。

第四章探讨了中国在东亚货币金融合作过程中所能够发挥的重要作用。

第五章探讨了为深化和推动东亚货币金融合作，中国应如何进行相关的国内经济改革。

主要的先行研究和本书的关联性

直接系统研究本书的主题"东亚货币金融合作与中国的对策"的先行研究非常少。但与本书的各个组成部分或多或少相关的先行研究还是很多。

日本的学者对东亚货币金融合作的整体情况，包括从东亚货币金融危机的独特发生机制来探讨东亚货币金融合作的必要性、具体策略，并对东亚地区的货币体系改革的方式方法等问题做出了卓有成效的研究，例如中条（2002、2010）[①]、吉富（2003）[②]、村濑（2004、2007）[③] 等人。本书对他们的观点进行了整理，并引入了改革"美元本位制"的新视角。

从现状看，有关东亚货币金融合作中最缺乏具体进展的，以汇率合作为中心的东亚货币合作方面的改革，也存在许多优秀的先行研究。而本书中对此问题讨论的出发点，就是由艾肯格林（Eichengreen，1994）[④]、奥布斯特费尔德和罗戈夫（Obstfeld，Rogoff，1995）[⑤]、费舍尔（Fischer，2001）[⑥] 等人提出的"两极论"。对此，上述的吉富（2003）则主张东亚应实行中间汇率制度，而不是两极的汇率制。其具体方案是由威廉姆森（Williamson，2000）[⑦] 提议的根据以美元、欧元、日元这三种货币构成的 G3 货币篮子，按照 BBC（Basket，Band and Crawl：爬行区间汇率制度）规则运行的管理浮动汇率制[⑧]。

当然也有不赞同上述观点的著名观点。如以麦金农（McKinnon，2001）[⑨] 为代表，仍然主张东亚各发展中国家应坚持"钉住美元汇率制"的观点。麦金农认为：对于东亚的许多发展中国家而言，"钉住美元汇率制"更具有优势，因为"钉住美元汇率制"促进了各国的外资引进和外贸

---

① 中條誠一. アジア通貨危機と通貨・金融協力 [A]. 见：青木健，馬田啓一編. 日本の通商政策入門 [C]. 日本：東洋経済新報社，2002.

中條誠一. アジアの通貨・金融協力と通貨統合 [M]. 日本：文真堂，2010.

② 吉冨勝. アジア経済の真実 [M]. 日本：東洋経済新報社，2003.

③ 村瀬哲司. 東アジアの地域通貨圏，二段階で形成を [A]. 见：青木健，馬田啓一編. 政策提言：日本の対アジア経済政策 [C]. 日本：日本評論社，2004.

村瀬哲司. 東アジアの通貨・金融協力 [M]. 日本：勁草書房，2007.

④ Eichengreen B. International Monetary Arrangements for the 21st Century [M]. Washington, D. C., Brookings Institution, 1994.

⑤ Obstfeld Maurice, Rogoff K S. The Mirage of Fixed Exchange Rates [J]. Journal of Economic Perspectives, 1995（9 -4）.

⑥ Fischer Stanley. Exchange Rate Regimes：Is the Bipolar View Correct？ [J]. Journal of Economic Perspectives, 2001（15 -15，15 -2）.

⑦ Williamson John. Exchange Rate Regimes for East Asia：Reviving the Intermediate Option [J]. Institute for International Economics, 2000.

⑧ 以下称为"以 G3 货币篮子为基准并按照 BBC 规则运行的管理浮动汇率制"。

⑨ McKinnon R I. After the Crisis, the East Asian Dollar Standard Resurrected：An Interpretation of High - frequency Exchange Rate Pegging [J]. SCID Working Paper, 2001（88）.

稳定。这一观点实际上属于"美元本位制"的强化论或正当论。虽然有这种特殊的主张，但是日本学者中，如上述的中条和村濑，以及小川、清水（Ogawa，Shimizu，2008）① 等人提出：应该经由上述威廉姆森所述的中间汇率制度，过渡到采取固定汇率制的亚洲货币制度（AMS：Asian Monetary System），再最终实现东亚的货币同盟，也就是亚洲共通货币——亚元。这种观点在日本学界逐步获得了一定的共识。

同一时期，中国学者的相关先行研究也很引人注目。

首先，有很多研究者根据地区经济一体化论的基本理论——最优货币区理论（OCA），探讨了东亚货币金融合作的合理性。从总体的结论来看，他们大都认为，东亚货币金融合作具有合理性，但是东亚整体上很难实现高层次的货币金融合作。因此，目前不应从整个东亚的合作开始，而应先从一部分具备条件的地区的合作开始，之后慢慢扩大合作地区的范围。这个观点不同于很多外国的研究，其代表性的研究者包括白当伟和陈漓高（2002）②、刘振林（2006）③ 等。

基于上述认识，应分阶段推进东亚货币金融合作的观点获得了一定共识。代表性的研究者包括李晓、丁一兵（2002，2003）④，何帆（2001）⑤ 等。李晓、丁一兵（2002，2003）根据货币金融合作的难易度，提出了阶段论：第1阶段中，各国各自改革汇率制度，采用适合于自己国家的钉住一篮子货币汇率制；第2阶段中，在具备条件的东亚部分地区，分别采用共同的货币篮子进行钉住，首先实现小区域内的货币稳定；第3阶段中，在这些局部地区首先实现货币同盟；第4阶段中，在第3阶段的基础上，实现整个东亚的货币同盟。此外，何帆（2001）则认为所谓的东亚货币金融合作初步就是各国的经济相互监督和清迈倡议（Chiang Mai Intiative：CMI）的强化这两个阶段，并提出了一些独特的阶段判定标准。

---

① Ogawa Eiji, Junko Shimizu. A Role of the Japanese Yen in a Multi - Step Process toward a Common Currency in East Asia [J]. Fukino Project Discussion Paper, 2008 (003).

② 白当伟，陈漓高. 东亚货币联盟的实现途径——一个设想方案 [J]. 世界经济研究，2002（6）.

③ 刘振林. 东亚货币合作与人民币汇率制度选择研究 [M]. 北京：中国经济出版社，2006.

④ 李晓，丁一兵. 论东亚货币合作的具体措施 [J]. 世界经济，2002 (11).

⑤ 何帆. 危机之后的亚洲货币合作 [J]. 国际经济评论，2001 (1，2).

　　中国的先行研究者中，不仅从上述最优货币区理论来思考，而且从最接近本书的观点，即针对"美元本位制"的缺陷来提倡东亚货币金融合作的必要性的观点也是有的。李晓、丁一兵（2006）① 着眼于"美元本位制"下过剩的货币投机活动，认为为了实现货币稳定而在全球范围内进行整体货币合作很难，因此有必要采取"次善之策"——区域货币合作，也就是开展东亚货币金融合作。但是李晓（2011）② 并不注重东亚货币金融合作对"美元本位制"缺陷所存在的改革潜力，而是强调"美元本位制"的可持续性，认为东亚货币金融合作的目标并不应着眼改革"美元本位制"，而应以"美元本位制"为基础来开展货币金融合作；这一点与本书观点完全不同。本书阐述了应该通过东亚货币金融深度合作形成"复数基轴货币体系"，限制美国的"负债结算"能力，从根本上改革"美元本位制"缺陷的观点。

　　对于中国是否应该参与东亚货币金融合作这个问题，学者们的主张大体上可分为赞成派、部分赞成派和否定派。

　　赞成派的代表是刘力臻、谢朝阳（2003）③，李晓、丁一兵（2004、2005）④ 等。刘力臻、谢朝阳（2003）认为：1997 年东亚货币金融危机时，为避免人民币贬值，防止危机进一步扩大和恶化，中国付出了较大的经济代价，但区域内的货币稳定成本理应由区域内各国分担，中国应参与东亚货币金融合作，从而防止当再次遇到货币金融危机时，中国再次独自承担维稳的巨大成本。李晓、丁一兵（2004、2005）认为：以日元国际化的经验为教训，参与东亚货币金融合作，能促进人民币的国际化，因此应积极参与。对于此类观点，本书持赞成态度，但本书进一步阐明，参与东亚货币金融合作之后，中国能得到的好处不仅在于此，中国不仅需要吸取日元国际化的经验，也要吸取德国马克国际化的经验，通过东亚货币金融合作，不仅仅满足于推动人民币的国际化，更应该追求让人民币成为东亚

---

　　① 李晓，丁一兵. 亚洲的超越［M］. 北京：当代中国出版社，2006. 李晓将"美元本位制"称为"美元体制"。

　　② 李晓. 东亚货币合作为何遭遇挫折［J］. 国际经济评论，2011（91）.

　　③ 刘力臻，谢朝阳. 东亚货币合作与人民币汇率制度选择［J］. 管理世界，2003（3）.

　　④ 李晓，丁一兵. 新世纪的东亚区域货币合作：中国的地位与作用［J］. 吉林大学社会科学学报，2004（3－2）.

的基轴货币的目标，本书同时还详细讨论了其方式方法和潜力。

部分赞成派的代表是张斌（2004）①。张斌认为：中国应将东亚的金融合作和货币合作分开考虑。张斌肯定了中国参与东亚金融合作的必要性，但否定了中国参与东亚货币合作的必要性。因为以货币篮子为主要内容的东亚货币合作，影响了人民币对美元的稳定性，不利于中国的外贸和引进外资。该观点实际应属于"美元本位制"的强化论，从根本上不同于本书的基本观点。

否定派的代表是姚枝仲（2004）②。姚枝仲认为：中国不需要为了实现人民币国际化而参与东亚货币金融合作。因为通过贸易竞争压力的差距，中国可以独力在东亚推动人民币的国际化。对于该主张，本书持不同意见。因为即使存在贸易竞争压力的差距，其他东亚各国不一定总是需要为实现本币对人民币的稳定而主动采取行动，恰恰由于存在贸易竞争压力的差距，中国应该担当起推动东亚货币金融合作的重任。

最后，关于中国国内经济改革的研究也很多。但是，其中绝大部分研究并不是从东亚货币金融合作的角度来加以思考的，本书则希望从这一角度理顺一些思路，也就是用推动和深化东亚货币金融合作的观点来综合考量中国自身的经济改革。

当然，除了上面列出的一些与本书内容有关的具有代表性的先行研究外，还有其他许多充满真知灼见的先行研究，这里由于篇幅关系，不能一一列出，只能割爱，但其中的一部分还会在本书后文陆续介绍。总之，我将在本书中基于这些先行研究的远见卓识，逐步阐述自身的观点体系。

---

① 张斌. 东亚区域汇率合作：中国视角［J］. 世界经济，2004（10）.
② 姚枝仲. 不对称竞争压力与人民币的亚洲战略［J］. 世界经济与政治，2004（7）.

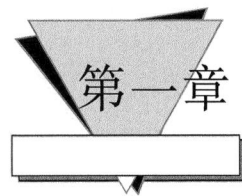

第一章

国际货币体系和东亚货币
金融危机

引　言

　　近年来，世界各地屡次发生了较大规模的货币金融危机。这一系列危机的原因包括：经济政策的问题，经济基本面的问题，金融体系的问题，产业结构的问题，激进的金融自由化等。但是，屡次发生的货币金融危机与现今的国际货币体系也同样存在深刻关系。正是因为当前的国际货币体系存在某些问题，才会如此频繁地发生货币金融危机。因此，为推进防止货币金融危机再次发生的东亚货币金融合作，要先搞清楚当前国际货币体系中存在的问题和货币金融危机之间的必然联系。

　　那么，现今的国际货币体系存在的问题是什么呢？这就是"美元本位制"。布雷顿森林体系瓦解后，已无国际机构和体系能提供稳定的国际货币秩序，以至于现在的这种状态甚至有时也被称为"无体系状态"。但其实却"乱中有序"。当前，美元是全球最主要的基轴货币，使得美国几乎无须为此承担任何义务，却一味地享受美元基轴货币特权所带来的巨大好处。"美元本位制"中的缺陷，是现在频繁发生的很多货币金融危机的共同根源。但这个问题一直以来在以美国为中心的西方学术界，被有意无意地淡化了。这个问题的核心是"美元本位制"下的过剩货币资本及其过剩流动所带来的不稳定性。

　　因此，在探讨东亚货币金融合作时，不应该只考虑为了防范类似1997年那样的货币金融危机的独特发生机制，而应该树立更高层面的战略思想，也就是从纠正当前的国际货币体系——"美元本位制"这一角度进行更深入的思考。当然，如何防止类似的独特发生机制再次起作用，这也是东亚货币金融合作的一个重要立足点，是探讨东亚货币金融合作无法回避的问题。因此也需要了解1997年发生的东亚货币金融危机的独特发生机制。所以，基于这样的问题意识，本章将详细探讨"美元本位制"的各项缺陷与1997年东亚货币金融危机之间的因果关系，东亚货币金融危机独特的发生机制，以及为防止此类危机再次发生的东亚货币金融合作的方向和具体方法。

第一节 "美元本位制"与当今国际货币体系的 不安定性

国际货币体系根据不同阶段的基本特征，可分为"金本位制"（1944年以前）、"黄金·美元本位制"（1944—1971年）和"美元本位制"（1971年至今）三个阶段。"美元本位制"中，1971—1973年是所谓"史密森体制"的固定汇率制下的"美元本位制"，但其维持时间非常短暂。1973年2月，主要发达国家改用浮动汇率制，史密森体制崩溃，但美元依然作为世界基轴货币继续发挥作用；国际货币体系成为当前浮动汇率制度下的"美元本位制"。"美元本位制"是指各国的货币价值以美元为度量标准进行对外标价，以美元为中介进行货币兑换的体系①。具体而言，当前美元是全球的外汇交易中介货币，不仅在发挥国与国之间的合同和结算货币、标价和投资货币等民间部门的国际货币的功能时具有压倒性优势，而且在发挥基准、介入、储备货币等公共部门的国际货币的功能时也具有压倒性优势。特别是在现今的浮动汇率制下，在银行间的外汇市场上，美元使用量占有压倒性的份额，美元依然占据着基轴货币的地位，各国的对外交易仍然需要依靠美元。这种"美元本位制"下，存在以下严重缺陷，正是这些缺陷引发了频繁的货币金融危机等一系列严重问题。

1. 过剩美元问题

过剩美元的问题是国际货币关系中的"不对称性"问题②所引发的。美国发行美元，而美元是世界基轴货币，因此美国就具备了能够忽略本国经常项目收支赤字、自由裁量金融政策的特权，这就产生了后面的一系列问题。"不对称性"问题在布雷顿森林体系确立的"黄金·美元本位制"中就已经存在了。这是因为尽管"黄金·美元本位制"通过规定美国的国际结算方式，表面上使美国的国际结算能力仍然受到其黄金储备量的约束，但是在具体实际操作的过程中，这样的约束并没有发挥强有力作用。

---

① 德永正二郎. 国際通貨·ドル本位制·変動相場制［J］. 経済学研究，1989（54 - 6）.

② 与"美元本位制"和"黄金·美元本位制"形成对照，"金本位制"下，各国最终的国际结算都以黄金进行，货币关系十分"对称"。

具体来说，在"黄金·美元本位制"下，美国的国际结算流程是这样的：

经常项目收支赤字扩大→美元贬值→其他黑字国的货币当局介入外汇市场购入美元→购入美元国家的美元外汇储备增加→美元外汇储备持有国要求美国以黄金兑换自己所持有的美元→美国的黄金储备量减少，赤字最终通过美国的黄金储备结算。

表面上看，美国的对外赤字最终通过其黄金储备结算，还算公平。但各国在实际操作过程中，并没有每年都要求美国进行黄金结算，因此，从这一阶段开始，美国通过对外赤字向世界供给的美元就已经开始逐渐超过美国的黄金储备了。实际上，美国从 19 世纪 50 年代末之后发行的美元就已经超出了其黄金储备额。而从 1967 年开始，仅算流入其他国家公共部门的美元，就已超出了美国的黄金储备量。所以说从这一阶段开始，美国就已具备了忽视本国经常项目赤字，而进行所谓"赤字结算"或"负债结算"的国际结算特权了。而这是其他任何国家所不可能拥有的能力。这样，美国与其他各国就产生了所谓的"不对称性"问题①。

但是，1971 年，由于"尼克松冲击"，即美国单方面的"黄金、美元停止兑换"宣言，当时世界主流的固定汇率制崩溃，标志着"美元本位制"正式形成。此时，连名义上的黄金储备结算的束缚都被美国彻底摆脱了，"不对称性"问题变得更加严重，美国连年巨大的经常项目收支赤字仅仅通过美元钞票结算，根本不必考虑其会不会影响美国的黄金储备，只要各国愿意继续接收美元，美国印刷钞票给它们就行了。而各国确实愿意继续接收美元，因为在"黄金·美元本位制"中建立起来的美元国际结算没有其他的可替代机制，美元继续扮演着世界基轴货币的角色，各国进行国际结算时依然受到美元储备的制约。例如，小西（1983）②就认为：在浮动汇率制下，只要各国继续通过美国的金融机构和市场用美元进行国际结算，美元继续发挥着国际外汇市场上的货币间兑换的中介货币的功能，那么各国就依然需要美元，从公共部门来说，就依然需要用美元来做储备货币和介入货币。这样的后果主要有两个方面：一方面美国从中获得了难

---

　　①　张毅来. 国际金融体系的构造缺陷与亚洲金融危机的内在联系 [J]. 经济经纬，2007（4）.

　　②　小西一雄. 現代における通貨と信用の諸問題 [A]. 见：北原勇，鶴田満彦，本間要一郎. 資本論体系第 10 巻 - 現代資本主義 [C]. 日本. 有斐閣，1983.

以估量的长期的经济利益，另一方面世界的麻烦开始了。仅就后一方面来说，美元无节制的发行量远远超出了实体经济交易所需要的货币量，出现了过剩美元的问题①。

不断猛增的欧洲美元市场的规模，就反映了过剩美元的客观存在。1972 年，欧洲美元市场还只有 0.09 兆美元左右②。但到了 2010 年，就已经超过了 5 兆美元。30 多年里，扩大了约 56 倍。而该时期美国的名义 GDP 规模，仅从 1972 年的 1.2 兆美元增长到 2010 年的 14.6 兆美元。也就是说，2010 年的名义 GDP 只比 1972 年扩大了 12 倍左右。从这一点就可以看出，美元货币的增加速度远远超过了美国实体经济的成长速度。此外，1972 年的欧洲美元市场规模只占该年美国名义 GDP 规模的 8% 左右，但是，2010 年该比率则超过了 34%。从这一点也可以明显看出过剩美元的客观存在。

2. 各国的信用膨胀和世界过剩货币资本的构造化

"金本位制"和"黄金·美元本位制"瓦解之后，尽管按照浮动汇率制允许美元贬值，但美国获得的更多。一方面其摆脱了黄金储备的束缚，长期通过"负债结算"维持着经常项目收支赤字，结果导致了过剩美元。另一方面，随着"黄金·美元本位制"的瓦解，黄金也随之淡出了国际结算工具的角色，结果美国以外的各国的央行信贷也彻底摆脱了黄金储备的制约③，得以不断扩张④。在这一背景下，全球大规模的过剩货币资本的结构化得以形成。根据国家的发展阶段和汇率制度等经济条件的不同，货币资本的扩张原因也有所不同，基本可分为以下 3 类：

（1）在当前以浮动汇率制为主流汇率制度的"美元本位制"中，随着发达国家纷纷金融自由化，大量的过剩美元进入这些发达国家。由于美元和各国货币之间的自由兑换关系，过剩美元促进了各国货币资本的

---

① 所谓"过剩"是相对实体经济发展所需要的货币量来衡量和定义的。

② 奥田宏司. ドル体制の変遷と現局面［J］. 経済学研究, 1999（66 - 4）.

③ 本来在"黄金·美元本位制"下，各国有美元储备制约，而美元又名义上受到黄金储备制约，因此，可以理解为此时各国货币发行仍受到一定黄金储备的制约。当然这种制约力已经远远不能与"黄金本位制"时相比了。

④ 小西一雄. 現代における通貨と信用の諸問題［A］. 見：北原勇, 鶴田満彦, 本間要一郎. 資本論体系第 10 巻 - 現代資本主義［C］. 日本：有斐閣, 1983.

膨胀。

（2）发展中国家由于彻底摆脱了黄金储备的制约，导致央行能够自由发行货币，在一些缺乏货币发行纪律和政策能力较弱的国家，就引发了货币资本高速膨胀，甚至是恶性通货膨胀。如南美各国。

（3）在中国这样的国际收支巨额顺差的国家，由于积累了巨额的美元外汇储备，在实行"钉住美元汇率制"或类似的对美元保持稳定的汇率制下，则会带动国内的货币供给量的增加，引发"输入型"的过剩流动性的发生。

当然这三个因素也可以在一个国家里同时起作用。这样，过剩美元就导致了全球过剩货币的结构化。图1和图2就反映了这个现状。

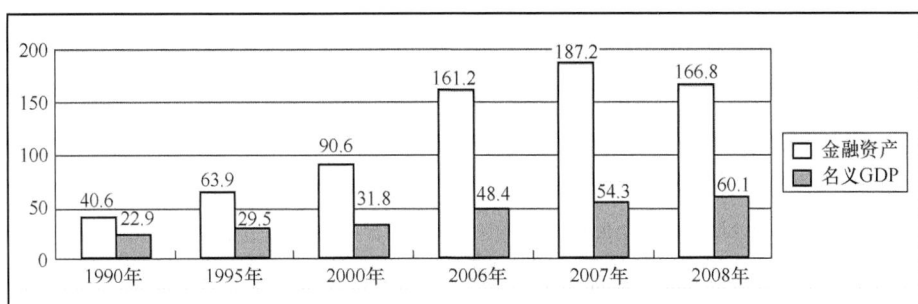

图1 世界金融经济和实体经济规模的比较（单位：兆美元）

资料来源：World Federation of Exchange，IFS，OECD，ADB，日银，FRB，ECB.

出处：三菱 UFJ 证券。

注1：全球的金融资产＝全球的股票市值总额＋全球的债券发行余额＋全球的存款。

注2：全球的存款（货币供应量）是日本、美国、欧盟、英国、加拿大、亚洲新兴工业经济体（ANIEs）、东盟（ASEAN）、中国、印度的总额。

从图1和图2可以清晰地看出，全球的金融资产总额早已远远超过了全球的名义 GDP 的总额[①]。图1显示，1990年，全球的金融资产总额为40.6兆美元，2007年达到最高值187.2兆美元。而实体经济中，1990年，全球的名义 GDP 总额为22.9兆美元，2008年扩大到60.1兆美元。图2显示，金融经济规模对实体经济规模的比率从1990年的1.8倍扩大到2008

---

① 金融资产是存量数据，而 GDP 则是流量数据，二者本不能相比。但上述金融资产的存量数据都已经远远超过 GDP 了，而其流量数据又比存量数据高得多，因此实际结果只会更严重。

年的 2.8 倍。这一点证明了当今世界上客观存在着过剩货币资本。全球的过剩货币资本不但引起了过剩的国际流动性问题,而且产生了过剩的国际资本流动问题。

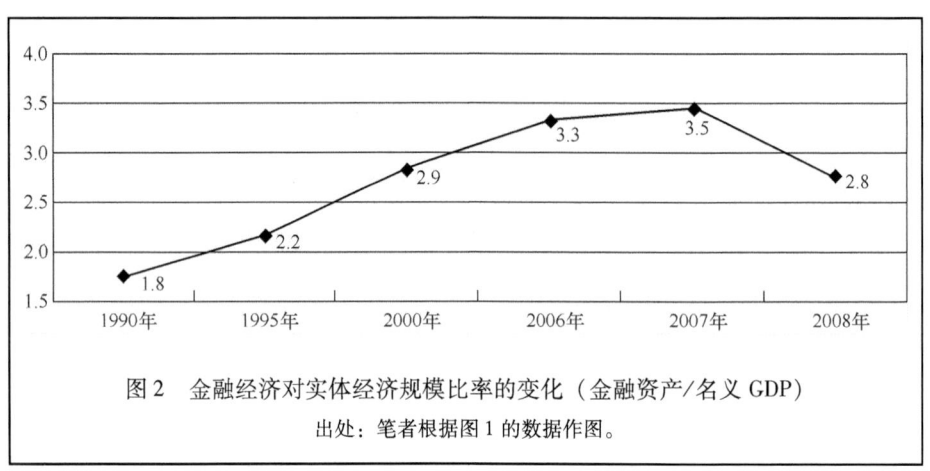

图 2　金融经济对实体经济规模比率的变化(金融资产/名义 GDP)

出处:笔者根据图 1 的数据作图。

3. 过剩的国际资本移动

过剩美元和全球的过剩货币资本使欧洲货币市场①规模急剧扩大。全球的过剩货币资本滞留在欧洲货币市场,被各国的套利、投机等货币金融交易利用,引起了过剩的国际资本流动问题。山本(1999)② 用以下的两个数据描述了这一问题。

图 3 的数据取自 10 个先进国家的存量的资本流动额对其名义 GDP 的比率变化,从 1973 年以前的 1% 以下增加到 1976 年的 2.5% 左右,此后直到 1997 年基本在这一水平上下浮动,这其实反映了 10 个先进国家在实体经济的经常项目收支的不均衡状况。图 4 是同比率的流量数据。需要注意的是,从 20 世纪 70 年代到 80 年代中期为止,存量和流量数据都几乎在同一水平(2% ~2.5%)。由此可见,国际资本流动还没有明显偏离实体经济的需要。但是,从 1985 年之后,流量数据猛增,到了 1997 年,超过了存量数据的 6 倍左右。从中可以看到,国际资本流动已经远远超过了全球实体经济的需要,从这个意义上说,这就是过剩的国际资本流动。

---

① 又称之为离岸货币市场。

② 山本荣治.「ドル本位制」と国际资金循环の不安定性 [J]. 经济学研究,1999(66 - 4).

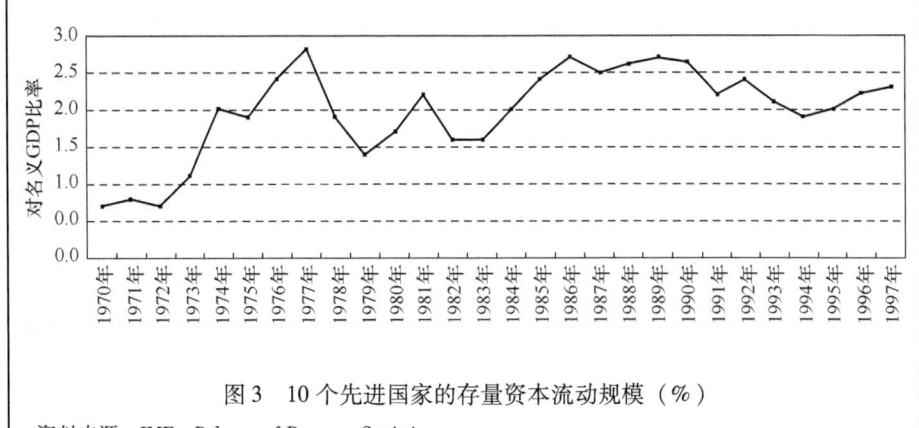

图3 10个先进国家的存量资本流动规模（%）

资料来源：IMF，Balance of Payment Statistics.

出处：翁，白川，白塚（1999）。

注：10个先进国家是指：澳大利亚、加拿大、法国、德国、意大利、日本、挪威、瑞典、英国、美国。

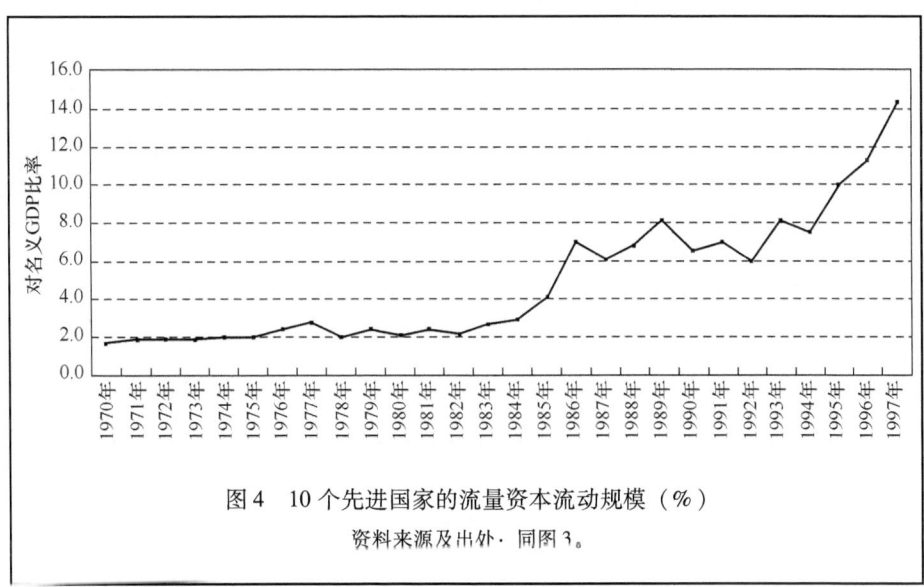

图4 10个先进国家的流量资本流动规模（%）

资料来源及出处，同图3。

值得注意的是：进入20世纪80年代之后，由于IT技术的进步和在金融领域的大规模利用、各国的金融自由化和离岸市场的发展等交织促动，过剩货币资本在全球范围内，根据各国的利率差异、汇率波动情况，以前所未有的高效率进行追求高风险高收益的逐利活动，其方法就是投机交

易、套利交易以及风险对冲交易等各种金融交易。这些金融交易激化了各国汇率大幅波动、金融不安等问题,增加了汇率和金融风险,同时两个风险又会互相强化,从而产生了恶性循环。在此情况下,形成了国际金融投机炒作的巨大舞台,产生了所谓"赌场资本主义"①的新现象。

4. 赌场资本主义与金融衍生商品与高杠杆投机机构的发展

过剩货币资本一方面促进了各国国内的高通货膨胀和泡沫经济,另一方面为了快速逐利,这些过剩货币资本往往热衷于短期投机炒作。关于这一现象,小西(1983)②做过如下描述:过剩货币资本在国际上的流动,向着围绕利率和汇率波动的短期投机交易活动方向倾斜,而不大流向贸易和直接投资等实体经济领域;这一趋势在20世纪80年代以后逐步变得显著,形成了短期投机炒作左右实体经济的"赌场资本主义";这些短期投机炒作资本依靠高杠杆交易工具以及机构,和金融衍生商品的发展,更进一步扩大了对经济的影响能力,非常容易引发汇率大幅波动甚至是货币金融危机,使得国际货币体系变得很不稳定。

本来金融衍生商品是为了规避汇率风险和各种金融收益风险而开发出来的工具,但是却被大量用于套利投机交易中,尽管可以一定程度减少个体风险,但却由于其减少的基本机制仅仅是转嫁,因此导致了风险的连锁扩大,增大了整体风险。当整体风险来临时,个体风险也就不可能规避了。而整体风险的具体体现,就是动辄影响一个国家,甚至一个区域乃至全世界的各种货币和金融危机。这些危机对实体经济的巨大影响是有目共睹的。

高杠杆交易机构是指使用金融衍生商品,仅用小额资金做保证金就可以进行数倍甚至上百倍的投机交易,取得超高收益的国际投机者(或机构投机者)。其代表当然就是各种对冲基金和部分投机投资信托机构。此外还包括大型商业银行、投资银行(证券公司),甚至是贸易商、个人投机者③。猛增的过剩货币资本本来就已经使这些投机者能使用的资

① 最先命名"赌场资本主义"的是英国政治经济学家 Susan Strange(苏珊·斯特兰奇),他于1988年发表了题为 Casino Capitalism(《赌场资本主义》)一书,以该书为契机出现了"赌场资本主义"这一关键词。

② 小西一雄. 現代における通貨と信用の諸問題[A]. 見:北原勇,鶴田満彦,本間要一郎. 資本論体系第10卷 - 現代資本主義[C]. 日本:有斐閣,1983.

③ 山本栄治.「ドル本位制」と国際資金循環の不安定性[J]. 経済学研究, 1999(66 - 4).

金急剧增加，这下再来一个杠杆，其对实体经济的影响力就可想而知了。1997 年，全球的国际投机者可使用的总资本约为 57.1 兆美元，按照国别划分，分别为美国 51%、日本 18%、英国 8%、其他 5 个发达国家共 13% ①。如果加上杠杆，那么国际投机者所拥有的交易能力就是天文数字了。这些国际投机者对市场的影响力无疑是巨大的。同时，当国际投机者成为国际金融市场交易的主体时，还会引发市场上的所谓"群聚行为"。比如很多国际投机者如果一起将某国的货币作为投机对象，就会产生以任何一国（甚至包括美国）的经济力量都难以应对的投机规模，结果造成自我实现的货币金融危机。而一些国际投机者往往具备的投机技术和信息渠道类似，人事互通，加上合谋，因此这种"群聚行为"是很容易发生的。

综上所述，以美元为基轴货币的当今的国际货币体系具有内在的极大的不稳定性。这种不稳定体现在"美元本位制"下，产生了过剩货币资本，其以国际投机者为主体，随着 IT 技术的发展、各国金融自由化和国际金融市场的发展，借助金融衍生商品和高杠杆交易的剧增，在世界范围内兴风作浪，诱发世界各地频繁的货币金融危机。这些危机往往会很快扩散到其他国家，对一国乃至世界的实体经济造成巨大打击，这就是"美元本位制"的脆弱性的一种具体表现。此外，如上所述，美国经常项目收支长期赤字，按正常经济规律，美元早就应该暴跌了，但现实中美元仍然如此受宠，这仅仅是"美元本位制"独特的人为的游戏规则所致，虽处于某种微妙的平衡状态②，但长期来看，毕竟不符合经济规律，因此不排除这种微妙的平衡因某种原因被干扰时，会出现美元暴跌的危机，那么以美元为基础的世界价值体系将崩塌，世界经济就可能出现巨大混乱，这种潜在前景被称为"美元本位制"的"可持续性问题"，而"可持续性问题"也是"美元本位制"脆弱性的另一种表现。

东亚货币金融危机就是"美元本位制"的缺陷所引发的绝好例子。当然，世界各地多次发生的货币金融危机，除了"美元本位制"的缺陷这一

---

① WalterIngo. The Global Asset Management Industry: Competitive Structure and Performance ［J］. Instituions & Instruments，1999（8 - 1）.

② 后文详述。

共通原因之外，还有很多独特的发生机制，对这些因素也不能忽略。下节将结合"美元本位制"的内在缺陷，集中探讨1997年东亚货币金融危机的独特发生机制。

第二节　1997年东亚货币金融危机

1997年的东亚货币金融危机，是在以过剩美元为中心的全球过剩货币资本能够跨国界过剩流动的国际货币体系中发生的。从发达国家流动到东亚这些即将发生危机的新兴市场经济国家的资本主要以短期为主。这些巨额国际资本[①]的流入，是在这些国家实施较为激进的金融自由化的前提下发生的。东亚货币金融危机不同于传统的"经常项目收支危机"，是新型的货币金融危机，也就是所谓的"资本项目收支危机"[②]。

"资本项目收支危机"是指：大量流入的短期资本由于某些原因突然急速流出，引发该国货币暴跌，以及银行和企业资产负债表大幅恶化，同时引发货币危机和金融危机的"双重"危机。而传统的"经常项目收支危机"是指由实体经济基本面原因造成经常项目收支恶化，该国外汇储备减少，引发货币投机，导致外汇储备触底，失去国际结算能力，发生货币暴跌的危机。这两种危机往往都发生在采用"钉住美元汇率制"的发展中国家。

以下根据"资本项目收支危机"的特点，探讨1997年东亚货币金融危机的独特发生机制。

1. 危机前夜的各国经济状况

从1990年到1996年，危机各国（泰国、菲律宾、印度尼西亚、马来西亚、韩国）的宏观经济基本面非常好。各国的年均GDP增长率超过了7%~8%，通货膨胀率也比较低，财政收支保持均衡或略有盈余，国内储蓄率平均超过了35%（GDP占比）。但是泰国等部分国家国际收支中的经

---

① 是指"全球过剩货币资本"，以下全部简称"国际资本"。

② 例如，从货币金融危机发生机制来看，吉富胜认为：1997年东亚货币金融危机不同于以前的货币金融危机，而是新型的货币金融危机。他在著作《亚洲经济的真实情况》（2003）中，将东亚货币金融危机称为"资本收支危机"。

常项目收支出现了一定的赤字。经常项目收支赤字的原因是：各国都是发展中国家，存在旺盛的国内投资和国内需求；而由于持续流入的国际资本超过了经常项目收支赤字，这些经常项目收支赤字通过资本项目收支顺差的支撑变得"可持续"了。但是，问题在于，如果这些大规模流入的国际资本突然流出，使资本项目收支也赤字化，加上已处于赤字的经常项目收支，则整体的国际收支会转为大幅赤字①，就有可能发生货币金融危机。

那么为什么各国在危机发生前会有大规模的国际资本流入呢？有以下几个原因：

（1）"美元本位制"的缺陷。在上节所述的"美元本位制"下，产生了以过剩美元为主的过剩货币资本，并出现了过剩的国际资本流动，结果大量的国际资本流入东亚各国。

（2）对东亚各国经济增长的期待。东亚各国凭借经济长期高速增长和良好的宏观经济表现，得到了市场的信任，市场预期东亚各国以后也能保持稳定增长。例如，对于东亚的景气预测，1993 年，世界银行发表了名为"亚洲的奇迹"的报告，做出了非常乐观的估计和评价。在此背景下，为了获得高收益，国际资本（以短期资本为主）不断流入东亚各国。

（3）长期的实质钉住美元汇率制导致对汇率风险防范的认识和能力不足。流入的大量国际资本中，最大的问题是美元短期资本。1997 年货币金融危机时，货币投机对象的东亚各国，大部分采取了实质上的钉住美元汇率制。在钉住美元汇率制下，不存在本币与美元的汇率风险，因此促进了利用内外利率差逐利的大量美元短期资本流入。例如，20 世纪 90 年代，东亚各国的短期名义利率大约为 12% ~ 13%，其反映了东亚各国旺盛的投资需求，而当时的美国美元利率只有 5%，内外利率差达到了 7% ~ 8%，导致美元的短期资本大量流入东亚各国。小川、孙（1999）② 的研究也确认了这 点。

---

① 注意这里说的"国际收支"没有包含储备资产的变化。此时，国际收支全面赤字化，就需要外汇储备进行填补，但外汇储备耗尽时，固定汇率制就会崩溃，而由于恐慌，汇率会出现超调，也就必然伴随着汇率暴跌。

② 小川英治，孙立坚．ドル・ペッグ下における金融危機と通貨危機 [J]．経済経営研究，1999 (20 - 33)。该论文主要论证了实质钉住美元制度和大量国际资本流入之间的关系．

（4）各国激进的金融自由化（包含资本项目自由化）。在此背景下，国际资本可以在东亚各国自由流入和流出。例如，20世纪90年代初，泰国实行了较为激进的金融自由化改革，使国际资本流动变得很容易。金融自由化和伴随的金融管制缓和原本是为了提高银行部门的金融中介效率，促使具有国际竞争力的金融机构和金融市场的成长。比如，如果允许国外的金融机构直接在国内经营，自然就能促进国内金融行业的竞争，促进国内金融机构乃至金融市场的成长；但是，如果这一个过程过于急促，容易导致本受保护的国内金融机构来不及适应，出现一些重大问题。实际上，在泰国就发生了这样的情况。随着泰国激进的金融自由化，泰国民间很容易获得外国融资，但是，泰国本国的金融机构尚未掌握相关的风险管理技术和能力，一时难以开展高风险的金融投融资活动，如果急于从事这些业务，自然会导致金融机构的安全稳定性下降。而且，包括泰国在内的危机各国，其政府、金融机构、企业之间往往存在不透明的裙带关系，政府对银行和大企业暗中保驾护航，导致这些银行和企业容易出现"道德风险"，进一步降低该国金融机构的健全性。实际上，各国的民间银行在20世纪90年代的金融自由化和金融管制缓和期间大举引入国际资本，快速扩大信贷，使一些国家出现了经济泡沫。

其中，流入东亚各国的大量国际资本，大多是不到1年期的短期资本。例如，流入泰国的大部分国际资本不是形式多样的投资组合或直接投资资本，而是对各国国内银行的短期贷款和短期存款。1990—1997年，平均有70%的净资本流入是贷款，而且这些贷款大多是1年以内就到期的短期债务。这种资金流入结构使"双失调"问题变得非常严重。

根据表1所示，在危机震源地的泰国，危机前夜的1996年末为止的短期债务额达到了对外债务总额的41.5%，高于中长期债务额的该比率39.8%。韩国在这一点上更为明显，截至1996年末，韩国短期债务额的该比率为63.5%，大大高于中长期债务额的该比率36.5%。那么，就有必要解释为什么短期债务这么多。主要是两个原因：各国的债券市场不发达和BIS管制。下面对这两个问题略加探讨。

表1　泰国和韩国的对外债务余额情况　　（单位：亿美元）

泰国	1996 年末	1997 年末
对外债务总额	906	917
政府债务	169	249
民间债务	737	668
中长期	361	382
占对外债务总额的比重	39.8%	41.7%
短期	376	286
占对外债务总额的比重	41.5%	31.2%
韩国	1996 年末	1998 年 1 月末
对外债务总额	1 575	1 512
政府债务	24	210
金融机构	1 195	895
企业	356	406
长期	575	872
占对外债务总额的比重	36.5%	57.5%
短期	1 000	640
占对外债务总额的比重	63.5%	42.3%

出处：外国為替等審議会・アジア金融・資本市場専門部会．アジア通貨危機に学ぶ［R］．1998.
注：1997 年末泰国的数据为估算值。

　　（5）债券市场的不发达问题。东亚地区的民间剩余资本其实非常丰富，但为何危机各国企业不能充分利用这些资金，转而去寻求外国银行的融资呢？这就与各国债券市场发展滞后有关。从借入国际资本的东亚各国来看，能够直接筹集本国中长期资本的债券市场尚不发达，使得各国的民间银行和企业不得不依靠国际短期资本。吉富（2003）[1] 就认为：在危机各国，具备高信用度，并能基于标准和公开的企业信息遵循市场规律定价的企业少之又少。当然这与各国尚未建立起现代的会计、审计、法律等制

---

① 古冨勝．アジア経済の真実［M］．日本：東洋経済新報社，2003.

度，难以保证公开信息的标准化有关。但是如果此类制度未建立，资本市场上的信息不对称性问题就会变得更加严重，无法有效保护直接在债券市场中承担风险的普通投资者的利益，因此投资者自然就不会购买债券给企业投资，结果必然导致各国债券市场不发达，企业也就难以在本国债券市场融得资金。这样，在各国国内直接融资的道路就不通了。因此，企业融资就只能偏重依靠间接金融的方式，但这种方式其实也非常不规范。一方面，危机各国的银行非常热衷于利用外国银行提供的短期资金对国内开展长期信贷，赚取利差；另一方面，在以银行为中心的间接金融体系下，危机各国的家族企业与大银行及政府之间形成了一种紧密的三角关系，通过它能够缓解信息不对称性问题，降低交易成本，但在这个三角关系中，政府与银行和企业形成了千丝万缕的利害关系，平时企业融资主要依靠与政府和银行之间的关系，结果使得企业和银行都不具备现代金融风险管理能力，这就导致其在面对海外银行提供的短期融资的时候，无法得当处理资金的到期风险和汇率风险，为危机的深化埋下了隐患。

（6）BIS管制的问题。吉富（2003）认为：从国际资本提供方——海外银行的情况来看，之所以有很多短期债务流入东亚各危机国，与BIS管制有关。一般来说，提供国际金融业务的银行，都需要遵守BIS管制。根据BIS管制，提供国际金融交易服务的银行，其资本充足率必须达到8%以上。这样，融资期越短，则风险越小；融资期越长，则风险越高。短期融资降低了风险权重，因此对海外融资银行有利。从这一点来说，短期融资是很吸引海外银行的。而且，通过BIS管制，国家（地区）间银行与银行之间的融资风险非常小。因此，向东亚各国国内银行融资时的风险权重比向东亚各国的国内企业直接融资时更小。而且，通过国内银行向国内企业融资，可以有效缓解海外银行和国内企业之间的信息不对称性问题。因此，流入的国际资本主要是短期性的，而且主要是向国内银行进行的融资。由于这些原因，大量流入东亚各国的国际资本中，短期资本占据了一大半。

（5）和（6）两个因素诱发了各国的"双失调"问题。首先，如果国际短期资本用于国内的长期投资，一旦发生资本不再流入而一起流出的情

况，长期的实物投资或房地产中的长期融资是无法短期内回收的，而出现无法短期内偿还资金的缺口，就会造成企业和银行资产负债表的急剧恶化，这就会发生"期限失调"。其次，过于依赖以美元计价的对外债务也是个大问题，因为会发生"货币失调"。具体来说，一旦本国货币暴跌，则以本国货币计价的对外债务数额就会暴涨，这也会立刻导致银行和企业的资产负债表恶化。尽管短期资本的借方通过套期保值，可以一定程度上避免"期限失调"和"货币失调"，但现实中，大部分短期资本都没有套期保值。这是因为实质上的"钉住美元汇率制"导致各国国内金融机构完全忽略了对美元的汇率风险，而没有进行套期保值。此外，另一个重点是，即使想进行套期保值，在东亚各国也尚未形成可以进行套期保值的成熟的外汇市场，这也是新兴发展中国家常见的问题。总的来说，这些东亚的新兴发展中国家的金融市场的"广度"和"深度"都还不够，可进行外汇风险规避交易的外汇市场还不发达。结果，未进行套期保值的国际短期资本大量流入，加剧了危机前夜东亚各国的"双失调"问题。这种"双失调"，导致在货币危机发生后，银行和企业的资产负债表急速恶化，使货币危机迅速向金融危机和经济危机纵深化发展。

综上所述，东亚各国在危机前基本保持了良好的宏观经济基本面，维持了高速经济增长；但也存在一些隐患，其中包括采用实质的"钉住美元汇率制"，激进的国内金融自由化，国内债券和金融市场的发展滞后，加上国际通行的 BIS 管制。这些因素共同导致了 20 世纪 90 年代大量没有进行必要风险防范的国际短期资本流入各国，而且掩盖了经常项目收支赤字的问题，推动了部分国家经济泡沫的扩大，这又进一步扩大了经常项目收支赤字。这些都为东亚货币金融危机的发生埋下了隐患。

2. 东亚货币金融危机的独特发生机制

在实质上的"钉住美元汇率制"下，国际短期资本的大量流入持续弥补了经常项目收支的赤字，这样的经济结构中潜藏着危险。一旦巨额国际短期资本由于某些原因一起流出，则整个国际收支就会出现大幅赤字。这种情况下，如果用来维持固定汇率制的外汇储备不足，就无法固定汇率，从而引发货币危机。事实上，1997 年 7 月，在泰国果然发生了国际短期资本突然大量流出的情况，并且所造成的危机迅速蔓延到菲律宾、印度尼西

亚、马来西亚、韩国。由于危机最先发生在泰国，这里就从泰国开始探讨危机发生的特有机制。

（1）泰国的货币金融危机发生机制。引起泰国的巨额国际短期资本流出的原因有两点。第一点是泰国长期实行的实质"钉住美元汇率制"，汇率不能随着泰国经济发展和国际经济条件变化及时得到调整，结果使泰铢被高估，通过经常项目收支的恶化，改变了市场对泰国的投资预期[①]。不可否认，在泰国，"钉住美元汇率"一度的确促进了进出口和资本流入，但国际价格竞争力的指标是实际有效汇率。泰国的主要贸易伙伴国不仅是美国，还包括其他国家。由于1994年人民币对美元贬值、1995年日元和欧盟各国货币也对美元贬值，仅对美元钉住的泰铢的实际有效汇率就被高估了，这导致泰国的国际价格竞争力下降，使经常项目收支进一步恶化。这样的汇率问题不仅存在于泰国，也存在于东亚危机的其他各国。此外，由于日元贬值、美元升值，与日本的出口商品存在一定价格竞争的新兴工业经济体（NIEs）各国（或地区）也遭受了打击，也影响了东盟各国向日本的出口。在这一背景下，包括泰国在内的东亚危机各国的经常项目收支赤字在1995—1996年间急剧扩大。例如，1994年，泰国的经常项目收支赤字为5.6%（占GDP的比重），1995年就达到8.1%，比1994年提高了2.5个百分点。到1996年，经常项目收支赤字也没有好转，继续保持在8.1%的水平。经常项目收支的大幅恶化和改变了的市场对各国的投资预期，引发了上文所说的"群聚"性的国际资本大量流出。

另一个原因是泰国宏观经济进入了景气衰退期，这也促使国际投机者改变了投资预期。吉富（2003）[②]认为：泰国国际短期资本大量流入，资本项目收支顺差超过了经常项目收支逆差，导致其外汇储备增加，银行信贷扩大，货币供应量增加，需求扩大，刺激了泰国景气。但这同时导致了泰国出口减少、进口增加，经常项目收支赤字持续扩大。这个条件下，一旦发生经济衰退，就会引发巨大问题。实际上，从1995年开始，泰国的

① 中條誠一．アジア通貨危機と通貨・金融協力［A］．见：青木健，馬田啓一編．日本の通商政策入門［C］．日本：東洋経済新報社，2002.
② 吉冨勝．アジア経済の真実［M］．日本：東洋経済新報社，2003.

房地产泡沫经济就开始破裂了。到 1996 年，泰国经济活动开始全面减速，股票和房地产的价格面临较大的下跌压力。而这些资产往往被用于银行融资担保，因此在资产价格下跌的同时，国内银行等金融机构的资产负债表开始恶化，这使海外银行对泰国的融资态度随之发生变化。海外银行为控制风险，开始陆续减少向泰国银行融资。由此，泰国的资本项目收支顺差开始减少，国际收支开始整体恶化，泰铢面临贬值压力。为了维持对美元的固定汇率，外汇储备也开始减少。这一系列变化，使得市场上的国际投机者对泰国的经济预期发生了根本变化，这体现在以国际对冲基金为首的部分国际投机者开始做空泰铢，而另一些国际投机者开始从泰国收回资金，"群聚"性的国际资本流出开始了。由于其规模巨大，泰国的外汇储备很快触底，不得不放弃实质上的"钉住美元汇率制"，泰铢汇率暴跌（超调），泰国爆发了货币危机。与货币危机几乎同时，以银行为中心的金融危机也随之爆发了。

泰铢暴跌引起了"双失调"问题，首先来看"期限失调"。巨额国际短期资本（1 年内到期）的撤回，从泰国国内银行的资产负债表来看，意味着存款负债减少，资产负债表恶化，国内银行不得不收回向国内企业的融资和停止继续提供信贷。但是，国内银行主要长期贷款给国内企业，无法很快收回向国内企业的长期贷款，因此国内银行的短期流动性更加不足，这导致国内银行的资产负债表进一步恶化，进而加剧了海外银行撤回融资。此外，当时不但发生了"期限失调"，而且发生了"货币失调"。本来在泰铢暴跌前，海外银行收回资本就引起了泰国国内银行的短期流动性不足，此时泰铢暴跌，愈发加剧了这一问题。随着泰铢贬值，以美元计价、接受海外银行融资的泰国国内银行的负债额如按本币计算就暴涨[1]，因此国内银行的资产负债表愈发急剧恶化。国内银行资产负债表的愈发恶化，更加改变了海外银行对泰国经济的预期，愈发加剧了资本撤回。从国际收支来看，资本项目收支顺差迅速转变为逆差，国际收支整体恶化，国际资本蜂拥撤走，泰铢暴跌不止，泰国国内银行大面积陷入破产危机。可见，"双失调"导致了货币危机迅速向金融危机发展。

----

[1]　因为国内银行收回贷款只能是本币，因此本币计价的债务额才是关键。

双重危机导致泰国国内银行危机，紧接着就对经济整体带来了严重冲击，企业生产无资金支持无以为继，企业资产负债表也急速恶化，造成企业大面积破产倒闭，导致失业率上升，内需压缩，企业和银行危机进一步恶化，形成恶性循环，导致严重的经济衰退，形成大规模经济危机。

泰国发生的货币金融危机没有止步在泰国，而快速波及周边国家。

（2）以泰国为危机震源地的货币金融危机波及东亚各国。泰国发生的危机之所以波及东亚各国，其根本原因是东亚各国的基本经济结构和货币金融体系（例如，实质上的"钉住美元汇率制"，国内债券市场不发达，激进的金融自由化，短期国际资本大量流入，经常项目收支赤字等），与泰国非常相似，各方面看都具有发生像泰国那样的危机的基础条件。对此，克鲁格曼（Krugman，1998）[①] 认为危机迅速得以扩大的渠道主要有两个。

一个渠道是"spillover 效果"（波及效果），即泰国的货币金融危机通过贸易投资关系，波及与泰国具有紧密贸易投资关系的周边各国。泰国发生货币金融危机后，与泰国具有紧密贸易投资关系的周边各国向泰国的出口额急剧减少，导致周边各国的经常项目收支恶化，国际投机者对各国的预期也随之出现恶化。并且，泰铢暴跌导致周边各国的国际价格竞争力相对恶化，周边各国也难以维持高汇率，各国货币相继下跌。

另一个渠道是"bandwagon 或 herding 效果"（群聚效果）。这种效果是指：一国的货币金融危机通过国际投机者的行为变化，波及周边各国。东亚各国具有与泰国相似的经济结构，因此，泰国发生货币金融危机后，国际投机者普遍认为其他东亚各国的风险也很高，引发恐慌情绪，导致国际投机者纷纷从各国撤资。特别是在信息不对称的情况下，国际投机者们本就高度互相关注彼此行动，更不用说存在合谋问题，因而导致"群聚"的资本流出。如果国际投机者向周边各国都同时提供短期资本，该机制的作用就愈发显著。结果，通过以上两个扩大渠道，泰国发生的货币金融危机迅速波及东亚各国。

---

① Krugman Paul R. Currencycrisis［A］. in：IMF. World Economic Outlook［C］. IMF，1998.

第三节 从东亚货币金融危机汲取的教训以及对策

东亚货币金融危机和"美元本位制"的缺陷有着深刻的关系，当然也不可否认存在着引发危机的特有机制。因此，为了防止相同的危机再次发生，既需要立足于长期从改革"美元本位制"缺陷视角的战略，也需要短期针对其独特发生机制的战术。以下具体探讨这一点。

1. 从长期视角改革"美元本位制"缺陷的对策

如前所述，"美元本位制"下的货币间"不对称性"问题十分严重。美国通过"负债结算"的基轴货币特权，大量发行美元，支撑其长期巨额的经常项目收支赤字，结果导致世界出现了过剩美元的问题，也导致人们对这个体系的可持续性存在长期质疑。而且，在"美元本位制"下，主要发达国家采取浮动汇率制，在全球范围内难以开展制度化的货币金融合作，因此，过剩美元通过各国的金融自由化，围绕汇率波动和利率差等金融利益逐利，在世界范围内到处流动，就导致了全球资本过剩流动的问题。在此背景下，世界各地频发的货币金融危机几乎是必然的产物，1997年的东亚货币金融危机只是其中之一。

改革"美元本位制"的国际货币体系，对许多国家来说，不是在短期内靠自己一国的力量就可以完成的。在"美元本位制"下，对于陷入东亚危机的小型开放经济国家来说，仅凭自己一国之力，根本难以应对这种大规模国际资本的投机活动。对于许多东亚国家来说，国家的金融资源（例如外汇储备）非常有限，即便对于区域内的经济大国中国和日本来说，金融资源尽管相对丰富，但在面对更加庞大的国际投机资本时仍显得十分有限。大规模国际资本的流动，对各国货币金融体系都将带来巨大冲击。以对冲基金为代表的部分国际投机者已具备通过投机主动改变经济规模较小国家的货币价值并从中牟利的能力。有些情况下，这种投机活动与"群聚"效应相互叠加和促进，足以引发大规模的货币金融危机，东亚货币金融危机就属于这种情况。因此，可以说，当今世界绝大多数国家都难以单独应对国际货币体系的缺陷，这样，集结多国的力量，共同应对国际货币体系的缺陷，就是一个最优选择。但是，国际

社会利害关系错综复杂，全球范围内的统一合作体制根本难以实现也是事实。因此，区域货币金融合作机制作为"次善之策"① 成为一种现实的选择。

"次善之策"的一个实际成功例子就是欧元。通过欧洲地区的货币同盟，形成了新的区域共通货币，欧洲各加盟国借此就能够实现区域内的汇率稳定，并以集体的力量共同应对国际投机活动，提高区域内各国的经济安全系数。而且，货币同盟具有规模经济效应，加盟各国都能从中受益。从欧元的经验看，区域货币同盟可以在区域内最大限度地纠正"美元本位制"的缺陷，最大限度地确保区域内各国的经济利益。欧洲的经验对东亚来说十分重要。但是，区域货币同盟并不是在短期内就可以形成的。作为统一货币的欧元，花了几十年时间才形成。与欧洲各国相比，经济、社会甚至文化发展水平差距都很大的东亚区域要形成货币联盟，应该需要更长的时间。尽管如此，为了防止类似 1997 年的货币金融危机再次发生，仍有必要深化和推动区域货币金融合作，但必须具备长期战略和短期战术两方面的考虑。所谓长期战略，就是集结区域各国的力量，改革"美元本位制"；所谓短期战术，就是汲取曾经的货币金融危机的经验，针对其在东亚发生的独特机制做好防范。

2. 针对东亚货币金融危机的独特发生机制的对策

1997 年货币金融危机后，东亚各国认识到通过各国的货币金融合作来预防货币金融危机的必要性和重要性。各国开始着手进行货币金融合作，以防止再次发生货币金融危机。现在，东亚货币金融合作主要通过东盟（ASEAN）＋3 和东亚及太平洋地区中央银行行长会议（EMEAP）的地区合作框架进行。这一阶段的东亚货币金融合作主要针对东亚货币金融危机特有机制的防范对策，有 3 个初步成果。但这些对策还不充分，因为从东亚货币同盟的长期观点来看，东亚各国以汇率合作为核心的货币合作成果几乎没有。这里仅就这 3 个初步成果② 进行简单总结，并强调为何东亚各

---

① 李晓，丁一兵. 亚洲的超越［M］. 北京：当代中国出版社，2006.
② 吉冨勝. アジア経済の真実［M］. 日本：東洋経済新報社，2003.
　小川英治. 中国の台頭と東アジアの金融市場［M］. 日本：日本評論社，2006.
　中條誠一. 東アジアの通貨・金融協力の現状と展望［A］. 见：馬田啓一，木村福成編著. 検証・東アジアの地域主義と日本［C］. 文眞堂，2008.

国的汇率货币合作十分必要。

（1）亚洲债券市场的培育。如上所述，危机各国民间融资过度依赖银行这种间接金融方式，这主要是直接金融市场特别是债券市场发展严重滞后导致的，而各国银行又过度依赖美元短期资本，发生"双失调"问题，使东亚货币金融危机加剧。为了解决"双失调"，就需要大力培育东亚的直接金融市场，特别是债券市场。这是因为东亚地区的储蓄率本就很高，美元储备积累量很丰富，如果大量的区域内资金不必回流美国，就地在区域内使用，就能减轻东亚各国对区域外的国际资本的依赖程度，缓解"双失调"问题。因此，应设法使区域内各国丰厚的民间储蓄与东亚经济发展中所需的资本需求直接联系在一起，此时，积极培育亚洲债券市场的重要性就明确了。基于这一认识，目前关于培育亚洲债券市场的政府提案有ASEAN＋3推进的亚洲债券市场（ABMI）的培育提案以及东亚及太平洋地区中央银行行长会议推进的亚洲债券基金构想（ABF）。但是，由于各国的政治意愿的力量单薄以及经济制度尚不匹配等现实问题，这些提案、构想尚未完全实现。

（2）构建区域内的"最终贷款人"体系——清迈倡议。1997年东亚货币金融危机中，危机各国的外汇储备枯竭，导致难以维持固定汇率，货币暴跌。一般认为，假如危机各国当时能充分借入美元资本，维持必要的国际流动性，应该不至于出现如此严重的货币金融危机。但遗憾的是，国际货币基金组织未能迅速向危机各国提供足够的国际流动性，而且还将苛刻的救助条件强加给危机各国，导致危机更加严重。因此，1997年东亚货币金融危机后，IMF的应对措施受到了很多批评，各国也开始认识到IMF的局限性。为了能够部分代替或补充IMF的职能，东亚各国已经认识到构建东亚地区发生危机时的自助及救援机制的必要性，并于2000年实现了ASEAN＋3一致同意的CMI。CMI是通过国与国之间提供一定国际流动性来应急的互助体系，也就是构建两国间货币互换协定的区域网络。它由扩充现有的"ASEAN货币互换协定"以及建立"ASEAN加盟国和中日韩之间的两国间货币互换协定"两个政策部分构成。这种货币互换是发生货币危机的国家由签订货币互换协定的另一国依据该协定进行外汇储备融通的一种金融合作方式。2016年，东亚地区的美元外汇储备总额有4兆美元以

上，这使得这种金融合作成为可能。但是，CMI 只是作为货币危机事后的应对机制发挥作用，但如果没有事先的经济督导，还是很难预防危机发生的①。

（3）所谓"经济评论和政策对话"的 ASEAN + 3 经济监督机制。为防止货币金融危机再次发生，各国的资本流动情况和经济动向等信息，应该及时相互通报并分析，依据这些信息和分析结果，使协调功能自动或主动发挥作用，此种方式如果能通过制度化稳定下来，就可能为及时和科学的政策出台提供必要保障，从而事先就可以防止各国经济出现一些可能会诱发危机的情况。作为制度建设，当前应构建的当然是专门服务于 CMI 的经济监督机制。长期看，这种经济监督机制也是促进地区货币金融合作，建立东亚货币同盟的过程中所不可或缺的。比如，在防范 CMI 潜在的可能引发的道德风险时，通过这种经济监督机制，就能够进行必要的审查和督导。

以上 3 项货币金融危机对策是东亚地区金融合作中初步的一步，也是重要的一步，但仅仅靠这 3 项政策，是难以防止货币金融危机再次发生的。理由之一是，1997 年危机的重要诱因之一，也就是各国的实质上的"钉住美元汇率制"尚未得到根本改革。而各国汇率制度的改革是非常必要的。

如前所述，在实质的"钉住美元汇率制"下，引发毫无风险防范的过剩国际资本流入和经常项目收支进一步恶化等问题，是诱发东亚货币金融危机的主要原因之一，"美元本位制"理应予以改革，但现实中的改革却举步维艰。其原因在于，实质的"钉住美元汇率制"的确能够给东亚的发展中国家带来一些实惠。比如：①可促进和稳定各国对美国的国际贸易和外资引进；②如果过剩美元导致美元出现长期上的贬值趋势，那么通过该汇率制度，本国货币也可以追随美元贬值，有利于促进出口主导型的经济开发战略；③如果东亚各国都采取该汇率制度，区域内各国货币互相之间自然保持稳定，有利于区域内国际交易的稳定发展。这些优点使东亚各国一时仍然难以放弃这个汇率制度，或其他类似的能够对美元保持稳定的汇率制度②。但是诚如前所述，这种汇率制度与货币金融危机的发生密切相

---

① 小川英治. 中国の台頭と東アジアの金融市場 [M]. 日本：日本評論社，2006.

② 比如允许对美元有一定变动的管理浮动汇率制，如果其允许变动的幅度过小，也可以基本看作是对美元保持稳定的汇率制度。

关。比如，①中条（2002）① 认为：在实质的"钉住美元汇率制"下，没有兑换美元的汇率风险，因此，如果在金融自由化的条件下，将促进大量过剩美元的流入。小川、孙（1999）② 的研究也确认了这一点。②东亚的危机各国采取了金融自由化和实质上的"钉住美元汇率制"，所以不得不追随美国的货币金融政策，但东亚各国的景气循环明显不同于美国，如果追随美国的货币金融政策，各国就无法根据本国实体经济的情况采取适当的经济政策，因此给实体经济特别是经常项目收支造成了不良影响。③国际价格竞争力中具有指标意义的是实际有效汇率，如果只与美元保持稳定，则可能使实际有效汇率恶化，引起经常项目收支恶化。这三点，都有可能诱发货币投机和货币金融危机。所以说，东亚各国改革片面对美元稳定的汇率制是十分必要的。至于怎么改，我们将在后文详细论述。

小　　结

综上所述，为防止 1997 年那样的货币金融危机再次发生，东亚危机各国迄今为止已经采取了下列应对措施：培育亚洲债券市场，构建 CMI，建立经济监督体制。下一步，改革汇率制度也需要尽快提上日程。但需要注意的是，此类对策主要是应对东亚货币金融危机的特有发生机制，缺乏从更长期角度纠正"美元本位制"缺陷出发的思考和对策。因此，需要特别强调的是：为防止危机再次发生，在阐明 1997 年危机的特有发生机制之后，不能只考虑治标而不考虑治本，东亚货币金融合作需要更高的战略视野，也就是需要从改革"美元本位制"的角度认真思考对策。而各国汇率制度的改革，不但应符合短期的从独特危机发生机制角度出发的战术防范需求，也应该符合长期的改革"美元本位制"的主动战略要求，因此需要对这个问题加以认真思考。下一章将围绕这个主题，探讨什么才是东亚地区的最优汇率制度、最优的货币合作方式以及为什么这么说。

①　中條誠一. アジアの経済統合に不可欠な通貨システムの改革 – 人民元の調整から通貨統合へ向けて（前編，後編）[J]. 貿易と関税，2004（4，5）.

②　同上。

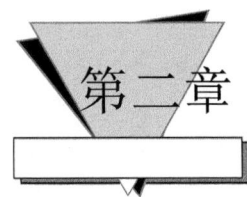

第二章

东亚货币金融合作的深化
——关于区域货币合作

引　言

如前所述，东亚各国需要一个改善"美元本位制"的长期战略。因此，对东亚各国而言，在考虑如何改革本国汇率制度的问题上，应当将如何促进区域货币合作（以汇率合作为核心）纳入其考虑范围，并以此为出发点，进一步考虑如何构建一个更加公平、公正的国际货币体系，以改革"美元本位制"的内在缺陷。本章将站在这样的视角，审视在东亚地区究竟什么汇率制度才最能够促进实现这样的目标。

第一节　通过"复数基轴货币体制"改革"美元本位制"缺陷的经济机制

当前"美元本位制"缺陷的要害就在于美国独享的"负债结算"的货币霸权，这又被称为基轴货币与其他普通货币之间的"不对称性"问题。不可否认的是，只要存在国际基轴货币，那其相对于其他货币就必然存在上述不对称关系，也就必然存在货币霸权。那么，如何改革"美元本位制"，解决美元"货币霸权"，形成较为对称的货币关系呢？首先，如果根据"$N-1$ 理论"[①]，完全实现各货币之间的平等对称关系是不现实的。此外，尽管世界统一货币和世界中央银行的终极解决方案也很容易设想，但毕竟在可预见的相当长的历史时期内是难以实现的。所以各国都有必要认真思考更为现实和可操作的方案。对此，笔者认为，应通过构筑"复数基轴货币"体系来改革"美元本位制"的缺陷，而深化东亚的货币金融合作和经济一体化，则是实现这个方案的重要途径之一。

众所周知，在 1997 年爆发严重的东亚货币金融危机之后，东亚各国为了防止类似危机再度重演，针对这次危机的一些独特发生机制实行了一

---

① 假设世界存在 N 种货币，那么如果要实现各货币完全独立的兑换关系，也就是各货币之间能够直接进行兑换的话，就必然产生 $N(N-1)/2$ 对的汇率。现实中，由于存在 190 多个国家（或地区）货币，要实现所有货币都能直接兑换，而不通过基轴货币作为中介，所有国家都将必须同时管理这庞大的汇率体系和兑换体系，这是极其低效和不现实的。要解决低效问题，就有必要使这 N 种货币中的一种成为各货币兑换的中介，使其他所有货币都以这个货币标价，这样，世界各国就仅需要 $(N-1)$ 对汇率就能够形成完整的货币间标价和兑换，效率最高也最容易操作。

系列国内改革和区域国际合作。这些成果无疑是积极的和重要的，但也是非常初步的，因为这些方法尚属于治标不治本，这个"标"是那次危机的独特发生机制，而这个"本"就是上面详细分析的"美元本位制"的缺陷。当然，从根本上改革当前国际货币体系的"本"并不容易。首先，单纯依靠一国之力，是很难改变"美元本位制"的，这是因为，一国货币一旦成为国际基轴货币，就自然具备比其他货币更便捷的兑换性，因此具备更低的兑换成本和兑换风险，如此又进一步强化了其国际基轴货币的地位，形成良性循环，具有很强的"惯性"，因此，在很长的历史时期内，别的国家的货币就难以取代。在美元确立国际基轴货币地位后，试图挑战美元地位的最具代表性的实践例子有两个，一个是日元国际化的失败例，另一个是德国马克国际化的成功例①。20世纪80年代初开始，日本就利用其世界第二大经济体的实力，开始积极独立推动日元国际化，但时至今日，日元国际化进程并没有太大起色，经济上的根本原因，还是最终没有克服美元作为国际基轴货币的"惯性"。与其相对照的例子是德国马克在欧洲地区顺利地实现国际化，其标志就是德国马克最终成了欧洲地区的基轴货币。而德国马克的成功经验与欧洲各国深度的地区货币金融合作——欧洲货币体系（EMS）密切相关。可以说，如果没有欧洲各国的深度货币金融合作，就不可能有德国马克在欧洲地区的基轴货币化。不仅如此，之后不久，欧元的最终形成，帮助加盟的欧洲国家最终摆脱了国际交易中不得不使用美元的尴尬境地，摆脱了必须使用美元进行国际结算的宿命，使这些国家至少在自己的区域内极大程度克服了"美元本位制"带来的危害②。对此，自20世纪90年代后期开始，日本也开始反省其自身的日元国际化战略，提出通过深化东亚货币金融合作，试图首先实现日元的"亚洲化"战略。可见，一国货币在短期内是很难依靠单打独斗，有效克服和改

---

① 关于货币国际化的评价标准有很多，但本书将依据"基轴货币是最大最强的国际货币"这一标准，以某个国家的主权货币是否能够成为或者接近成为国际或地区基轴货币为标准来评价其国际化的成功程度。

② 比如：由于集结了地区各国的经济力量，因此面对国际货币金融投机的抵御能力获得很大提高；由于国际交易中不再必须使用美元，自然规避了美元价值波动对各国的国际交易带来的不良影响，规避了因使用美元而必然负担的"基轴货币税"；由于使用地区共同货币，使得地区国家之间的交易成本降低，促进了地区内交易的发展等。

变美元的国际基轴货币地位的。要想改革"美元本位制",集结多国力量共同应对才是一个较现实的方法。但即便如此,也绝非易事,相对涉及极其复杂利害关系的全球范围内的多国合作,首先实现具有较多共同利益的地区性多国合作,更具有操作性①。欧元就是目前最成功的实践。

随着东亚经济的高速发展,东亚地区展现出了前所未有的整体欣欣向荣的局面,地区经济一体化进程也日益加速,地区各国的共同利益不断增强。在这样的历史背景下,未来如果在东亚最终能够实现共通区域货币亚元,那么就将形成以美元、欧元、亚元为中心的新的国际货币体系——"复数基轴货币"② 体系,取代"美元本位制"。而这个新的国际货币体系,将相对"美元本位制"更有利于形成货币间更公平公正的关系。需要明确的是,东亚深度的货币金融合作不单对各参与国有利,也符合世界其他国家和地区的利益。当然不可否认的是,即便是这样的地区合作方案,也并非短期内简单地就能实现。但我们首先需要明确这个方案所具备的改革国际货币体系的潜能,否则,如果连前景和目标都不能明确,那么行动将更加难以为继。因此,较详细分析和了解"复数基轴货币"体系对"美元本位制"的改革机制,就显得尤为重要。

对于这一机制的理解,需要我们首先了解支撑美元的货币霸权的一股重要国际资本循环(见图5)。

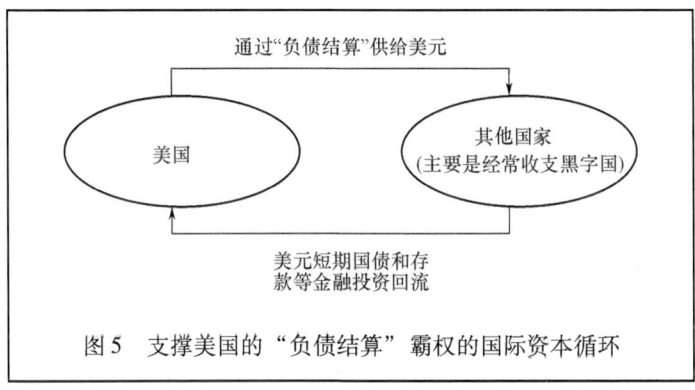

图5 支撑美国的"负债结算"霸权的国际资本循环

---

① 对此,李晓、丁一兵(2005)称之为"次善的选择"。但与笔者不同的是,李晓(2010,2011)并不认为东亚货币金融合作具有改变"美元本位制"的潜力。

② 当然,亚元的形成难度极高,但在形成亚元过程中,人民币很可能率先完成区域内的基轴货币化,以人民币为一极,形成"复数基轴货币"体系也是可行的。

从图 5 我们可以清晰地看到：美国首先通过经常收支赤字，向其他国家供给大量美元；其中，经常收支黑字国家获得美元后，往往又使这些获得的美元中的相当一部分再次回流美国。从国家公共部门来看，很多经常收支黑字国家获得美元后，为了保持其必要流动性和保值，多热衷于购买美国的短期国债；而从民间部门来看，这些国家的企业（包括银行）为了其进行必要的国际结算或者美元资产的保值增值等目的，也热衷于通过对美国银行的存款储蓄、证券投资、直接投资等金融投资方式，使所获的美元资金大量回流美国。这样的国际资本循环，长期上使得资本流入基本抹平了其经常收支赤字，使美国在不发生危机的情况下，国际收支账面得以平衡，这种情况如果换成美国以外的其他任何国家，早就发生严重的货币金融危机了，根本难以为继，这只有货币霸权国才能做得到。在这个资本循环中，美国恰好扮演了国际资本中介的角色，成为世界唯一的中央兼商业银行。之所以这样的国际资本循环能够成立，是由于一直以来，美国以外的经常收支黑字国家除了把所获美元运用到上述各种美元资产之外，别无其他更好的资产选择。但是随着欧元的登场，这种国际资本循环出现了变化的可能性，这是我们不能忽视的。为了将这种可能性简单、明确地呈现出来，我们暂且假定欧元是能够匹敌美元的另一个国际基轴货币；在这样的假定下，将会出现类似图 6 的新的国际资本循环。

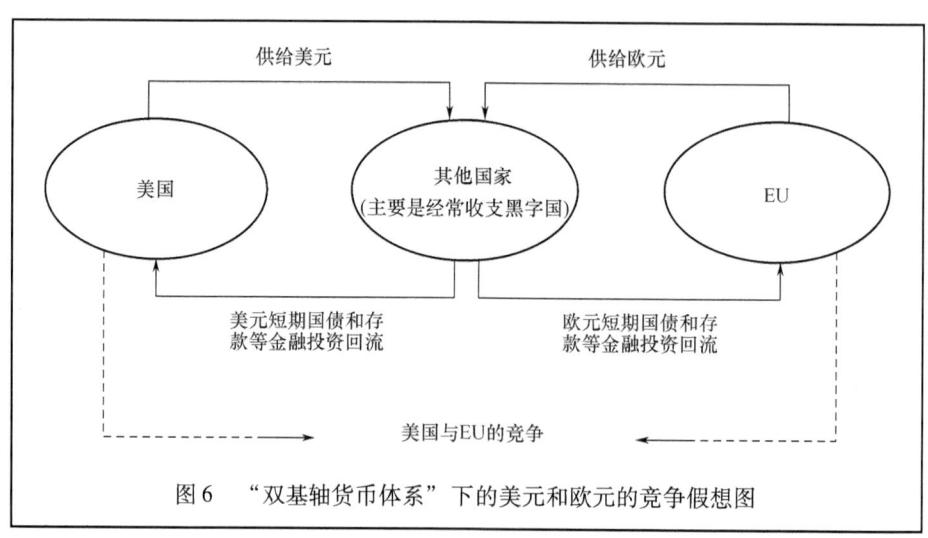

图 6 "双基轴货币体系"下的美元和欧元的竞争假想图

从图6可以看出，当假设欧元是能够匹敌美元的另一个国际基轴货币时，国际货币体系将成为"双基轴货币体系"。在这样的体系下，其他国家与欧盟之间也将出现与美国之间相类似的国际资本循环。这里与"美元本位制"的情况相区别的重点在于，欧盟与美国之间产生了竞争关系。具体来说，如果作为国际基轴货币的欧元和美元实力相当的话，其他国家将能够使美元金融资产换成欧元金融资产，其结果必将使回流美国的美元资本减少。那么美国为了确保其他国家的美元资本能够继续回流以支撑其"负债结算"，就必须持续提供比欧元资产回报率（如利率）更高的回报率，或者降低投资风险。因此，为了稳定国际投机家对于美国经济的投资预期，防止出现不利于美国的投机行为，美国必然将更为谨慎地处理本国经济问题。如此一来，对美国而言，就可能出现遵守更强的货币金融政策纪律，改善其经常收支赤字的内生动力。当然，这样的竞争局面，对于欧盟同样存在。因此，无论美国还是欧盟，即便主观上不想改善经常收支赤字，但只要同时存在着另一个国际资本的回流渠道，就会由于这个渠道的存在，分流相当部分本应回流本国（或本地区）的国际资本，所以在这样的体系下，无论美元还是欧元，其作为国际基轴货币的"负债结算"能力都会大打折扣。也就是说，美国与欧盟之间产生了相互的牵制作用。这里最重要的是，这样的竞争关系将有可能对"美元本位制"的美元霸权形成较强的制约。但是这样的制约成立的前提是，欧元是能与美元匹敌的国际基轴货币，并从其他国家来看，美元金融资产和欧元金融资产是基本对等的。遗憾的是，欧元至今也没有成为与美元匹敌的国际基轴货币，自然欧元金融资产在其他国家眼中也尚不能与美元金融资产真正相提并论。正因为如此，图6所描绘的"双基轴货币体系"在现实中并没有实现；况且，即便这样的"双基轴货币体系"能够实现，对于包括中国在内的东亚各国而言，由于既非美国也非欧盟成员，与基轴货币之间的货币"不对称性"问题依然存在，所以也绝非最好的国际货币体系。所以，对于东亚各国来说，就不得不考虑其他的解决途径。

再次审视图5，就很容易理解，大量从各国回流美国的美元资本对支撑美国国际收支的平衡、支撑美元霸权起到了决定作用。而第二次世界大

战后，欧盟各主要国家①对美国都曾保持长期的经常收支黑字，支撑"二战"后确立的"美元本位制"的，正是来自欧洲各国的大量回流美元资本。由于欧盟国家较早意识到自己与美国在"美元本位制"中的不对称地位，加之地区整合的传统理想等综合因素，促成了该地区包括高度的地区货币金融合作在内的政治经济整合，首先实现了德国马克在地区内的基轴货币化，紧接着又实现了地区共同货币——欧元。如此一来，各国，特别是欧盟各国就能以德国马克和后来的欧元金融资产代替美元金融资产，回流美国的资本开始急剧减少，这就直接造成了美国在欧盟地区"负债结算"能力的丧失。虽然这一历史性事件严重动摇了美国作为国际基轴货币的地位，但如上所说，尚不能使"美元本位制"彻底崩溃。其原因，除了欧元尚没有成为能够与美国匹敌的另一极国际基轴货币之外，还在于支撑美国"货币霸权"的资本并非仅仅来源于欧盟各国，当前其主要来源还包括东亚各国②。

在东亚，从中国和日本这两大经常收支黑字国家回流美国的美元是东亚各国中最多的。特别是进入20世纪90年代以后，中国经济的高速发展带来了中国外汇储备（主要是美元）的激增，而其中的大部分又以购买美国国债的方式回流美国。关于这一点，可以从表2加以确认。

表2　东亚各国（地区）持有的美国国债数额及比率

（单位：10亿美元）

世界排名	国家（及地区）	数额
1	中国（大陆）	868.4
2	日本	836.6
7	中国香港	137.8
8	中国台湾	130.2
13	泰国	60.9
15	新加坡	52.7
17	韩国	41.6

---

①　如法国、德国、意大利等。

②　此外，还包括一些石油输出国。但其拥有的"石油美元"规模已远远不能与东亚所拥有的美元规模相提并论了。

续表

世界排名	国家（及地区）	数额
31	菲律宾	13.7
34	马来西亚	11.7
东亚各国持有的美国国债总额		2 153.6
世界各国持有的美国国债总额（美国除外）		4 212.9
东亚各国占世界各国持有的美国国债总额的比率		51.1%

数据来源：美国财政部·联邦准备制度．Major Foreign Holders of Treasury Securities，2010 年 10 月 18 日。

　　表 2 反映了截至 2010 年 8 月末的东亚各国所拥有美国国债的规模，从中可以确认，中国和日本是美国国债的最大买主，如果加上其他持有美国国债的东亚主要国家所拥有的美国国债数额，东亚保有的美国国债总额已经高达 2 兆亿美元以上，占了除美国外的世界各国持有美国国债总额的51% 以上。可以说，当前东亚各国特别是各经常收支黑字国家以购入美国国债的形式使巨额美元再次回流美国，已经形成了支撑当今美元霸权的一大支柱。具有讽刺意味的是，早在 1997 年东亚货币金融危机中就已经饱尝"美元本位制"缺陷所带来的巨大苦果的东亚各国，如今正肩负着支撑"美元本位制"的"重任"。正因为如此，东亚各国都必须认真考虑如何才能摆脱这种尴尬的局面，改革"美元本位制"。而改革的重点之一，就在于如何减少当前东亚各国回流美国的巨额美元资金。因为当前这一股国际资本循环支撑了美国的"负债结算"，支撑了美元的"货币霸权"，而这正是"美元本位制"的核心。对此，欧元的经验是值得东亚各国认真思考的。

　　如果东亚各国能够真正致力于深化东亚货币金融合作，仿效欧元构筑成另一个地区共同货币——亚元，那么国际上就能形成由美元、欧元、亚元三个基轴货币形成的"复数基轴货币体系"，代替"美元本位制"，一举解决后者固有的内在缺陷。具体来说，如果能够构筑业洲共同货币，那么东亚各国目前为了维持本国货币与美元汇率稳定而不得不持有的巨额美元储备将不再必要，来自东亚各国公共部门的美元资金回流额将大幅减少。同时，由于使用了区域内的共同货币，那么区域内的国际结算将能够以其代替美元，这将使日前东亚各国民间部门为了进行国际结算而不得不

持有的巨额美元储蓄大幅减少。更为重要的是，随着亚元的各种金融资产的不断充实和亚洲债券市场的发展等有利于持有亚元的基础建设的完备，东亚各国所持有的大量资本将更多地滞留在本地区，形成对本地区进一步发展的有力支撑，减少目前回流美国的数额。这样，无论从公共部门来看还是从民间部门来看，当前支撑起美元货币霸权的来源于东亚各国的美元回流都将大幅度减少。这将导致美国的"负债结算"能力的衰减，使美国的货币霸权受到极大制约。如果是这样的局面，上述"双基轴货币体系"中无法真正实现的基轴货币之间的竞争，也将随着美元作为国际基轴货币能力的大幅下降和另一基轴货币——亚元的崛起而真正实现。这是因为，在当前的"美元本位制"下，欧元尚不能匹敌美元的主要原因就在于，东亚的经常收支黑字国（特别是世界第二大和第三大经济体的中国和日本）对美国的巨额资金回流强有力地支持了美元，造成当前美元一强独霸的局面；而在"复数基轴货币体系"下，东亚将脱离"美元圈"，来自于这一地区的对美的国际资金回流将大幅减少，美元、欧元和亚元作为国际基轴货币的能力将大抵相当。只有这样，基轴货币间的竞争才能真正成为现实。也因为如此，在"复数基轴货币体系"下，美国、欧盟以及东亚共同体都不能像当前美国在"美元本位制"下一样乱印钞票，这将极大地改善目前美国乱印钞票导致的世界范围内的过剩货币资本及其带来的一系列问题，因此，国际货币体系相应地会比目前更加公正和稳定。而且，在"复数基轴货币体系"下，在实力基本相当的3极基轴货币的基础上，世界范围内的货币金融合作也可能更加容易形成，从更长期来看，国际货币金融体系的终极目标——世界共同货币和世界中央银行的构筑也可能更加容易实现。

当然，作为区域共同货币——亚元，如果从汇率制度层面加以界定，就是所谓的"货币同盟"。如果从这个角度出发，如何实现亚元就等同于如何构筑货币同盟。而货币同盟作为一种汇率制度，需要通过汇率制度改革和合作方能实现。因此，如何改革各国自身的汇率制度，就成为一个重要课题。尽管根据上面的分析，东亚各国自然需要考虑推动面向货币同盟的国内汇率制度改革，但由于货币同盟仅仅是各种汇率制度当中的一种，在下结论之前，还有必要思考其他的汇率制度是否存在更适合东亚的可能性。谈到汇率制度的选择，就难以避开汇率制度的"两极论"。根据"两

极论"，对于大多数的发展中国家，只要采取两种极端的汇率制度——自由浮动汇率制或固定汇率制，就能够避免货币投机活动导致的货币金融风险，而其中就包含货币同盟。下面就对"两极论"做一些探讨。

第二节　从"两极论"看各种汇率制度的适应性

在当前的国际货币体系下，全球性货币金融危机频繁发生，因此，如何防范这些危机，就成为一个广受关注的问题。在人们已经提出的各种思想和理论中，"两极论"颇具影响力。这个理论认为：只需要采取严格的固定汇率制（以下全文简称"固定汇率制"），或者自由浮动汇率制（以下全文简称"浮动汇率制"），就能有效防范因货币投机行为导致的货币金融危机，而其他处在这两极之间的所谓"中间汇率制"，对货币投机则是十分脆弱的，较容易发生货币金融危机。正因为如此，"两极论"预言全世界的汇率制度终将向这两极收敛。

关于汇率制度，"两极论"基本是基于 IMF 的划分标准来确定的。根据这个标准，所谓固定汇率是指：货币同盟，美元化（或欧元化，英镑化等），货币局制度。从图 7 可以看出总的汇率制度的结构划分：两极位于左右两端，而位于两极之间的则是"中间汇率制度"，具体来说主要包含管理浮动汇率制（肮脏浮动汇率制）、BBC 规则的汇率制、钉住货币篮子汇率制、钉住美元汇率制等。

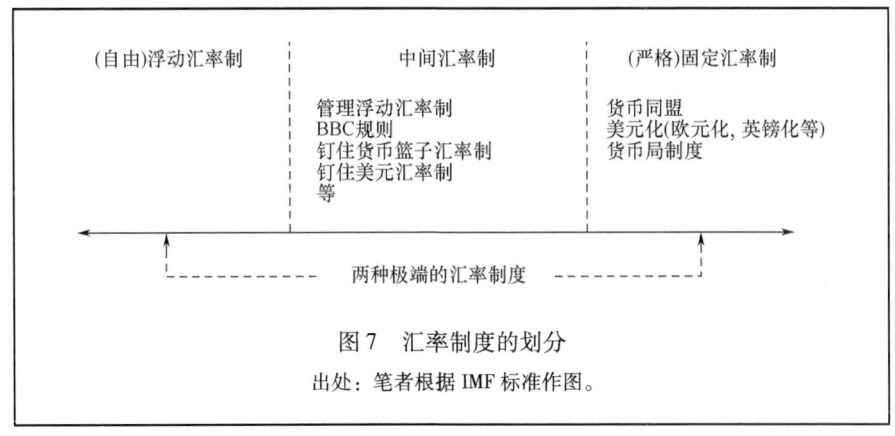

图 7　汇率制度的划分
出处：笔者根据 IMF 标准作图。

从图 7 我们可以看到，货币同盟是固定汇率制中的一种；如果根据"两极论"，其抵御货币投机的能力是很强的，能够有效防止货币金融危机发生。但同时，值得注意的是，除了货币同盟以外，浮动汇率制、美元化、货币局制等汇率制度也能够有效防范货币投机和货币金融危机。如果根据这个理论，那么东亚实现货币同盟的必要性也大打折扣，因为还存在与货币同盟一样防范效果的其他汇率制度，而其中（比如浮动汇率制）只需要一个国家自己改革，不必通过国际合作，实现起来的效率要高很多。那么，追求东亚地区的货币同盟似乎就成了舍近求远，是不必要的兜圈子。所以，有必要对这些汇率制对抗货币投机、防范货币金融危机的机制做一些考察。当然，其中的美元化（欧元化，英镑化）的汇率制，因为要求采用的国家放弃本国货币主权，以美元（欧元，英镑）作为自己国家法定的流通货币，这种汇率制仅仅适用于一些与美国（欧洲，英国）关系特别紧密的小国，完全不适用于东亚各国，因此这里予以忽略。

1. 浮动汇率制和其防范货币金融危机的机能

首先来探讨浮动汇率制。所谓浮动汇率制，是指不固定本国货币对外国货币的汇率，其汇率完全由外汇市场的供求关系来决定的汇率制度。特别要强调的是，这里的浮动汇率制特指货币政策当局完全不介入外汇市场的所谓清洁浮动汇率制，并非货币政策当局偶尔还会根据情况介入的所谓管理浮动汇率制。根据传统国际金融理论，在这样的浮动汇率制条件下，有下列诸多好处：

（1）有效自动抑制货币投机，使汇率反而自动趋于稳定[1]；

（2）自动实现经常项目收支平衡[2]；

---

① 在旧 IMF 体制的所谓可调整的固定汇率制条件下，单向投机（One Way Option）成为可能，因此巨大规模的投机活动发生的概率较高。对此，弗里德曼等浮动汇率制的拥护论者们认为，浮动汇率制条件下，货币汇率发生高低双向变动的可能都存在，能够有效杜绝单向汇率变动预期下的单向投机行为，因此能够有效抑制投机规模，而且经常对市场行情预期错误的投机者由于其不能承受经常性的投机损失而最终会被市场淘汰，那么剩下来的就都是合格的理性投机家，他们的预期基本符合市场规律，因此不会成为市场干扰因素。最终，浮动汇率制反而会使汇率趋于稳定。

② 由于汇率浮动，一般来说，当经常项目收支赤字时，本币贬值，能促进出口，导致经常项目收支得以恢复平衡。反之则相反。当然这里假定满足马歇尔—勒纳条件。

（3）有效保证本国货币金融政策的有效性和独立性①；

（4）节约各国的外汇储备②；

（5）国际货币关系将趋于"对称"③。

但是，上述理论尽管被收录进了标准的国际经济学教科书，但并没有成为现实。

首先来看上面的第（1）点。现实是各主要国家之间货币汇率波乱起伏，即便从中长期看，实际汇率也与购买力平价差距巨大，与浮动汇率制拥护论所主张的相去甚远。造成这种现象的主要原因，我们在第一章已做了较详细的分析。简单来说，以过剩美元资本为中心的全球庞大过剩货币资本的形成和资本交易的自由化，以及 IT 技术在全球金融市场领域的高度应用，使得资本的移动瞬间就可以完成，这些因素综合导致了全球金融投资活动的频度和规模的巨大。在这样的条件下，与各国经济能力基本面毫无关系的哪怕丁点风吹草动，都可能影响到投机家心理，进而使他们进行非理性的投机。由于这样的投机资本规模大、速度快，有时可以创造出"自我实现"的市场结果，反而塑造了市场，这使得这类非理性投机活动根本不能被市场淘汰，汇率变动根本就不能平稳。

其次，关于上面的第（2）点。反观实际情况，主要先进国家在经过 40 多年的浮动汇率制后，仍然存在着巨大的对外不均衡。比如，从经常项目收支来看，美国对日长期赤字，日本对美长期黑字，这并没有因为双方采取了浮动汇率制得到自动调节。当然，这里并非要全面否定汇率变动对于经常项目收支所具有的调节机制，只是说在现实中，这样的调节机制从结果看，是严重受限的，没有发挥出理论预言中那样的良好效果。其中一个重要原因，是由于现实中的汇率变动与反映经济基本面的经常项目收支之间，在中短期内关系不大。由于上述非理性的市场投机活动很容易导致

---

①　在旧的 IMF 体制下，各国都负有维持本国货币汇率稳定的责任，因此具有介入外汇市场的义务，再加上金融自由化，导致各国丧失了货币政策的有效性和独立性。这一点可通过国际金融的"三角悖论"加以理解。

②　由于浮动汇率制下，各国不必为了维持汇率稳定而干预外汇市场，因此能有效节约各国外汇储备。

③　由于各国经济能力差异都由汇率变化来反映和调节，并最终都能自动趋于对外均衡，因此，包括美国在内的世界各国都不必介入外汇市场了，从这个意义上说是一种平等关系。

汇率偏离合理的均衡汇率水平，结果必然导致汇率变动难以发挥正常调节经常项目收支的功能。何况，经常项目收支也并非完全由汇率一个因素决定。比如一国的进出口，还会受到国内收入和国外收入变化的影响，存在所得效应。当本国收入增加了，进口就变多；当外国收入增加了，出口就变多。因此国内外的景气情况、经济增长情况等都会影响到对外收支。此外，即便谈到汇率对经常项目收支的调节作用，这里的汇率也不是指名义汇率，而是指实际汇率。而实际汇率又受到国内外价格变化的影响，因此，这一因素也会影响到对外收支。而浮动汇率制下浮动的主要是名义汇率，尽管上述因素最终都可能反映到名义汇率上，但其反映需要时间，存在时滞性是难免的。所以，寄希望于靠名义汇率自由变动及时调节经常项目收支这种观点是不妥的。正是由于这些原因，浮动汇率制拥护论所预言的"自动实现经常项目收支平衡"最终无法实现。

再次，关于上面的第（3）点。在资本项目开放的前提下，采取浮动汇率制，的确可以保证本国货币金融政策的有效性和独立性。这不但通过理论，也通过实践被加以证明了。但在"美元本位制"下，即便拥有货币金融政策的独立性，也不一定必然产生良好结果，这是需要注意的一个问题。事实上，拉丁美洲的一些国家尽管曾经采取过资本账户开放和浮动汇率制的政策组合，但正是由于其拥有货币金融政策独立性，在毫无货币发行纪律约束的本国货币政策当局掌控下，反而产生了极高的通货膨胀，结果为了抑制通货膨胀，这些国家又选择了放弃浮动汇率制，选择了对美元的固定汇率制，这就等于又不得不导入了美国的货币金融政策，放弃了本国货币金融政策的独立性。事实上，经过几十年的实践，在众多采用浮动汇率制的国家中，明显出现了两极分化，也就是出现了所谓的"强货币集团"和"弱货币集团"。即使是在货币金融政策的独立性得到确保后，也会出现政府对于不同经济目标重视程度的差异，比如，更加注重抑制通货膨胀或更加注重抑制失业率，导致出现了两极化。前者即更注重通货膨胀的国家逐渐变成强货币集团国家，而后者则变成了弱货币集团国家。也就是说，由各国政策当局对于通货膨胀的态度和实际管理能力的差异，有时甚至不如放弃货币金融政策独立性，就像上述的拉美国家。这也从一个侧面反映了"美元本位制"下政策运营的复杂性。即便是采用浮动汇率制较

成功的国家，也往往由于汇率变动过于激烈，对实体经济特别是进出口产业造成较大负面影响，比如，在日本就产生了"产业空洞化""迟滞现象"（hysteresis）①。结果，导致汇率成为经济政策部门不得不考虑的一个变量，因此即便采用了浮动汇率制。对很多国家而言，为了抑制对本国进出口产业的过大影响，仍然不得不关注汇率变化，并时不时不得已介入外汇市场，以维持汇率相对稳定，不至于给进出口产业造成过大消极影响，其结果就是自由浮动汇率制逐渐变成了有管理的浮动汇率制，汇率并不能真正实现完全自由浮动。

最后，再来看看上面第（4）、第（5）点。就像在第一章详细讨论过的一样，当前的"美元本位制"下，浮动汇率制是主流。与布雷顿森林体系不同，美国摆脱了黄金结算的束缚，强化了"负债结算"的美元霸权，使世界各国货币之间"不对称性"问题深化，导致了当今一系列深刻的国际经济问题。因此，不提"美元本位制"缺陷的浮动汇率制拥护论主张各国的货币间关系会趋于对称的观点，其谬误是明显的。而关于第（4）点，如上所述，即便是采取浮动汇率制较成功的国家，比如日本，制定经济政策时，也不得不将汇率变动纳入考虑；过于激烈的汇率变化或长期偏离合理汇率水平的情况，都会对进出口产业造成打击，结果难免还是需要一定程度干预外汇市场。因此，仍然有必要持有相当数量的外汇储备，以备使用。尽管这种市场介入是尽可能最小化的，但完全避免使用外汇储备是不现实的。

综上所述，浮动汇率制绝非当初想象的那么美好，当初设想的 5 点优势，经过多年实践检验和理论检验，如果设定资本项目完全开放这一前提，最终可以基本站得住脚的就只有第（3）点，即能"有效保证本国货币金融政策的有效性和独立性"。此外，理论上能基本成立，但现实未必成立的还有第（2）点，即"自动实现经常项目收支平衡"。其余三点，则全都是可以质疑的。但仅有的这两点优势，如果与浮动汇率制基础上的"美元本位制"下的各种缺陷相比，实在显得微不足道。因此，期待仅仅

---

① 比如本国货币长期处在高估的水平时，出口产业逐渐转移到国外，而生产据点一旦转移到国外，即便后来汇率恢复正常了，生产据点也不能很快迁回。这一现象更加激化了"产业空洞化"问题。

依靠本国采取浮动汇率制，就能克服"美元本位制"所带来的一系列缺陷的观点是不正确的。

那么，有着上述诸多不确定性的浮动汇率制，在抵御货币投机、防范货币金融危机方面，确实如"两极论"所预言的那样出色吗？如果东亚各国在1997年采取了浮动汇率制，就能够成功抵御那场危机吗？其答案会根据如何定义货币金融危机而略有不同①。如果将由于货币投机造成本国货币汇率暴跌，进而引发的严重经济混乱定义为货币金融危机的话，那么即便是浮动汇率制，也无法避免1997年那场货币金融危机。

如果联系1997年东亚货币金融危机的发生机制，可以设想一下在浮动汇率制下会发生些什么。假设东亚各国实行了浮动汇率制，那么各国政策当局就没有必要维持汇率的稳定，就不必介入外汇市场进行干预。那么，即便由于本国经常项目收支恶化诱发了对本国货币的国际货币投机，各国接受本国货币暴跌的现实即可。接下来，如果根据浮动汇率制的拥护论所主张的，此时由于本国货币暴跌，本国商品的对外价格都便宜了，出口增加，进口减少，经常项目收支就会得到改善，经常项目收支恶化诱发的国际货币投机活动由此自然消失，对外经济自然恢复均衡。但是，这种浮动汇率制拥护论所主张的经济机制，在1997年的东亚不能发挥作用的可能性很高。试想，当时由于东亚各国货币暴跌，将产生一种恶循环机制，最终将妨碍上述浮动汇率制自动实现对外均衡的机制正常运行。具体来说，由于东亚各国的产业结构以劳动密集型的加工产业为主，其出口产业主要是将进口的中间产品（如机械零部件）组装成最终产品出口，在这种产业结构下，出口的强化必然建立在进口强化的基础上。因为各国出口的最终产品，既然是建立在中间产品组装基础上的，那增加出口就必须有相应的中间产品增加，而中间产品往往是技术密集型产业，因此往往在先进国家进行生产，因此增加中间产品，就意味着要增加从先进国家的进口。但是，当本国货币暴跌，进口产品价格就随着暴涨，其中自然包含中

---

① 由货币投机诱发的货币金融危机的定义一般是针对采取固定汇率制国家而言的。具体来说，政策当局为了维持固定汇率，不得不介入外汇市场，当产生本币贬值预期，本币汇率产生贬值压力时，政策当局需要反向介入市场，卖出外币购入本币，但当本币贬值压力过大，使得本国外汇储备耗尽，不得不放弃固定汇率制时，往往会诱发对本币的信用恐慌，致使本币暴跌，产生一系列严重经济后果。本书采取的不是这样的一般的定义，而是广义的定义。

间产品价格的暴涨，这会直接导致发生危机国家的生产成本暴增，其结果就是本国货币下降本来可造成本国出口价格随之下降，而出口增加进口减少、经常项目收支得以改善的经济调节机制根本不能发挥作用。此时，东亚更可能的情况是，随着本国货币的贬值，用于出口生产的进口中间产品的价格上升，反而增加了生产成本，使得危机国的生产难以为继，根本不可能增加出口，甚至连维持原有出口都不可能了，其结果就是经常项目收支继续恶化，货币投机不会停止，甚至可能更加猛烈，导致恶性循环，引发重大经济危机。可见，即便采用浮动汇率制，1997 年东亚货币金融危机国家也无法规避由货币投机导致的货币金融危机。从这个意义上说，"两极论"所主张的浮动汇率制能够防范货币金融危机的观点并不总是妥当。

2. 货币局制与防范货币金融危机的机制

货币局制作为一种汇率制度，是指一国将本国货币对某一强势外币（又称之为"锚货币"，比如美元）完全绑定，持有多少外汇储备，就按照严格的汇率（固定汇率）发行多少对应的本币，并保证本币与外币的自由兑换。因为本国货币全部都由外汇储备作为发行保证，因此这是一种非常严格的固定汇率制。在资本项目开放的前提下，这种汇率制度保证了货币的发行纪律，但完全放弃了货币金融政策的独立性，其货币金融政策完全追随绑定的强势货币。

Williamson（1995）[1] 认为，货币局制有如下 4 个优势：

（1）固定汇率制下本币的自由交换性可促进贸易投资的发展；

（2）导入强势货币的货币金融政策，有利于缺乏货币发行纪律和政策管理能力的国家（或地区）抑制通货膨胀，防止货币发行失序，有利于稳定经济基本面；

（3）自动调节国际收支均衡，所以制度具备内在的稳定性[2]；

（4）正由于以上三点，本国货币的国际信用较高，能够有效促进贸易投资发展，保持经济发展和外部稳定性，因而抵御货币投机的能力较强，能够防范货币金融危机。

① Williamson John. What Role for Currency Boards？［J］. Institute for International Economics，1995（40）.

② 货币局制的这种自动调节对外均衡的机制，与金本位制的自动调节机制非常相似，后文详述。

除了上述 4 个优势，货币局制也存在一些问题。具体来说：

（1）丧失了独立自主地制定货币金融政策的能力①；

（2）由于本币发行需要完全具备对应的外汇储备作为发行保证，因此，中央银行丧失了"最后贷款人"能力②；

（3）由于是对单一强势货币的完全固定汇率制，因此存在有效汇率③恶化的可能；

（4）退出货币局制将非常困难④。

下面结合上述货币局制的基本特点来思考一下关于货币局制防范货币金融危机的机制。

货币局制的一个重要优点，就是国际收支的自动均衡调节机制。具体来说，当本国经常项目收支赤字化时，绑定的锚货币的外汇储备也将随之减少，故本币发行量也必须相应减少，这就意味着国内实行了通货紧缩政策，因此国内产品价格下降；但由于汇率固定，这时产品套利成为可能，因此出口增多，经常项目收支得以改善。而且，由于通货紧缩，利率会上升，这样就会导致资本流入，即可抵消国内通货紧缩，固定汇率得以自动稳定，而且国际收支也会得以改善。这样该国总体对外均衡就得以自动实现。因此按道理，货币局制将不会给市场过大的想象空间，产生该国货币暴跌预期，进而诱发货币投机。从这个意义上说，货币局制应该具有很强的抵御货币金融危机的能力。但是不可忽视的是，这样的能力是否可以发挥，取决于两个重要因素。第一，国内产品价格是否能够快速调节；第二，利率的上升是否能够及时引发资本的流入。首先，假如产品价格不能

---

① 由于本国货币发行量全由外汇储备量来决定，中央银行不能自由决定货币供给量，所以货币政策自主权完全丧失。

② 由于中央银行丧失了"最后贷款人"能力，采用这个制度必须具备非常健全的金融体系。

③ 本币对各个国际交易对象国货币的汇率以某权重数平均加总，得出的一种加权平均汇率。对于与多国存在国际交易的国家（或地区）而言，这个汇率的实际值更加有效。但如果己方只对某一货币固定汇率，尽管可以促进与对方的国际交易的稳定发展，但如果这一货币对其他存在国际交易国家（或地区）的货币具有较大波动性，那么就会造成本币随之与这些国家（或地区）货币汇率发生较大波动，不利于稳定与这些国家（或地区）的汇率风险，因此会阻碍与这些国家（或地区）的国际交易的稳定和发展。

④ Edwards Sebastian. On Crisis Prevention：Lessons from Mexico and East Asia ［J］. NBER Working Paper，1999（7233）. 如果一国放弃货币局制，相对其他汇率制更容易诱发市场对该国货币贬值风险的预期，引发货币投机，因此"制度转换成本"较高。

及时快速调节，那上述调节机制就不能及时发挥作用；但遗憾的是，在短期内，产品价格一般是不会发生调节的，对于这一点，凯恩斯的短期经济学理论阐述得非常清楚。因此，该国经常项目收支不可能及时得以改善，也就是说，该国在市场上的信用不会在短期就得以恢复，这会导致在国际众多投机家眼中该国存在的投机机会并不会改变，结果货币投机不可能短期内自动消失。其次，也正是由于如此，即便随着该国外汇储备流失，国内不断通货紧缩，利率确有上升，但海外资金不会只考虑收益，还会评估风险，所以并不会很快流入本国，国际收支的改善在短期也就无从谈起。可见，一般理论上阐述的货币局制的"自动的对外均衡调节"功能，基本忽视了调节中必然存在的时滞现象，而时滞现象在现实中非常重要，会导致博弈各方策略发生根本性改变，导致完全不同的结果。因此，"两极论"所主张的货币局制对货币投机具有较强抵抗力的观点，实际上是可质疑的。除了理论，实践经验是否也能够支撑这种质疑呢？这可以通过回顾在中国香港和阿根廷发生过的货币投机结果得到答案。

　　中国香港地区的汇率制度采取的就是货币局制①。下面来探讨一下，1997 年当香港遭遇猛烈货币投机时，其货币局制自动抵御货币投机，防范货币金融危机的机制是否起作用②。1997 年的香港，是绑定美元为锚货币，实行货币局制。由于在这一时期，美元相对世界其他重要经济体国家货币的汇率走高，造成香港有效汇率也随之走高，这导致香港在国际上的价格竞争力下降，一定程度恶化了香港的国际收支状况。而从泰国发端的 1997年亚洲货币金融危机造成了世界投机家们的"群聚"效应，引发了市场对经济结构相似程度很高的东亚各经济体的怀疑和恐慌，其中就包括中国香港地区。结果，现实中的数据有一定恶化，再加上市场信心动摇，对港币的猛烈货币投机就发生了。此时，货币局制下的上述自动调节机制开始初步运作，导致利率暴涨。银行间短期利率与香港遭遇投机前相比，短时间

---

　　① 又被称之为"联系汇率制"。
　　② 也有观点认为香港实行的并不是真正意义上的货币局制。因为香港的外汇储备并没有足够到支撑全部的 M3，因此，一旦遭遇猛烈货币投机，外汇储备必然不足以应付对没有美元保证的这部分货币的投机活动，因此并非真正意义上的货币局制。但是这个问题并非香港独有，其他采取货币局制的国家和地区也存在这种现象。事实上，即便考虑货币局制的定义，外汇储备也只需要保证所有的 M0就可以了，而 M3 数额远远高于 M0，因此根本不能以这个为理由，否定香港采取的是货币局制。

内就暴涨了 3 倍。尽管最终由于中国大陆不计风险大举"输血"美元给香港，及时堵住了资金大举逃离香港的逆流，阻止了港币彻底崩盘，但这种美元"输血"，并不是因为中国大陆对那 3 倍利率感兴趣，而是为了维护中国国家整体尊严和信用，并不能证明货币局制的自动均衡调节机制奏效了。事实上，除了中国大陆的"输血"，其他资金起初是根本不顾利率的高涨而疯狂逃离香港的，正是中国大陆的"输血"有效稳定了市场对于港币的信心，这股资金逃离风暴才渐渐平息，因此，起关键作用的并非高涨的利率，而是国际市场对中国大陆整体国力的信心，还有高水平的果断政策干预，才使得香港的货币局制没有崩盘。但是即便如此，在货币局制内在的机制下，香港也产生了剧烈的通货紧缩，对香港实体经济面造成严重打击，致使香港经历了罕见的连续两年的经济负增长。从这个意义上说，1997 年的香港，很难说是货币局制有效抵御了货币投机，避免了货币金融危机。因为如果采用上述广义的货币金融危机的定义，1997 年香港所经历的，就是一场严重的货币金融危机。所以，从香港的实践看，货币局制对于货币投机和由其引发的货币金融危机的防范作用是值得质疑的。

香港之所以能够挺过 1997 年的东亚货币金融危机，中国大陆发挥了决定性作用，绝非货币局制所谓的自动调节机制的结果。如果对这一结论有质疑，可以再看看同样采用货币局制的阿根廷的情况。2001 年发生的对阿根廷比索的货币投机，造成了阿根廷严重的货币金融危机，其货币局制也应声崩溃。此前，阿根廷由于意识到自己缺乏足够的政策能力，为了遏制国内恶性通货膨胀，而放弃了自身货币金融政策的独立性，采用了以美元作为锚货币的货币局制，并确定了 1 美元∶1 比索的固定汇率。但是，阿根廷是一个农业国家，而美国是一个工业化强国，这个汇率显然大大高估了比索的价值。其结果就是阿根廷的产品对外价格高企，毫无竞争优势可言，导致了阿根廷长期较严重的经常项目收支赤字，伴随这一过程的就是阿根廷的外汇储备的急剧减少。如此一来，阿根廷陷入了长期的通货紧缩状态。事实上，从 1999 年开始，阿根廷就开始陷入连续 3 年的经济负增长，财政赤字也大幅攀升。在这种情况下，市场对阿根廷的经济产生了根本性的负面预期，资本流入开始停止，甚至转而流出，这对经常项目收支已经是赤字的阿根廷而言，更是雪上加霜。对国际投机家们来说，阿根廷

比索下跌的预期逐步增强，对他们来说，此时机会来了。随之猛烈的对比索的货币投机开始了，由于阿根廷不像香港，没有任何一方愿意不顾风险给它注资，因此尽管其随着外汇储备剧减，急速通货紧缩，利率高企，也根本没有资金流入，因为资金为了高利率流入的前提是风险不大，但阿根廷此时在市场的信用已经破产，市场一般认为其风险极大，因此利率再高也没有资金流入。最终，阿根廷不得不退出货币局制，任由比索暴跌，付出了惨重的经济代价。

由此可见，货币局制并不像"两极论"所主张的那样能自动抵御货币投机，防范货币金融危机。

第三节　面向东亚货币同盟（亚元）的渐进的地区货币合作

1. 面向东亚货币同盟，需要做些什么

如前所述，"两极论"所主张的能够部分抵御"美元本位制"缺陷的汇率制度，也就是浮动汇率制和货币局制，其实都并不具备其主张的能力。而美元化（甚至欧元化、英镑化）更不符合东亚各国现实，完全不适用东亚。因此总的来说，一国如果采用这些所谓两极的汇率制度，并不能使其免遭货币投机的威胁和因此遭受的巨大经济损失。而频繁发生的货币投机和由此导致的货币金融危机是"美元本位制"的内在缺陷之一，所以，对于东亚各国来说，试图凭借对本国汇率制度的改革以抵御这种缺陷所带来的风险，是不恰当的。也正因为如此，通过区域货币金融合作，构建类似欧元的东亚共同货币，才是一条值得东亚各国重视的改革方向和思路。而货币同盟也是"两极论"中所提到的固定汇率制中的一种，是一种真正有潜力克服"美元本位制"内在缺陷的汇率制度，但其克服的机制并非"两极论"所主张的那样存在所谓"自动对外均衡调节的机制"，而是本书第二章第一节所阐释的对美元的牵制机制；即，在东亚地区实现货币同盟，将可能通过实现"复数基轴货币体制"的相互牵制机制，对稳定整体的国际货币体系发挥重大作用，这样，包括东亚各国在内的全世界甚至美国自身都将从中受益。而且，区域内的货币间汇率风险及各国现有的与

域内国家的外汇交易成本也就消失了，这将极大地促进区域内贸易投资的发展和区域经济一体化。这不仅给所有成员国带来巨大经济利益，更由于使整个区域经济力量得以整合，形成合力，使得本地区对抗货币投机的实力大增。而且，即便其难以在短期内成功，但就在其形成的过程中，也是能够有效提高本地区防范货币金融危机的能力的。本节就将详细讨论东亚各国如何才能达到实现东亚地区货币同盟的目标。

对于东亚各国来说，面向货币同盟，应首先在货币合作的基础上，改革各自国家的汇率制度。这能够从成功实现货币同盟的欧元的形成历程中寻找到启示。在欧洲，最初是通过欧洲货币制度初步实现各国货币合作，改革了各自的汇率制度；经过一段时间，最终形成了共通货币——欧元。当然，这样的路径是否适合东亚，是值得认真思考的问题。即便是类似 EMS 初步的货币汇率合作能否在东亚实现，也是存在很大疑问的。

EMS 主要由三大系统，也就是 ECU（欧洲货币单位）、ERM（汇率机制）、介入和信用供给机制构成。ECU 是一种经过加权平均计算出来的抽象的货币单位，具体是根据加盟各国的 GDP 和贸易投资额所占地区总额的比例来制定权重，乘以其货币价值，然后加总获得一个货币单位数额，作为 EMS 的核心货币价值单位。以此作为 ERM 的表示单位，判断各加盟国货币汇率偏离的指标，外汇市场介入和信用供给的计算单位，还有各国货币当局的国际结算单位甚至结算手段。此外，再通过 ERM，各加盟国货币之间实行了固定汇率制，但事先设定了一定可变动幅度。为了维持这种固定汇率制，需要各国不断地介入外汇市场。起初这种介入使用的是基轴货币美元，但这违反了欧洲货币金融合作的根本精神，这个精神就是要摆脱美元，因此到了中后期，这些介入货币就主要变成了区域内的国家货币了。而区域内的介入货币，最初为了避免区域内货币间再次出现"不对称性"问题，采取了基于所谓"平价网"（parity grid）的相互介入形式①，但使用这种相互介入方式的效率极低，那么到了后期，随着在欧洲地区德

---

① 所有加盟国货币之间都存在直接的一一对应汇率，任何一对汇率变动如果超过了 ERM 规定的变动幅度 2.25%，双方货币当局就有责任合作，同时利用自己的本币进行外汇市场干预，以抑制过度汇率变动。而这种一一对应汇率如果用表格形式记录的话，就成了网状，顾名思义，就有了"平价网"的称呼。

国马克的基轴货币化，介入货币最终收敛于德国马克。此外，根据上述"平价网"介入形式，EMS 从一开始就要求各国必须承担介入外汇市场的义务，因此各加盟国货币都必须保证能够自由兑换，同时因为相互介入，要有必要的相互信用供给机制，这就是 EMS 的第三大内在机制。

　　值得注意的是，EMS 最初追求的是一种完全对称的区域内货币间关系，这从外汇市场的介入形式一开始定位于"平价网"就可看出。但最终因为效率问题，市场还是自然选择出了德国马克作为介入货币，尽管这又是一种不对称的货币关系，但确实是市场规律选择的结果。这也可以看出，当前完全排除基轴货币，形成完全公平的货币关系，是不符合市场的效率规律的，因而也是不现实的。这也间接说明了首先通过"复数基轴货币体制"作为过渡的必要性。

　　结合以上 EMS 的基本特点，类似的体系在东亚是否即刻可行呢？首先从汇率的相互介入体系来说，需要各国货币都具备自由兑换的基本特点。但是东亚，如果以 ASEAN + 3 的共 13 国来看，完全能够自由兑换的货币屈指可数，包括人民币在内的绝大多数货币在外汇市场上都是非自由兑换货币。在这样的条件下，如果想构筑类似 EMS 的亚洲货币制度①，首先区域内平等的相互信用供给和介入就是不可能实现的。尽管作为临时代替方案，以美元介入也不是不可以，但同 EMS 当初的考量一样，这实际上是强化"美元本位制"的方案，与 EMS（和 AMS）本来的宗旨是背道而驰的。所以，仅这一点就可以说，现阶段在东亚还根本不具备构筑类似 EMS 的货币体系的基本条件。当然，仅凭这一点就彻底否定 AMS 未来的可能性也是不恰当的。正确的方向应该是基于未来的可能性，考虑如何在当前做好一定准备工作，酝酿一个当机会来临时就立刻可以抓得住的局势。因此，下面就具体从"未来的方向"和"如何做好当前"两个方面来思考。

　　首先来考虑未来可能的方向，也就是东亚未来可能实现 AMS 的前景。AMS 类似 EMS，如果单从汇率制度角度来说，就是货币同盟的初级阶

---

①　以下都称之为 AMS。

段①，而货币同盟的实行是需要具备一定前提条件的，详细阐述这些前提条件的，就是"最优货币区"（OCA）理论。对于"最优货币区"理论需要特别重视，如果忽视该理论，草率地实行货币同盟，一定会在后来招致大麻烦，甚至导致货币同盟崩解。比如，欧元在一定程度上就出现了这个问题，因为急于扩大欧元区，草率将并不符合条件的很多国家纳入欧元，比如希腊，其为发源地的"欧债危机"，结果就威胁到了货币同盟的稳定，招致很大隐患。"欧债危机"发源于希腊，其主要原因在于希腊财政恶化导致市场对欧元国债的预期恶化②，进而对欧元的稳定性产生怀疑，导致了一定的货币金融风波。其背后，希腊与欧元核心区存在景气循环的不一致，是主要经济原因之一。由于在欧元体系下，各国并没有放弃财政主权，各国存在根据本身景气循环裁量实行财政政策的余地，但众所周知，财政政策需要货币金融政策加以配合，二者如果背道而驰，经济效果是不确定的，但欧元的货币金融政策主要根据欧元核心区的经济状况而定，但类似希腊、爱尔兰这些国家并不符合"最优货币区"理论所阐述的货币同盟的必备条件——景气循环的基本一致，因此货币金融政策与财政政策在这些国家很难做到相互配合，反而甚至可能相互排斥，政策效果难以保证，加上这些国家片面追求高福利，财政政策的纪律很松弛，财政恶化是难以避免的。将这些国家纳入到统一货币中来，所带来的后果，通过这次"欧债危机"已有目共睹，这也再次警示了"最优货币区"理论的重要性。

"最优货币区"③ 理论详细阐述了将多国纳入到共同货币圈时，必须具备的一系列条件和背后的经济规律。简单来说，有如下七条：

（1）高度的经济开放；

（2）高度的生产要素移动能力；

（3）生产产品的多样性；

---

① 货币同盟是指实现多国实现共同货币，而在此之前的过渡阶段，类似 EMS 可以被看作货币同盟的初级阶段。

② 这里美国的信用评级机构对国际市场预期的影响不可忽视。此外，希腊（后来还有爱尔兰等）GDP 占欧元区经济总量微不足道，仅以该国财政恶化，将整个欧元债务信用评级下调，不能排除美国存在刻意夸大风险的用意。

③ 这个理论的主要贡献者罗伯特·蒙代尔也由此获得了诺贝尔经济学奖。

（4）高度的金融统合度；

（5）景气循环与产业结构的近似性；

（6）通货膨胀率的一致性；

（7）经济政策的协调性。

如果具备上述条件，就可以将其看成经济具备了"同质性"。因此，对经济的非对称冲击将不容易发生，也就保证了经济政策（特别是货币金融政策）对货币同盟圈内各国造成的影响大体相当，从经济基本面上保证了防止出现各国对同一经济冲击或政策所受的影响不一，形成类似希腊作为发源地的"欧债危机"的风险。而且，不单纯是静态同质，如果满足上述条件，也会形成动态同质，因此也保证了长期的货币同盟的稳定性。基于这个理论体系，对于东亚是否满足最优货币区条件的研究有很多。比如，渡边、小仓（2006）①对这类研究进行了详细对比和梳理总结，作为结论，他们认为：东亚区域中的个别更小区域已经具备了上述条件，甚至不比欧元成立前的状态差，但是，如果对东亚整体评估，那么就还不满足上述全部条件。具体来说，如果将东亚作为一个整体考虑，那么经济发展阶段的参差不齐，必然导致各国景气循环的不同，产业贸易和金融结构的不同，生产要素移动的受限（比如劳动力移动），其结果是各种冲击必然对各国影响不同；如果在这样的前提下去实行货币同盟，强行收敛货币金融政策，必招致重大经济混乱和损失。而这一认识，也基本上在国际学术界成了主流。更何况除了经济背景，政治和文化历史背景也是货币同盟的必备要素，但东亚地区文化历史、恩怨情仇错综复杂，各国政治上对地区整合的认识也大相径庭，因此东亚地区尚不具备短期内实现货币同盟的基本判断是没有疑问的。但是不能因为现状如此，就放弃对未来某种可能性的准备，放弃塑造未来的努力，由于现状的"美元本位制"内在的各种缺陷，包括中国在内的东亚各国迟早要直接面对如何解决它的问题，而东亚的货币同盟——亚元，就是一种潜在的重要解决方案，那么，面对这样的一种长期的前景和可能性，东亚各国应该如何做好当前的准备工作，就是一个值得认真思考的问题。

---

① 渡辺真吾，小倉将信.アジア通貨単位から通貨同盟までは遠い道か［J］.日本銀行ワーキングシリーズ，2006（06－J－21）.

2. 面向东亚货币同盟的汇率制度改革

当前东亚各国经济的异质性，是导致东亚无法实现共通货币的主要原因。因此，为了实现货币同盟，就应首先促进东亚各国经济的同质性发展。东亚地区是近年来世界经济发展最快的地区，但区域内各国经济发展速度和现状都有很多差异，如果从汇率制度角度说，为促进各国经济同质性的发展，短期内实现区域内货币间的固定汇率制是不可取的，所以短期内的区域内汇率制度安排，应该优先考虑采用使各国具备应对各自景气循环和经济发展速度的，具有一定伸缩性的汇率制度。因为汇率调节也是一种价格调节方式，当各国由于发展阶段和产业结构不同等原因产生对外不均衡的时候，如果完全采用固定汇率制，限制价格调节机制，必将产生不符合自身经济条件的汇率，使得其对外不均衡长期得不到解决，甚至是更加激化。这将导致区域内各国经济发展的异质性进一步增加，使得东亚经济整合更加遥遥无期。当然，这里可调节的汇率制度并不是指浮动汇率制。因为正如上面分析的那样，浮动汇率制并不能真正改善"美元本位制"的诸多问题，反而会继续强化"美元本位制"，无法解决全球美元过剩，无法克服基于过剩货币的各种投机活动所导致的货币金融危机，无法克服汇率的过度波动和过度调节等一系列问题，将使各国继续深受其害，因此不应该成为选项。所以，适合于现阶段东亚各国经济发展的汇率制度，应该是具备一定可调节性，有利于促进各国现阶段对外贸易、投资发展，同时又有利于促进长期各国经济的同质性发展，有利于长期各国汇率变动最终趋于一致的中间汇率制度。这与"两极论"所主张的汇率制选项是十分不同的。

要了解这样的中间汇率制度安排的有益性，首先要了解现阶段东亚各国的对外贸易结构。众所周知，包括中国、日本在内的很多东亚国家的对外出口，现阶段主要依靠的是美国和欧洲市场，形成所谓的"三角贸易结构"（参见图8）。具体来说，在东亚，由于日本[①]在资本密集型产业具有比较竞争优势，比如汽车产业，其附加价值较高的汽车零部件就集中在其国内进行生产，然后将这些中间产品输入到中国大陆和 ASEAN 国家进行

---

① 此外还包括新加坡，中国香港、中国台湾为主的部分亚洲新兴工业经济体（NIEs）。

组装，由于这些国家具备劳动密集型产业的比较竞争优势，因而在产业链上扮演了需要大量劳动力的最终产品的"组装工厂"的角色，而生产的最终产品大部分被出口到美国和欧洲。在这样的国际贸易结构中，美国和欧洲市场作为东亚各国的出口市场，其地位是非常重要的；同时，作为不可或缺的中间品的进口国，日本也在这一结构中发挥着重要作用。

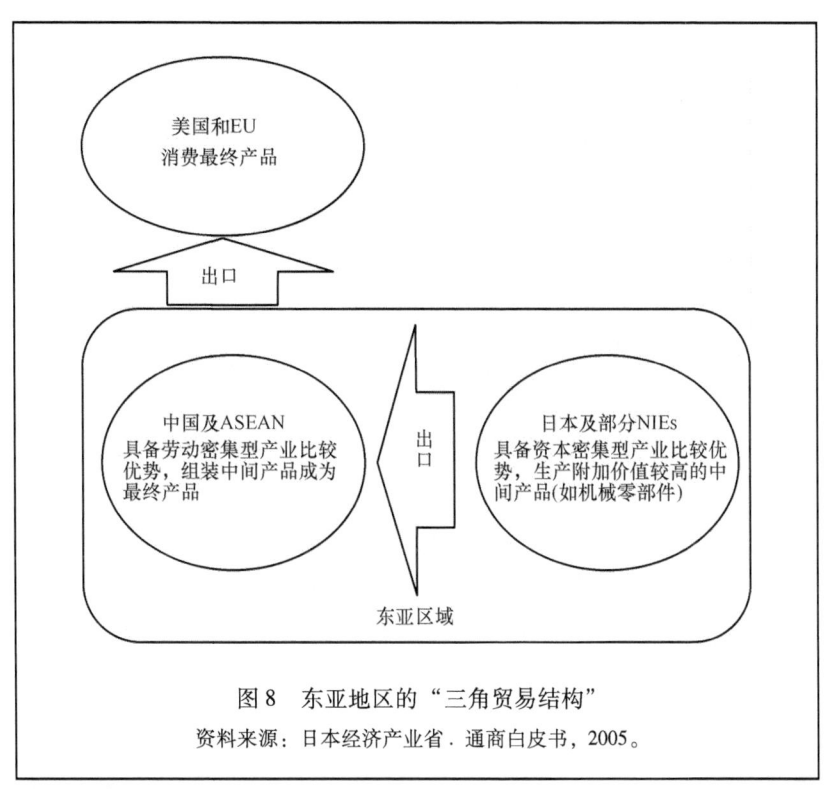

图 8　东亚地区的"三角贸易结构"

资料来源：日本经济产业省. 通商白皮书，2005。

此外，还可以通过表 3 所列出的具体数据看出上述三角贸易结构。表 3 显示了 2009 年中国和 ASEAN 针对美国、欧洲、日本三个对外市场的出口额比率。对于 ASEAN 而言，最大的出口市场是欧洲，其出口额占总额的 12%，其次是美国市场，而日本市场几乎与美国市场同等重要，其出口额都占到了总额的 10% 左右。对中国而言，最大的出口市场也同样是欧洲，对欧洲和美国市场的出口额占到了总额的 38%，相对来说日本市场则显得不那么重要，比率仅占 8%。如果将这三个市场合并在一起看，对中国而言，对这三个市场的出口额占中国出口总额的 46%，显得非常重要；

而对 ASEAN 来说，这三个市场的比率也占到总额的32%，同样非常重要。从上述数据可以看出，这三个出口市场对于东亚各主要国家都非常重要。而东亚各国很多都在追求出口导向型经济增长，因此出口的安定化对于各国都是非常重要的政策目标。在这样的背景下，如果对美元、欧元、日元的汇率大幅波动，无疑对各国的经济发展战略是非常不利的。因此，在现阶段的东亚地区，在保持一定汇率调节能力的同时，能够维持与美国、欧洲、日本市场的出口安定，就是比较适合的汇率制度。

表3　2009年中国和 ASEAN 对美国、欧洲和日本市场的出口依存度

	欧洲市场	美国市场	日本市场	三市场总比率
ASEAN	12%	10%	10%	32%
中国	20%	18%	8%	46%

数据来源：IMF. Direction of Trade Statistics，July 2010.

注：对三个市场的出口额占各自总出口额的比率。

除此之外，东亚货币金融危机也为东亚的汇率制度选择提供了重要的启示。当时危机各国所实行的是钉住美元的固定汇率制，这个汇率制度通过"三角贸易结构"，诱发了那场危机。具体来说，在危机前，国际汇率市场出现了一轮美元对欧元和日元上升的趋势，由于东亚各国单独对美元实行钉住，因此各国货币对欧元和日元也出现了升值趋势，这就导致了各国实际有效汇率上升，造成各国国际价格竞争力下降、经常项目收支恶化，结果引发了国际投机家对各国经济的怀疑。同时，由于各国钉住美元，导致各国民间严重缺乏对美元汇率风险的管控机制，危机前大量没有防范汇率风险的美元资金流入各国，为"双失调"埋下了伏笔；危机时这些多年累积的巨额美元又突然同时流出，使各国的外汇储备在短时间耗尽。最终这些汇率制度因素成了那场危机的一系列重要原因之一。从这个经验来说，维持与本国有着重要国际贸易关系的国家的汇率整体稳定，非常重要。也就是说，稳定有效汇率才是基本。而当前对于东亚各国来说，主要的国际贸易对象就是欧洲、美国、日本，因此当前稳定对这三个市场的实际有效汇率非常重要。同时，对于单一货币，特别是对美元保持一定程度的汇率浮动，让各国民间对于美元汇率风险有所认识和防范，将很有

利于各国强化本国的金融体系。

综上所述，最适合于当前东亚各国的汇率制度应该具备三个基本条件：

（1）为了促进各国经济同质化和一体化发展，应使得汇率制度具备一定调节能力，使之能够动态反映各国经济发展状况；发展快速的国家的货币相对升值，发展速度慢的国家货币相对贬值，使汇率一定程度上发挥价格调节的作用，帮助各国实现区域内的对外均衡。

（2）顾及多数东亚国家的出口导向型经济增长战略，应使得汇率制度能够维持各国对欧洲、美国、日本的有效汇率稳定①。

（3）对美元保持一定程度的浮动。

如果综合这三个条件，那么，对于当前东亚地区最合适的汇率制度就是基于美元、欧元、日元（G3）构成的所谓"G3货币篮子"的管理浮动汇率制。具体管理运营时，按照 Williamson（1997）② 提案中的 BBC 规则运行。如果按照 IMF 的汇率制度划分，这是一种中间汇率制。尽管根据"两极论"来说，中间汇率制发生由货币投机引发的货币金融危机的风险较大，但当前很多东亚国家所普遍采取的是实际上钉住美元的固定汇率制（包括片面保持对美元稳定的其他汇率制）也是一种中间汇率制，因此，采取新的汇率制，并不会在这个方面增加任何采用国的额外经济风险，反而会增加上述各种因采用该汇率制而能够获得的经济利益。而所谓 BBC 规则（见图9），是指以某一个货币篮子（basket）的价值为基准设定中心汇率，围绕这个中心汇率再设定一个变动幅度（band），使本币汇率在这一幅度内围绕中心汇率上下波动（crawling），这种波动基本能够反映中短期内各国经济基本面的发展差异，而长期的发展差异可以通过调整中心汇率加以反映，由于有波幅设定，因此又不至于出现浮动汇率制的

---

① 日元与美元、欧元一样，已经具备了自由兑换条件，同时由于其在"三角贸易结构"中的独特作用，特别是作为出口市场对于 ASEAN 国家的重要性，所以将其与欧元、美元并列为需要保持稳定的目标货币。未来随着人民币国际化的发展，当人民币也具备自由兑换条件并对其他三个货币汇率浮动的时候，ASEAN 各国也将出现将人民币纳入这个目标货币篮子的内在需求。

② Williamson John. Globalization and Inequality, Past and Present [J]. The World Bank Research Observer, 1997 (12 – 2).

过度调节等问题。多恩布什、帕克（Dornbush and Park，1999）① 将这种汇率制度称之为"BBC 规则"。

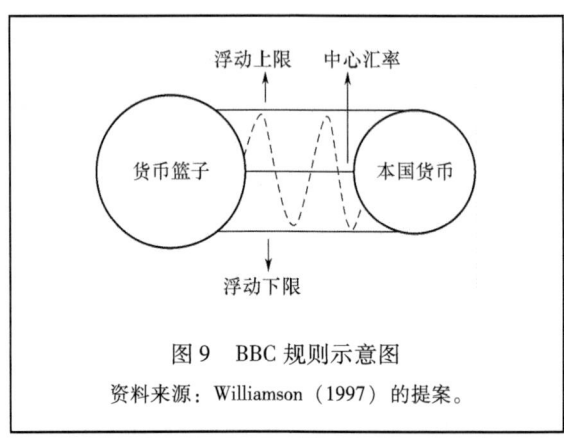

图 9　BBC 规则示意图

资料来源：Williamson（1997）的提案。

东亚各国现阶段如果实行以 G3 货币篮子为基准并按照 BBC 规则运行的管理浮动汇率制，将基本符合上述三个条件。为什么可以这么说呢？其理由如下。

（1）以 G3 货币篮子为基准设定的中心汇率本身，可以根据比较各国生产性的变化、通货膨胀的差异、贸易产业构造的差异等经济基本面的变化进行调整，同时即便不调整中心汇率，由于围绕这个中心汇率的一定程度内的变动是被允许的，短期内出现的各种经济冲击所造成的对外不均衡是可以得到一定程度的自动调节的。相对浮动汇率制，这是一种既保留了一定程度的汇率浮动能力，从而在一定程度保证了市场的价格调节机制，又避免了浮动汇率制存在的过度调节等诸多问题的汇率制度。更有利的是，利用这种汇率制度，东亚各国能够使区域内各国长短期的对外均衡都得以保持，非常有利于区域内各国经济同质性和一体化的发展。

当然，在具体操作的层面，各国如何确定美元、欧元、日元各自所占货币篮子总价值的份额，是存在一定争议的。有观点认为，各国经济发展阶段不尽相同，因此，各自应该根据自己的国情，制定适合于自己的不同

---

① Dornbush Rudiger, Yung Chul Park. Flexibility or Nominal Anchors？［A］. in：Stefan Colligon, Jean Pisaniferry, Yung Chul Park. Exchange Rate Policies in Emerging Asian Countries［C］. London：Routledge, 1999.

份额的 G3 货币篮子。但是，根据金明浩（2006）① 所做的实证研究，其实各国采用各自份额构成与采用相同份额构成的 G3 货币篮子，所展示出来的汇率变化基本是一致的。那么既然如此，为了促进经济同质性和一体化发展，从一开始就通过区域货币合作，采取共同的 G3 货币篮子是合理的。如果是这样，东亚各国货币间关系将呈现出图 10 的形态，将 A、B、C 货币看成采取该汇率制的三个东亚国家的货币，它们都通过对共同 G3 货币篮子的有限度管理浮动实现了彼此汇率的一定稳定性与适度浮动性。

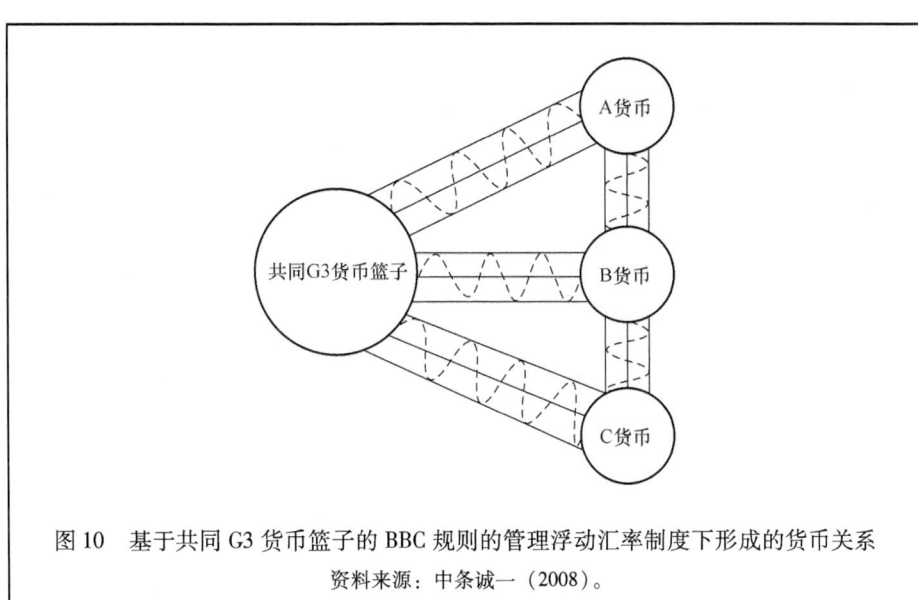

图 10 基于共同 G3 货币篮子的 BBC 规则的管理浮动汇率制度下形成的货币关系

资料来源：中条诚一（2008）。

（2）这个汇率制度不但能保证区域内国家经济的协调发展，还能抑制各国货币对三个国家的货币汇率的过度变动。这对于进出口主要依靠美国、欧洲和日本并实施出口导向型经济增长战略的东亚各国来说，是非常有利的。因为这个汇率制度能够保持有效汇率的稳定，所以特别有利于各国保持对这三个国家的货币整体稳定，进而保证对这三个国家的进出口稳定。

（3）尽管采用该制度的各国货币对货币篮子的价值相对稳定，但对

———————————

① 金明浩. 東アジア通貨協力のためのバスケットについて［C］. 日本：中央大学研究報告会，2006.

构成货币篮子的任意一种货币，也就是美元、欧元、日元的单独汇率都会有较大浮动空间，由此必将产生一些汇率风险，但这非常有利于提高各国的外资资金使用者对汇率风险的认识，并促进各国对汇率风险管控能力的发展，这实质上就是促进了各国强化各自的金融体系。而东亚各国都拥有各自健全的金融体系，是顺利实施更深度货币金融合作的基本保证。

正因为如此，以共同的 G3 货币篮子为基准，并按照 BBC 规则运行的管理浮动汇率制，能够满足现阶段适合东亚各国的最优汇率制度的全部三个条件。而这个汇率制度的顺利实施，也能为东亚未来潜在的货币同盟提供一个必要的前提基础。因此，如果东亚各国能够着眼于未来，并愿意从当下开始就为未来做一些准备工作的话，共同合作实行这个汇率制度就是有必要的。一般来说，通过这样一个汇率制度的合作，区域各国经济将逐步实现经济的同质性和绵密的国际生产分工，深化经济一体化，那么在未来，就有机会具备和产生货币同盟成立的各种前提经济条件，当政治等其他方面条件成熟时，就有能力抓住机遇，实现更深度的货币金融合作——AMS，并以此为契机为东亚货币同盟开辟道路。那么仅从经济上具体来说，需要达到什么条件就具备向 AMS 推进的前提了呢？对此，中条 (2010)① 认为：①东亚地区需要完成由"三角贸易结构"向区域内的"自我完成的贸易结构"转换；②国际资本交易区域化；③区域内各货币的国际化；④经济相互监督和政策合作机制的成熟。至少这 4 个条件具备，才有可能向 AMS 推进。那么为何要至少满足这 4 个条件呢？

首先，在当前东亚的"三角贸易结构"中，美国和欧洲市场对于东亚各国的出口非常重要，对这两个市场的安定出口，构成了各国出口导向型发展战略的根本动力。但是，今后随着区域内 FTA 或 EPA② 的发展，东亚地区内的贸易将获得很大发展，而各国通过共同 G3 货币篮子为基准并按照 BBC 规则运行的管理浮动汇率制，使得本国货币价值具备一定调节能力，能够有效避免区域内各国货币之间的汇率长期偏离合理水平，有利于形成较公平的国际竞争关系，促进各国比较优势的形成和发展，完善区域

---

① 中條誠一. アジアの通貨・金融協力と通貨統合 [M]. 日本：文真堂, 2010.
② FTA：自由贸易协议，又被称为经济合作协议，即 EPA（Economic Partnership Agreement）。

内紧密的产业分工，最终实现区域各国经济的高度一体化。在这样的协调发展过程中，中国和日本有潜力发展成为区域内最大的最终产品的消费市场，形成"区域内自我完成的贸易结构"；如果以中日两国为中心，将东亚各国产品出口逐步吸收的话，将可取代美国和欧洲市场对东亚各国的重要性，这样东亚各国才能逐步接受对美元和欧元的较大不稳定汇率，转而以对区域内货币稳定为主要目标，如此一来，新的汇率制度——AMS才可能成为可接受的现实。图11描绘了所谓区域内"自我完成的贸易结构"的含义。

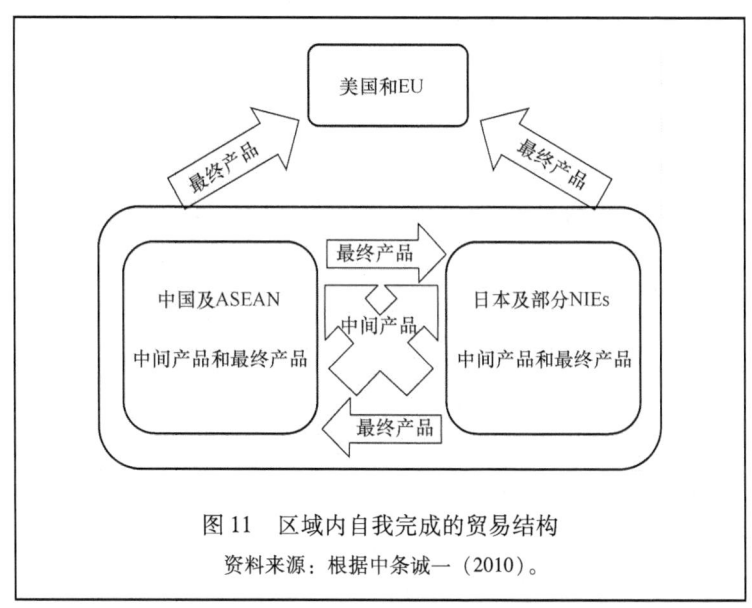

图 11　区域内自我完成的贸易结构

资料来源：根据中条诚一（2010）。

　　其次，如何理解第二条——"国际资本交易区域化"呢？正因为东亚各国的贸易结构很大程度依赖于美国和欧洲，同时又由于区域内金融市场发展滞后，导致区域内的剩余资本根本不能通过区域内的金融市场在区域内进行投资。现实情况是，这些区域内的大量剩余资本[①]不得不借助美国和欧洲的金融市场进行各种理财投资活动，结果就造成了上述详细讨论过的支撑"美元本位制"的巨额美元回流。在这样的一个国际资本的流动结构中，美欧利用自身先进的金融市场，扮演了国际资本中介的角色。也就

---

　　① 东亚是当今世界经常项目收支黑字国最集中的区域。

是说，美欧的金融机关利用从东亚回流的巨额资金作为本金，对全世界存在的高收益项目进行再投资，而由于东亚地区的较高经济成长速度带来的较高投资收益，这些投资的相当部分实际又回流东亚，在东亚赚取更高的收益，而这些资本其实是东亚自己提供的。从这个角度说，东亚地区的落后国际金融市场，已经极大地阻碍了东亚地区内的资本移动，这对于东亚更深入的货币金融合作来说，是一个非常大的妨碍因素，而且造成了现实的巨大经济损失。因此，在进行更深入的区域货币金融合作——AMS 之前，东亚地区的国际金融市场必须得到充分发展。随着上文已经谈到的亚洲债券市场和亚洲债券基金的发展，区域内的国际金融市场的发展是可以期待的。随着区域内的金融市场的发展，如果能够配合上述共同 G3 货币篮子的管理浮动汇率制，以共同 G3 货币篮子价值为基准的债券得以发行，那么为了规避汇率风险的客观需求，将很有可能极大地推动该类债券交易量的剧增。这样，亚洲的很多中短期资金将不必通过欧美的金融市场，而会直接被区域各国的有利投资项目吸收。当然，在长期投资资金方面也是一样，也会由于采用共同 G3 货币篮子为基准，使得各国货币汇率风险得以控制，从而有利于长期投资的进一步发展，有利于区域内货币成为区域内的投资货币，这样也会有力地推动区域内的金融市场的广度和深度发展。只有当这样的区域内的资本交易形态成为主流，AMS 的导入才能成为现实。基本的理由之一就是，AMS 需要各加盟国保持高效的相互汇率介入，没有一个由各国货币所组成的大规模高效区域内国际金融市场，就难以保证各国介入资金的高效筹集。

再次，除了具备这样一个大规模的高效金融市场，为了使 AMS 能够正常运作，必须保证各国高效的汇率市场介入能力。这就要求加盟各国的货币都必须保证在金融市场上的自由兑换能力，换句话说，这就是要求各国货币的国际化进程都要发展到一定程度。

最后，在现阶段为了保持本地区与外部的经济安定和促进区域内各国经济的同质性和一体化发展，有必要成立一个能够正确及时把握东亚各国经济动向的区域国际组织，为各国的货币金融合作提供不可或缺的数据依据和政策建言。比如，检测各国汇率是否偏离合理范围时，可通过构筑基于亚洲货币单位（ACU）的偏离指标体系，或者单纯利用各国的实际有效

汇率指标体系等，为各国政策当局正确运营当前阶段的以共同 G3 货币篮子为基准并按照 BBC 规则运营的管理浮动汇率制和将来的 AMS 提供基本依据。因此，很有必要强化"经济相互监督和政策合作机制"。

只有当上述各种条件都逐步具备以后，东亚经济的同质性和一体化才能加速发展，也才能为更深入的货币金融合作 AMS 甚至更长远未来的亚洲共同货币（货币同盟）的实现开创出道路。最终在未来某个时期，当政治机会也成熟起来时，就能让东亚各国拥有摆脱"美元本位制"的历史机遇的能力。当然，如果仅从中国的角度出发，通过更深入的货币金融合作阶段，即便最终没有形成亚洲共同货币（货币同盟），中国也可以在此阶段极大推动人民币在东亚的基轴货币化，使人民币的国际化战略获得巨大成功，并使中国获得巨大的经济政治利益。关于这个问题，我们将在下一章着重阐述。

小　结

通过本章的详细分析可以了解到，在当前阶段，东亚各国有必要通过共同合作，改革本国的汇率制度，以推动区域货币金融合作的发展。在选择当前最优汇率制度的时候，首先应该总结 1997 年东亚货币金融危机的惨痛经验教训。由于这场危机淋漓尽致地体现了"美元本位制"的深刻内在缺陷，汲取好这样的经验教训，将非常有利于东亚各国构筑一个在当前的国际货币体系中较为安全高效的汇率制度。其次，应该构想好较长期的战略方向，并将其与当前的区域货币金融合作联系起来，使得长短期战略和战术相互呼应和促进，形成连贯高效并长久的政策体系；而这个长期的战略方向，具体地说，就是如何改革"美元本位制"的内在缺陷，构建一个更加公平公正、安全高效的新的国际货币体系。如果根据这样的思路，那么东亚各国的汇率制度改革就不再是独善其身的自家事，"两极论"所主张的浮动汇率制、货币局制甚至美元化的固定汇率制根本不适合东亚各国，相反，"两极论"所反对的中间汇率制，倒是在中短期内对东亚各国具有非常重大的意义。具体地说，当前应以共同 G3 货币篮子为基准并按照 BBC 规则运营的管理浮动汇率制为起点，

中期进一步推动形成更深入的货币金融合作体系——AMS，最后再随着各种条件的成熟，促成东亚的货币同盟的最终实现。中间汇率制可以在短中期内为东亚各国提供一个较为安全高效并可行的汇率制度，更重要的在于，从长期看，它有利于促成"复数基轴货币体系"的形成，以最终瓦解"美元本位制"。

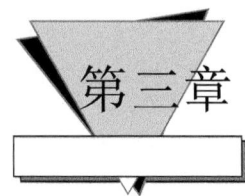

第三章

中国应积极参与东亚货币金融合作的理由

引　言

近年来，东亚区域的贸易投资迅猛发展，区域内各国实体经济的一体化也不断深化。随着实体经济一体化的发展，特别是 1997 年的东亚货币金融危机爆发后，东亚货币金融合作一度倍受区域各国的关注，一些较初步的东亚货币金融合作也取得一定进展。比如，实现了亚洲债券市场的初步发展，通过清迈协定①构建了初步的区域"最终贷款人"体系，提出了相互经济监督体制的构想并取得了初步成果。接下来，更深入的东亚货币金融合作，也就是以汇率合作为核心的货币合作也应该被提上日程，而在此基础上的更长远的东亚货币同盟也应该逐步开始规划。在这样的情况下，中国应该如何应对，就成为广受瞩目的问题。但在讨论这个问题之前，首先需要站在中国的立场上明确，这样深度的东亚货币金融合作，究竟对中国有何意义？本章将对这一个问题进行研究探讨。

第一节　促进与东亚各国的贸易和 投资的稳定化和发展

包括中国在内的东亚各国实体经济的一体化进程的客观发展，如从贸易层面来说，可从 2010 年 1 月 1 日正式启动的中国和 ASEAN 的自由贸易区（ACFTA）获得确认。从此，区域人口约 19 亿，年生产总值额约 6 兆美元，被认为是世界上最大的自由贸易区正式诞生。它的成立，与中国的积极参与和推动密不可分，充分展示了东亚实体经济一体化进程的客观发

---

① ASEAN＋3 国家财长、中央银行总裁及香港金融管理局长官共同发表了联合声明，宣布 CMI 的货币互换协议于 2010 年 3 月 24 日正式生效。CMI 的多边货币互换协议总额为 1 200 亿美元。CMI 的主要目的是：（1）ASEAN＋3 域内，当发生国际收支恶化和短期资本流动性困难时的相互援助。（2）对已有的国际流动性援助框架 IMF 的补充。CMI 的加盟方中，当某方遭遇货币危机需要资金支援时，就可通过货币互换协议来得到必要的流动性援助。各加盟方遵照 CMI 的有关规定，以各自的资金贡献额乘以"买入乘数"（买入系数）所得出的金额作为能够获得的援助上限，届时当事方可用本币购入此上限内金额的美元。CMI 的货币互换协议，是在多方货币互换的契约基础上，以双方互助构成的网络化互换关系。根据 CMI 协议，ASEAN＋3 货币互换的启动规则对所有加盟方都一样，据此，加盟方都能够获得必要及时的流动性援助的前景可期。以上文字摘录自日本银行主页。

展。通过 ACFTA，能够使各加盟国回避关税保护等恶性竞争方式，确定了
通过区域合作促进东亚各国共同繁荣的战略方向，这是符合中国的长期利
益的。随着东亚各国实体经济一体化的发展，东亚各国的相互资本往来也
自然会变得越来越频繁，而这会更加促进实体经济的一体化。在这种背景
下，中国积极主动融入东亚货币金融合作，当然是符合中国利益的，这是
中国理应继续推动和深化东亚货币金融合作的根本依据之一。

如前所述，中国实际上早已被卷入到三角贸易结构的区域内国际分工
体系之中，并在其中发挥着极其重要的作用。当前，中国从东亚各国的进
口在逐年增加，同时对美国和欧盟（EU）的出口也稳步上升。可以说，
正是这样的三角贸易结构，有力地支撑了中国近年的高速经济发展，而下
一步，东亚地区的贸易结构有望向自我完成型的结构转变。我们可从表 4
的数据中看出，在这样的贸易结构转型过程中，中国的对外贸易到底和东
亚各国有多大的密切关联。

表4 2008 年中国的对外贸易 （单位：亿美元）

	进出口额	出口额	进口额
对东亚总额	10 198.9	5 235.9	4 963.0
对世界总额	25 632.6	14 306.9	11 325.6
对东亚总额/对世界总额	40%	37%	44%
对美国总额	3 337.4	2 523.8	813.6
对美国总额/对世界总额	13%	18%	8%
对 EU 总额	4 255.8	2 928.8	1 327.00
对 EU 总额/对世界总额	17%	21%	12%

数据来源：中国国家统计局.《中国统计年鉴》，2009 年。

如表 4 所示，2008 年中国对东亚各国的进出口总额，占据对世界进出
口总额的约 40%。出口、进口额各自分别占了世界总额的 37%、44%；该
年度对 EU 和对美国进出口总额占对世界进出口总额的比率，各自仅有
17% 和 13%，相对同东亚的数据相差很大。因此可以说，从贸易层面上
看，东亚各国对中国正在变得越来越重要。

另外，从资本交易层面来看，中国同东亚各国的紧密关系也是非常明

显的。从下面的表 5 可知，2004—2008 年东亚各国（或地区）对中国民间投资额占世界总额的比率平均约为每年 59%。同比，EU 是 7%，美国仅 4%。如此看来，中国从东亚各国所接受的投资额，很明显比来自美国和 EU 的要多得多。

表 5　2004—2008 年各国（区域）对中国民间投资

（单位：亿美元）

	2004 年	2005 年	2006 年	2007 年	2008 年
世界总额	640.7	638.1	670.8	783.4	952.6
东亚总额	396.3	379.1	369.2	442.7	577.2
东亚总额/世界总额	62%	59%	55%	57%	61%
美国总额	39.4	30.7	28.8	26.5	30.0
美国总额/世界总额	6%	5%	4%	3%	3%
EU 总额	43.7	53.5	54.2	39.4	55.1
EU 总额/世界总额	7%	8%	8%	5%	6%

数据来源：中国国家统计局.《中国统计年鉴》，各年度。

　　另外，还可以从图看出各国（或区域）对中国的重要性变化。图 12 反映的是，1999—2008 年各个国家（或地区）对中国民间投资额对各自 1999 年基准年度数额的比率变化。从图 12 看，EU 所占同比从 1999 年后开始就基本稳定，但美国所占同比从 2002 年以后逐渐减少。反而东亚各国，自 1999 年以后，同比就一直在逐年扩大。

　　当然还可以通过图 13 看出东亚对于中国日益增加的重要性。图 13 描绘的是各年度东亚各国对中国民间投资额相对 EU 和美国对中国民间投资额的倍率变化图。从图 13 看，从 1999 年开始，东亚各国对中国民间的投资额，就已经远超 EU 和美国的 5 倍以上。这样的趋势，之后也都保持着持续增长的势头，到 2008 年的时候，东亚各国对中国民间投资已经是 EU 的 10 倍以上，是美国 19 倍左右。因此，从对中国民间投资的方面来看，东亚各国对中国的重要性是压倒性的。

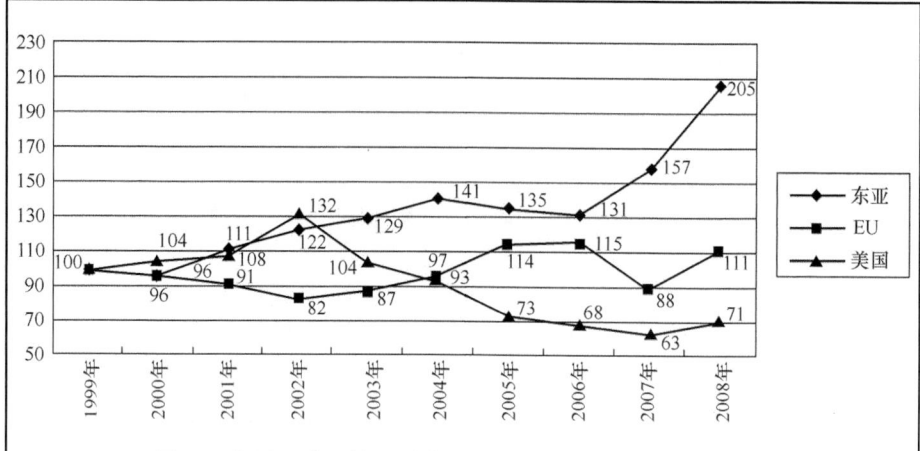

图12　各国（或区域）对中国民间投资额的比率变化（％）

数据来源：中国国家统计局.《中国统计年鉴》，各年度。

出处：根据上述数据，笔者作图。

注：（各国或区域各年度对中国民间名义投资额／该国或区域1999年的对中国民间名义投资额）×100％

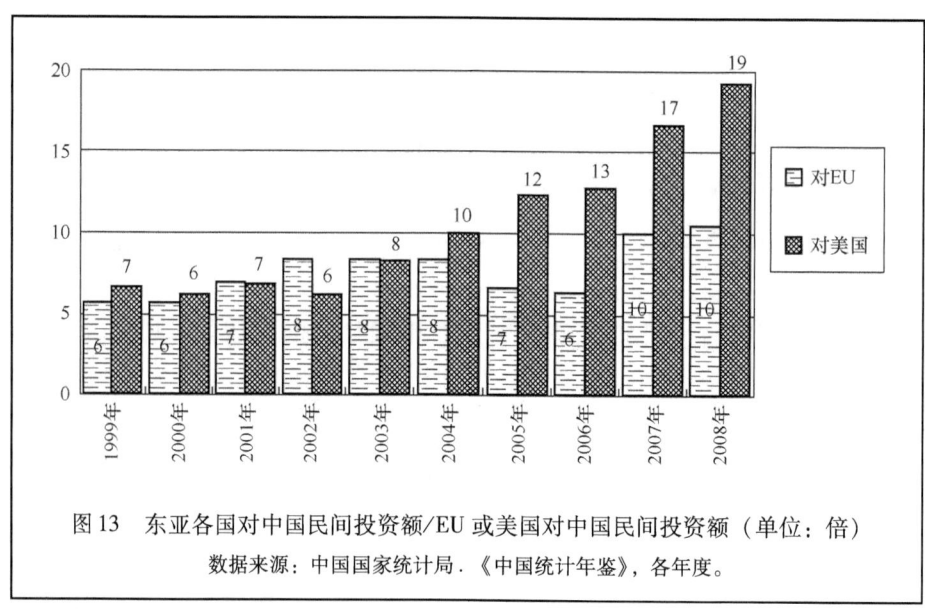

图13　东亚各国对中国民间投资额／EU或美国对中国民间投资额（单位：倍）

数据来源：中国国家统计局.《中国统计年鉴》，各年度。

　　综上所述，东亚对中国的重要性相对于美国和 EU 不仅丝毫不逊色，反而大大超越。无疑，这就是中国应该积极参与东亚货币金融合作的基本

依据。通过积极参与东亚货币金融合作，人民币对其他东亚各国货币的汇率相比目前，还会更加稳定，汇率风险会大大降低，这将更加有利于促进中国与东亚各国相互贸易投资的进一步发展。而且，通过东亚货币金融合作，如果能够培育起区域内的较发达的债券金融市场，对于区域内投融资来说是非常有利的，能给包括中国在内的东亚各国带来更大的经济利益。进而，通过东亚货币金融合作，还可以凭借其包括政策对话在内的经济监督机制，使包括中国在内的各国能够迅速协调应对各种冲击，有利于规避货币投机，防范货币金融危机等各种国际经济风险的发生。因此，积极参与东亚货币金融合作，无疑可以有效确保中国与东亚各国形成更紧密的经济关系，促进中国自身经济的稳定发展。

第二节　促进周边各国经济的安定化

2009 年，包括中国在内的东亚各国达成了 CMI。根据 CMI 的规定，加盟国一旦发生国际流动性危机，其他加盟国可以及时启动对该国的货币互换援助，这样的援助不像附加很多苛刻条件的 IMF 提供的援助，而是相对高效和迅速的，因此非常有利于及时控制住危机不向周边国家扩散。从各国总的货币互换规模来看，已由当初的 400 亿美元，扩大到 2010 年的 1 200 亿美元。假如某加盟国遇到需要紧急援助的困难时，不依靠 IMF 的贷款援助机制，最大可以通过 CMI 获得 240 亿美元的紧急国际流动性援助。尽管这一个数额目前看起来还很小，但长期来看，随着东亚货币金融合作的深化和东亚各国的外汇储备的增加，其获得进一步充实和扩大的潜力还是很大的。因此，对于很多东亚的发展中国家来说，假设再次遇到货币金融危机，在以前只能依靠 IMF 的援助，现在可以多一个获救渠道——CMI。可以说，这对于东亚各国的经济稳定是有益的，而中国周边的稳定对中国自身的经济稳定也是有益的。也就是说，促进中国周边的东亚各国的稳定和繁荣，实质上就是为中国自身的经济发展提供了一个有利的外部环境，对中国自身发展是有利的。因此，积极参与和推动东亚货币金融合作，符合中国的国家利益。

图 14 显示了 2000—2009 年，包括中国在内的东亚各国外汇储备额的

发展变化。从中可以看出，从 2000 年到 2009 年，包括中国在内的东亚各国所持有的外汇储备每年都在迅速扩大，2009 年东亚整体的外汇储备总额约为 4 兆 2 400 亿美元。然而，仅中国一个国家的外汇储备，就占地区总额的约57%，约 2 兆 4 000 亿美元，其他东亚各国总共只占剩下的约43%。这说明，中国以外的东亚各国，特别是 ASEAN，并没有十分充足的外汇储备，假如再次发生危机，就只能依靠外来援助了。今后，如果中国能利用自己本身较充足的外汇储备增加在 CMI 中中国的出资额，将能极大提高 CMI 的支援保障能力，为东亚各国的经济稳定和发展做出较大贡献，也完全符合中国的国家利益。那么，具体应如何理解其"符合中国的国家利益"呢？

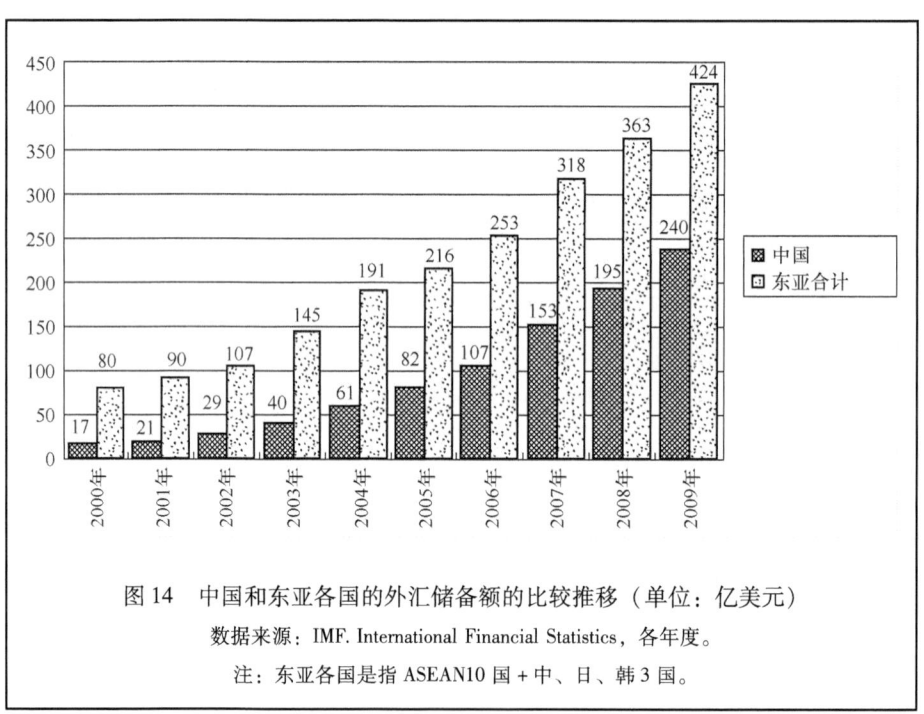

图 14　中国和东亚各国的外汇储备额的比较推移（单位：亿美元）

数据来源：IMF. International Financial Statistics，各年度。

注：东亚各国是指 ASEAN10 国 + 中、日、韩 3 国。

这当然必须从上述中国和其他东亚各国的密切经济关系说起。首先，如果东亚各国出现经济危机，将非常直接地影响到中国的对外出口和来自东亚地区的对中投资。用 1997 年危机前后的数据，可以很清楚地看到这个结论。表6反映了 1997 年东亚货币金融危机时期的中国对东亚各国的出

口和东亚各国对中国民间投资额的数据。从中可以看到，在东亚货币金融危机期间，由于危机各国陷入经济混乱，中国对它们的出口有了显著减少。相对 1997 年，1998 年中国对东亚出口减少了约 10%。另外，来自东亚的对中国民间投资额也在同一时期有了明显减少，减少了约 8%。从这个角度说，周边国家如果陷入危机，对中国经济的影响是显著的。其次，在 1997 年的东亚货币金融危机时，中国为了防止危机进一步扩大，维持了人民币汇率的稳定，没有允许人民币追随东亚各国货币暴跌的脚步，此举尽管有力地阻止了危机进一步扩大，但人民币也相对各国货币升值很多，对中国的国际价格竞争力造成了相当大的负面影响；而且当危机过后，各国进入经济恢复期时，各国货币的较低汇率也一直持续下来，对中国国际价格竞争力的负面影响长期化了，这也影响了中国在接受外国直接投资时的吸引力，影响了中国引进外资。总之，其代价不可谓不大。由此可见，中国周边的东亚各国的经济稳定和繁荣，对于中国经济的稳定和繁荣意义重大。中国如果能够有力提升区域货币金融合作水平，提高区域共同对抗货币金融危机的能力，那么最终将对中国本身是有利的。而且，还有一点需要注意，尽管危机援助听上去好像有损援助国短期的经济利益，但不可忽视的是，那场东亚危机后，各危机国家再次表现出旺盛的经济活力，当初对各国的援助其实都得到偿还，甚至还产生了相当大的收益。东亚区域近来一直就是世界最有经济活力的地区，对这一地区的援助也好，投资也罢，其潜在的经济收益是有的。

表6　危机时期的中国对东亚各国的出口和东亚各国对中国民间投资额

（单位：亿美元）

	1997 年	1998 年
中国对东亚各国的出口额	1 015	904
东亚各国对中国民间的投资额	353	323

数据来源：中国国家统计局．《中国统计年鉴》，1999 年度。

综上所述，1997 年，即便当时根本不存在区域内的危机救援体系——CMI，中国也没有相应的援助义务，但中国依然为稳定区域经济而支付了

高昂的经济成本。这些经济成本往往隐藏得较深，很容易被忽视，使得各国对中国的牺牲熟视无睹，难以获得国际关注，非常不利于中国软实力的提高。如果将这些成本用在明处，用来充实和强化 CMI，不仅能使 CMI 的对应能力得到显著强化，而且还能将以前那种隐性成本转变成具有明确收益的投资，中国不但可以获得经济收益，而且由于付出让国际社会看得见摸得着了，对中国的国际声誉和国际影响力等软实力的提高也具有相当大的加分作用。因此，从这个角度说，中国积极参与和推进东亚货币金融合作，能够有效维护周边地区经济稳定和繁荣，最终是完全符合中国利益的。

第三节　有效减轻"基轴货币税"的负担

仅就中国的角度来说，上述东亚货币金融合作能够促进中国与区域内各国贸易、资本交易的快速增长，促进中国周边国家经济的安定发展，进而为中国的经济发展提供一个稳定的外部环境等诸多重要性，已逐步被普遍认识和理解。但是，仅这样一些利益，似乎还不足以使中国热衷于东亚货币金融合作，这也是东亚货币金融合作停滞不前的重要原因之一。当然，通过东亚货币金融合作推动人民币国际化也是被经常提及的重要观点之一，但是人民币国际化的重要性和迫切性似乎并没有受到足够重视，因而由此出发，推动东亚货币金融合作的动力自然也就不足了。针对这些问题，本节定义了美元"基轴货币税"概念，并由此概念出发，明确了人民币国际化的迫切性，并基于这个概念及相关机制，在第四节重新整理、归纳了日元国际化和德国马克国际化的不同经验教训，肯定了人民币亚洲化战略，明确提出了评定其成败与否的重要标准。

1. 美元的"基轴货币税"

在当前以美元为国际基轴货币的"美元本位制"条件下，美国以外的各国，无论是公共部门还是民间部门，只要持有美元，就将产生"基轴货币税"的负担。众所周知，中国的公共部门持有大量美元外汇储备，这就决定了中国不得不承担着巨额的"基轴货币税"。从这个角度上说，中国如何才能减轻这种负担，是迫切需要解决的问题。

在讨论"基轴货币税"之前，需要首先明确"货币税"的现代意义。一般来说，由于中央银行享有货币发行权，就必然享受"货币发行利益"。"货币发行利益"在现代来说，是指中央银行通过给民间银行和特定金融机构提供货币来完成货币供给，而民间银行和特定金融机构则抵押给中央银行有利息的金融资产（如国债），这样中央银行就享有了利息收益，这种利息收益就是货币发行方的现代意义的"货币发行利益"①。而换一个角度，从使用或持有货币一方来看，这个利益就是一种经济代价，因为这些货币的使用和持有都意味着其承担了给中央银行的利息，因此，从这个角度，又可将"货币发行利益"称之为"货币税"（Seigniorage）。

但需要注意的是，上述"货币税"是从国内的角度定义的。如果按照同样的逻辑，把视野扩大到国际层面，就会发现这个层面也存在同样的现象，这里姑且称之为"基轴货币税"。具体来说，当 A 国货币的流通范围超过本国国界，成为所谓的国际货币的时候，其他国家公共部门或民间部门必将大量持有和使用它，那么 A 国的"货币税"负担者就转移到了外国。因此，作为最强大的国际货币（也就是国际基轴货币）——美元的发行国，美国自然就享受着来自各个国家的巨大"货币发行利益"，而这正是这些国家所负担着的"基轴货币税"。美国以外的各国持有美元越多，所承担的这种经济代价也就越多。当然，尽管"基轴货币税"与"货币税"存在着这样的一些基本共通性，但它们仍有重大差异。

具体来说，美元是当今世界的基轴货币，也就是最大的国际货币。美国享受着美元的庞大"基轴货币税"，以美国当前享受的这种"基轴货币税"为例，可以明确"基轴货币税"与"货币税"的两大差异。

（1）美国通过美元的基轴货币地位，获得了所谓"负债结算"的特权。具体来说，美国通过本国的经常项目赤字，向世界供给美元，同时又通过资本流入形式接受这些美元回流美国，使得美国国际收支基本持平，而这些回流美国的美元资本对美国往往是负债，这就事实上形成了用负债结算经常项目赤字的特权，美国从中可获得巨额的"基轴货币税"。具体

① 安念潤司，岩原紳作，神田秀樹，北村行伸，佐伯仁志，櫻井敬子，塩野宏，道垣内弘人，福田慎一．中央銀行と通貨発行を巡る法制度についての研究会 [J]．日本銀行金融研究所，2004 (8)．

来说，当美国以外的各国输入其他国家的产品或服务的时候，需要用美元进行国际结算，因此首先要求该国国民必须通过出卖自己的产品或服务赚取美元外汇，然后才能够用自己的"血汗钱"完成产品或服务输入时的国际结算。但是，美国进口外国产品和服务的时候，则完全没有这样的必要。简单来说，美国只需要印钞票就可以了，只要其他国家存在着美元需求，美国的这种特权就可以一直维持下去，这也决定了美国具有的控制全球财富的压倒性优势，这就是当前美国享受的最大的"基轴货币税"。这与单纯从国内角度定义的"货币税"有着很大区别。

（2）美国通过美元的基轴货币地位，不但获得了世界中央兼商业银行的实际地位，也获得了世界最强的"投机资本家"① 实力。具体来说，美国通过经常项目收支赤字和一些资本交易向全世界供给美元，由于这些美元资产往往需要在保持流动性的基础上，寻求一定保值和增值，因此其中一部分自然回流美国购买美国较低利息的短期金融资产，而美国乐于接受外流的美元再次回流美国，因为美国可以利用这些低成本资金再投资到世界各地去赚取更高的回报。在这个资本循环中，美国获得的是国际结算货币的发行权，这对应世界的中央银行功能；同时回流美国的美元资金，在美国绝大多数只能赚取较低利率，而美国用这些较低利息成本负担的资金，投资全世界，去赚取更高的资本收益差价，这种金融收益方式与商业银行的短借长贷，赚取利息差的传统盈利方式几乎完全一致，因此从这个角度上说，又对应了世界的商业银行功能；再换一个角度说，美国拥有这些源源不断的大量低成本资金，用它们进行全球资本逐利，自然美国就成了全世界最财大气粗的"投机资本家"。无论从哪种盈利模式看来，美国都获得了实实在在的利益，这些利益是其他非基轴货币国家所不可能获得的，而这种利益也可以看成是美国独享的"基轴货币税"的另一种形态。

那么，为何说其他国家所有回流美国的美元资金只能获得美国的较低利息呢？这需要从民间部门和公共部门两个方面加以理解。

首先，从民间部门看。各国所有回流美国的美元资金对于美国是负

---

① 田中素香，岩田健治. 现代国际金融［M］. 日本：有斐阁，2008.

债，而这些债权国家的民间银行为了随时应对以美元计价并结算的本国国际交易，必须保持自己所拥有的美元的高度流动性，而为了更为便利高效地完成国际结算，债权国家的民间银行一般都在世界金融中心开设代理银行（Correspondent Bank），并通过代理银行进行国际结算。纽约就是这样的世界金融中心，因此各国商业银行都有必要向美国注入巨额的美元流动资金，而由于这些美元资金必须具有高流动性，因此只能获得极低利息，甚至完全无息。

其次，从公共部门来看。美国接收的巨额美元资金，除了来自各债权国民间部门，还来自它们的公共部门。各债权国公共部门所拥有的美元，同样也必须考虑其流动性和安全性。其流动性考虑，是因为很多公共部门需要干预外汇市场，需要进行其他各种必要的国际交易结算；而安全性考虑，是因为公共部门所有的美元是公共资产，公共部门必须保证其安全性。为了保证必要流动性和安全性，各国所能进行的美元资产投资就存在很大的局限性，比如投资美国短期国债。但由于是短期债务，因此美国短期国债利息也是很低的。

美国正是利用上述两类回流美元，作为其在全球进行高收益投机活动的弹药，这种弹药本身成本极低，甚至可以基本忽略，因为归根结底，这些美元只不过是美国自己印刷的而已。美国之所以能在"世界最大负债国"身份中，维持其长期经济繁荣和稳定，也正是由于美国所享受的巨大"基轴货币税"支撑了其负债。波茨、海伦斯（Portes，Helense，1998）[1]认为，假如非美国国民每年持有2兆美元的美国短期国债，那么每年光利息差所产生的收益，美国就可以享受到50亿~100亿美元的利润。这种收益就是各债权国负担的"基轴货币税"中的一小部分，但其数额也是巨大的。而截至2016年2月，根据我国中央银行公布的"官方储备资产表"和美国财务部数据，中国所拥有的美元外汇储备已经超过3兆，而其中超过1兆2000亿都用于美国短期国债，仅从这一点，就可以理解目前中国每年所负担的"基轴货币税"的数额是巨大的。

当然，不可否认回流美国的各债权国的美元资金，也有一些是投向了

---

① Portes Richard，Helene Rey. The Emergence of the Euro as an International Currency［J］. Economic Policy，1998（13 – 26）.

收益较高的长期金融投资或直接投资，但这一部分美元规模相对上面两种情况的回流美元规模是非常小的。因此，总体来说，美国所独具的这种世界中央银行兼商业银行和最强投机资本家的角色，使其每年能够享受巨额"基轴货币税"是可以定论的。

此外，除了上述两种"基轴货币税"以外，美国凭借美元的基轴货币地位，即便在以浮动汇率制度为主流的国际大环境下，其面临的汇率风险也是最小的。这即便不说是"基轴货币税"，也可以确定是一种美国独享的经济优势。比如说，从债权债务关系上看，由于美元是基轴货币，美国的债权债务都很容易以美元进行计价和结算，因为无论美国的债权国还是负债国，都很容易接受美元。那么，美元即便出现汇率变动，也不会对美国的债权债务净值造成重大影响，这无形中使美国面临的金融风险小了很多。但美国以外的其他各国就不可能具有这样的能力，因为即便各国都希望以本国货币作为其债权债务的计价和结算货币，但由于该国货币不是基轴货币，所以其他国家并不愿意接受这种计价结算方式，因而各国就不得不随时面临汇率不稳带来的各种风险。

所以，从上述美元的"基轴货币税"的角度看，很容易发现中国目前所蒙受的巨大隐性损失，这种损失根本不能直接从国际收支表之类的国际结算账目中解读，但却是实实在在的损失。对于这样的损失，我们也需要逐步重视起来。要想减少这样的损失，就需要继续推动和深化东亚货币金融合作。

2. 深度的东亚货币金融合作能有力减轻美元"基轴货币税"

通过深化东亚货币金融合作，东亚区域内的共同货币亚元或者人民币在东亚区域内的基轴货币化，这两种情况就可能发生。而无论哪种情况，都能使本区域内的国际交易摆脱必须使用美元的困境，从而大大减轻各国所负担的美元"基轴货币税"。

首先，从民间部门来看，此时大量的区域内的国际交易，不使用美元也可以完成了，因此原先回流美国以应付这些国际交易结算的美元资金，必将大量减少。而且，如果产生亚元，那么区域内各国间的汇率风险将完全消失，导致这些国家不得不维持对美元汇率稳定的需求也会大幅下降，因此，包括中国在内的各国目前持有的大量美元外汇储备资产也就可以随

之降低，转化为亚元或欧元资产，以分散资产风险，最终从区域各国公共部门回流美国的美元资金将大量减少。而由于整个东亚地区经济规模远远超过区域内的任何单一国家，就更容易形成对美国、对欧洲的平等经济关系，因此，亚元对美元、欧元更容易采取浮动汇率制。尽管采取浮动汇率制，但三货币汇率仍然处于相对稳定的可能性比较高。首先，因为美国和欧洲，还有东亚区域的周边国家和地区，与东亚有着较深经济联系，可能会主动寻求维持与亚元的稳定汇率，采取管理浮动汇率制，以减少一定汇率风险，保障本国和本地区的国际交易。另外，这种汇率稳定的维持干预主体也可能是东亚。但由于东亚整体经济规模庞大，已足以形成对美欧的较对称的经济关系，因此，相对现在域内各单一国家比较频繁的干预，其干预频率也会大幅下降。这样的一系列变化过程中，美元、欧元、亚元在国际结算方面的便利性将趋于相似，这样，各国各地区进行国际结算时，将会有选择性地使用结算货币，甚至美国与亚洲的国际交易也可能会以亚元进行。这样，美元作为国际基轴货币的能力必将大大下降，包括中国在内的东亚各国目前所承担的美元的"基轴货币税"就会大大降低。

上述变化过程，主要以亚元的形成来推定，而如果以另一种可能——人民币在东亚地区的基轴货币化来考虑，中国所能享受的潜在利益将会更大，因为这种情况下，中国无疑将大幅降低所负担的美元"基轴货币税"，同时取代美国，开始享受来自东亚和其他部分国家和地区的"基轴货币税"了。

需要强调的是，人民币的基轴货币化与深化东亚货币金融合作、推动亚元的形成并不完全矛盾。这可以从欧元诞生和发展的历史中总结出来。回顾欧元形成的历史，德国马克正是在欧元前身的欧洲货币体系下才得以在西欧地区实现基轴货币化，在此基础上，才最终形成了欧元。但区域内的基轴货币化，并非轻易就可以实现。这个方面存在着两个较极端案例，一个是日元国际化的失败，一个是德国马克国际化的成功，它们的经验值得中国借鉴。

第四节　促进人民币国际化

在探讨这个问题之前，需要界定一些基本概念。总的来说，基轴货币应是最大最强的国际货币，而地区的基轴货币则是该地区最大最强的国际货币。而基轴货币化的前提是货币的国际化，最成功的货币国际化就是该货币的国际基轴货币化，而作为次优的区域基轴货币化，则可视为"准成功"。本文将以此为基本标准，去衡量一个国家的货币国际化是否成功。以这个标准来看，日元国际化失败，也就意味着日元没有成为地区乃至世界的基轴货币，而马克国际化的成功，是以马克在西欧区域的基轴货币化为基本标志的。因此，人民币国际化的成功，至少应该以能够成为本地区基轴货币为基本标志。

不可否认，学界的确存在仅仅依靠中国自身的力量就能够使人民币国际化成功的主张。比如，赵海宽（2002，2007）[1] 认为，中国只需凭借自身的经济规模和高速的经济发展，就能构筑人民币国际化成功的基本面，如果能继续完善国内的金融体系，改革和健全化资本项目账户的完全开放，人民币国际化的成功就是水到渠成的事。但是从实践结果和日元国际化、马克国际化的历史进程来看，这样的观点可能过于乐观了。事实上，在美国主导的"美元本位制"的国际货币体系下，如果没有足够多的国家进行深度经济甚至是政治合作，单一国家的货币国际化是很难成功的。这个结论，可以通过日元和马克不同的国际化道路得出。

首先，简单回顾一下日元国际化战略的变迁[2]以及日本对于其战略实施进程的总结。

1980年12月，以日本的《外汇交易法》的修正为标志，日本开始实施依靠自身力量推动日元国际化的战略。整个20世纪80年代初期的日元国际化，基本是以完全不依靠国际或地区货币金融合作为主要特征，可被

---

① 赵海宽. 人民币可能发展成为世界货币之一 [J]. 财经问题研究，2002（11）. 赵海宽. 人民币成为世界货币条件已经基本成熟 [N]. 中国产经新闻，2007 - 3 - 21.

② 李晓，丁一兵. 亚洲的超越 [M]. 北京：当代中国出版社，2006. 这部分关于日元国际化经验的总结，本文参考了该研究提供的一定文献信息线索，重新查阅了日文原材料，并进行了重新整理总结。

称之为单打独斗的"直接的日元国际化"阶段。1984年5月，日本大藏省发表了《金融自由化和日元国际化的现状和展望》①，明确提出了当时的日元国际化战略。根据这个战略，日元国际化被界定为：提高日元在各种国际交易中的使用和持有量。而国际交易被定义为：①经常项目账户交易；②资本项目账户交易；③公共部门的外汇储备。也就是要在这三方面提高日元的使用和持有量。1985年3月，日本大藏省又在外汇交易审议会上发表了《关于日元国际化》②的报告书，对积极推动日元国际化的方针予以再强调，对离岸金融市场的意义予以了高度肯定。紧接着，日本开始积极推行利率自由化，并采取了对外国金融机构开放金融市场，缓和对金融业务业态的管制，健全短期金融市场，促进和提高离岸日元市场的自由化，建立东京离岸市场和东京金融期货市场等一系列措施。这样，以提高日本国内金融市场的自由化为重点，辅以促进日元离岸市场发展的日元国际化战略方针基本形成。

在这样主要依靠自身力量的日元国际化战略指导下，尽管在上述三个方面的国际交易层面，日元的使用和持有量都得到了一定程度的提高，但其规模长期徘徊在较低水平上，日元国际化进程并没有获得明显进展。也就是说，尽管日元具备了作为国际货币的一些初步特征，但并没有成为强大的国际货币，没有完成基轴货币化进程。之所以这样判断，是因为基轴货币的核心特征是作为国际的银行间外汇交易的中介货币被使用，显然，日元并非这样的交易中介货币，作为这样交易中介货币被使用的仍然是美元。由于这样的交易中介货币在外汇市场上最容易找到交易对象，其交易成本很低，这也会进一步促使大家都使用这种货币，使各国民间部门和公共部门都乐于采用该货币作为国际交易的计价和结算货币，甚至储备货币和外汇市场的干预货币，这些功能可以相互促进，并最终形成了基轴货币的全部内涵。但基轴货币的核心特征就在于，是不是国际的银行间外汇交易的中介货币。以此标准来看，东亚地区依旧以美元作为基轴货币，依旧隶属于美元圈，日元国际化并不成功。

这一阶段的日元国际化战略的最大特征，就是没有地区合作，全凭单

---

①　大藏省. 金融の自由化及び円の国際化についての現状と展望［R］. 大藏省，1984.

②　外国為替等審議会. 円の国際化について［R］. 大藏省，1985.

打独斗。从日本的这种实践活动，可以解读出在当今"美元本位制"的国际货币体系下，通过一个国家单独推动自身货币国际化是非常困难的。对于其原因，日本也有过总结。比如，当时的日本大藏省在日元国际化推进研究会上发表《中间论点整理》（2000 年 6 月）[1]，其总结认为，在"美元本位制"下，美元具有作为基轴货币的很强的"惯性"（在大家都使用美元的基础上，美元交易成本就必然很低，自然大家就更加愿意使用美元，形成良性循环），这使得任何试图挑战美元地位的货币都难以成功。具体体现在："日元汇率的波乱不稳"，导致日元的交易风险较高，因而其交易成本也随之提高；"日元与亚洲各国货币间的外汇市场发展缓慢"，这是由于日元并非基轴货币，亚洲各国货币之间直接交换难以高速高效寻找到交易对象，交易成本自然很高，因此其难以获得发展；"亚洲各国事实上采取对美元稳定的固定汇率制"，这进一步导致上述两个现象，而之所以亚洲各国都采取对美元稳定策略，其重要理由在于美元作为基轴货币，交易成本最低，因此对美元稳定，将高效保证本国价值体系对外稳定，保障本国国际交易的发展。当然日本还存在其他一些原因，比如：日本特殊的对外贸易结构问题，市场中出口方和进口方的交涉力差异问题，日本贸易企业财务管理体制问题等[2]。但归根结底，这些问题都与美元作为基轴货币的"惯性"根本难以被克服相关。

从日本的经验可以看出，由于基轴货币具备很强的"惯性"，其交易成本极低，这样大家都愿意使用它，而这又进一步促使其交易成本下降，形成一种规模经济效应和自然垄断。任何国家货币一旦成为基轴货币，就可以依靠其"惯性"获得自然的强有力的排他能力和压倒性竞争优势，其他国家货币将难以取代它，因为与基轴货币"惯性"相反的"反惯性"将产生在这些挑战货币身上，也就是说，在大家都不使用它的基础上，其交易成本较高，因此大家更加不使用它，形成恶性循环。这样的"惯性"和"反惯性"效应是经济内在规律，不得不高度重视。从这个角度上说，日元国际化的失败，关键就在于通过其自身能力，无法克服美元"惯性"。

---

① 円の国際化推進研究会. 中間論点整理［R］. 日本：日本財務省，2000 - 6 - 30.
② 中條誠一. アジアにおける円の国際化［J］. 経済学論纂，2001（42 - 1，42 - 2）.

　　正是基于这样的认识，日本开始注意到通过地区货币金融合作来形成合力，以克服美元"惯性"的重要性。与此同时，国际上接连发生了两次重大事件。1997年发生了席卷东亚的货币金融危机，各国都遭受了很大经济损失。紧接着，1999年，欧元诞生。这两个事件都让各国意识到了区域货币金融合作的重要性。在这样一个背景下，日本开始正式把促进东亚货币金融合作，以推动日元国际化上升为国家战略。1999年4月，日本大藏省在外汇问题审议会上正式提出《面向21世纪的日元国际化》① 方针，以此为标志，日元国际化战略开始转为日元亚洲化战略。该报告书明确指出：与其通过日本自身力量推动直接的日元国际化，不如通过深化日本与各亚洲邻国的货币金融合作，首先推动日元在亚洲地区成为国际货币②。为此，日本应该致力于促进实体经济层面与亚洲各国的国际交易发展，向亚洲地区提供日元作为结算货币，奠定在亚洲内的国际交易中大量使用日元的基础。而其具体措施主要有：①从危机中尽快恢复世界对日本经济的信心；②维持日元与美元、欧元汇率的相对稳定；③为了增加东亚各国货币对日元汇率的稳定性，应促进各国使用由美元、欧元、日元组成的货币篮子，并以该篮子价值稳定本国货币汇率，为此应该促进东亚货币金融合作；④继续推动日元金融资产市场的建设，提高日元使用的便利性；⑤重新检讨以前推动日元在国际贸易和资本交易中使用的方法。而且，1999年9月，日本还专门设立了"日元国际化推进会"这样一个机构，负责组织各种研究和交流活动，并为政府提供相应的政策方案。而这些政策方案的中心思想就是，只有通过区域内各国深度经济政治合作，才可能克服美元作为基轴货币的"惯性"，因此，推动东亚深度的货币金融合作，是日元国际化战略的基本前提。自此，日元国际化战略发生了重大改变，由之前的单打独斗，转向试图通过区域内国际合作加以推动。

　　但是，日本的这种新战略推行得非常不顺利，其原因来自外部和内部两个方面。先看外部原因。日本推动的东亚货币金融合作首先就遭到美国的强硬打压。其代表事件是，日本主张推动成立的亚洲货币基金（AMF）构想遭到美国的强有力抵制而失败。本来，1997年亚洲货币金融危机后，

---

① 外国為替等審議会.21世纪に向けた円の国际化［R］.大藏省，1999.
② 笔者认为此处日本的意思是想使日元成为亚洲的基轴货币。

国际货币基金的作用就受到国际社会广泛质疑，区域内各国都开始注意到可能需要一个能够取代或部分取代 IMF 的更公平公正的国际金融组织，而日本则希望通过这样的契机，大力推动东亚货币金融合作，组建一个由亚洲国家共同出资，能够为应对货币金融危机和保障汇率稳定提供有力金融帮助的区域金融组织，因此，日本提出了建立 AMF 的构想，但因为美国和 IMF 的打压，这个构想没有实现。美国打压，理由表面上是 AMF 与 IMF 功能重复，而且 AMF 的融资条件较低，容易导致道德风险，但实际的根本理由，就是维持美元在东亚的基轴货币地位不能有一丝一毫的动摇。由于美国的反对，作为 AMF 的代替方案，1997 年 11 月，美国主导构筑马尼拉框架集团（MFG），以此强化对东亚区域经济状况的监视，帮助提高各国金融部门技术水平，协助 IMF 提高对应东亚货币金融危机的援助能力。之后，由东亚各国自发创建的相互支援体系——清迈协议，也自觉不自觉地避开了与 IMF 和 MFG 的潜在利益冲突。因此可以说，日本推动的东亚货币金融合作从一开始就遭到了美国的强力压制，这给其他试图通过推动区域国际合作实现本国货币国际化的国家一种重要启示：即便通过国际合作的道路正确，也并不容易实现，其间必会遭到美国的破坏。当然，日本新的日元国际化战略不顺利，除了这样的外部因素，其内部因素也不可忽视。简单来说，自泡沫经济崩溃以来，日本经历了所谓"失去的二十年"，长期处在经济衰退的困境，导致其国内政治保守氛围日渐浓重，国家战略出现了对美国一边倒的态势，对中韩关系发生严重恶化，在这种经济上衰落和政治上选择与中国对抗的大背景下，日本也就丧失了继续推动东亚合作的能力，日元国际化的最终失败几乎成为必然。

与日元国际化形成鲜明对照的成功例子也是有的，这就是德国马克通过西欧地区的深度货币金融合作顺利实现了其在欧洲地区的基轴货币化，这标志着马克国际化战略的成功。欧洲以此为基础最终形成了欧洲统一货币——欧元。而它的经验同样也值得中国借鉴。

马克国际化的成功，主要就在于成功地推动了地区深度货币金融合作，也就是欧洲货币制度。EMS 是从 1979 年到 1999 年实行的欧洲经济共同体的各加盟国货币间的半固定汇率制度。它的重点在于：各加盟国的货

币汇率年变动率限制在∓2.5%（除对意大利里拉可放宽到∓6%）以内，使西欧各国货币能够保持相当程度上的稳定，为欧元的最终导入做足了准备。通过欧洲货币制度，西欧各国货币汇率得以稳定，汇率风险得以有效控制，区域各国直接使用本国或对方国货币进行国际交易结算的方式得以有效实施，但由于德国拥有相对更大的贸易资本交易规模，再加上德国健全高效的金融体系和资本账户的自由化，马克成为区域内货币中最频繁使用于国际交易中的货币，其结果导致马克在外汇市场上的交易成本大幅降低，以至最终马克在西欧取代了美元，成为区域内外汇交易中介货币，这也就意味着马克实现了区域的基轴货币化。由此可见，马克汇率的稳定和最大规模的使用是马克基轴货币化的两个关键，而前者就是通过深度的区域货币金融合作来实现的。

马克的成功案例，表明了在当今的"美元本位制"的国际货币体系下，通过区域各国的深度货币金融合作所产生的合力，是有效推动一国货币国际化的正确方法。当然，这里需要指明的是：这样的合作并非只对德国有利，而是对其他参与合作的国家也同样有利。这可以分两个阶段来看。第一个阶段，以马克作为区域基轴货币后，西欧各国在进行国际结算时，就可以多一个选择，相比只能使用美元，多一个选择，就可能产生对美元的竞争压力，促使美元更加注意维护美元信用，这对稳定国际货币体系有利，因此，所有国家都会从中受益[①]。其次，EMS体系下区域各国汇率的稳定，非常有利于促进区域各国贸易资本交易的发展，当各国与区域内其他国家的国际交易超过与美国的交易规模时，这种受益将更加明显。第二个阶段，马克的区域基轴货币化，成了欧元诞生的序曲，随着欧元的诞生，区域各国通过使用共通货币，美元的基轴货币霸权在西欧地区随之完全丧失，西欧各国完全摆脱了美元"基轴货币税"的重负，同时由于使用共通货币，也就实现了区域内完全对称的货币关系，不会再产生新的其他货币的"基轴货币税"。

当然，尽管欧元的成功值得中国借鉴，但其独特性也不能忽视。西欧地区有着共同的历史文化背景、相近的政治制度和经济发展水平，在此基

---

① 这个问题将另文探讨。

础上，实现较深入的区域货币金融合作，使各国放弃本国货币的主权，相对比较容易被各国人民所接受。但在没有上述条件的区域，要想让各国放弃本国货币主权，去追求较深入的区域货币金融合作，则是非常困难的。而东亚地区正好具有这样的条件。这也是当初日本试图依靠单打独斗去推动日元国际化的重要原因之一。但如上所述，日元单打独斗的结果是根本无法克服美元作为国际基轴货币的强大"惯性"，以失败而告终。日元国际化的失败和马克国际化的成功，都表明了在当今的"美元本位制"条件下，要想使本国货币国际化成功，依靠深度区域货币金融合作才是最有效的方法，否则货币国际化的努力多半是徒劳。因此，中国在推动人民币国际化的道路上，也应认真考虑依靠推动深化地区经济合作来推动人民币国际化的渐进的基本战略。回顾美元、欧元甚至英镑等主要的国际货币的历史，它们都不是在短期内就实现国际货币化的，最短的也花费了数十年时间才得以成功。因此人民币国际化进程也不太可能一蹴而就。

综上所述，通过对美元"基轴货币税"的分析，我们理应意识到人民币国际化的迫切性，并以"基轴货币税"和基轴货币为主线。重新整理和总结德日经验，我们能够得到如下一些基本结论。

总的来说，人民币国际化大体应该分成两个阶段加以推动。第一阶段实现人民币的亚洲化，第二阶段才是实现人民币的国际化。在第一阶段，首先应促使人民币在东亚作为国际货币的存在得到强化，最后以人民币能否在东亚地区成为外汇交易中介货币为主要标志，来衡量人民币亚洲化是否成功。在这个阶段，东亚地区将可能长期存在人民币、美元、日元三种国际货币的直接竞争，最终谁能够胜出，成为东亚地区最后的基轴货币，可能需要市场做出回答。为了使人民币获得成功，中国战略的重点应该是考虑如何构筑一个让区域各国都能够从中受益的人民币亚洲化战略，以吸引各国积极参与和配合该战略。可以预见，人民币只有在这一阶段获得成功，最终的人民币国际化目标才有可能成为现实。当然不可否认的是，在第一阶段推行的人民币亚洲化战略过程中，类似欧元，形成东亚地区的共通货币——亚元的可能性也是存在的。最终无论哪种情况，都需要较深度的包括区域货币金融合作在内的经济、政治合作才能够实现。

最后需要强调的是，深度的东亚货币金融合作，能够给中国和区域各

国带来巨大收益，因此，中国理应继续积极参与和推动东亚货币金融合作。在日本基本丧失推动本地区深度的经济政治合作能力的历史空窗期，中国的战略和对策选择显得尤为重要。

小　　结

通过本章的分析，中国积极参与和推动东亚货币金融合作能够带给中国的巨大利益明确了。在当前东亚货币金融合作只能停滞在初级阶段，无法继续深入发展的时候，中国的战略和行动显得至关重要。因为中国在区域内具有无可替代的经济和政治影响力，中国潜在的核心作用无可替代。为什么说是核心作用呢？这就是下面一章需要解答的问题。

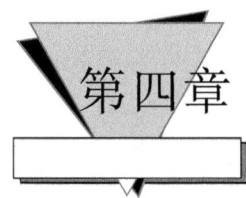

第四章

中国在东亚货币金融合作中的作用

引　言

　　中国对东亚货币金融合作一直持比较积极的态度，至今也发挥了相当重要的作用。例如，基于东亚货币金融危机的教训，中国与其他东亚各国一起，构建了"清迈倡议"体系；中国和日本一起各自承担了货币互换协议总额32%的资金；而且，在以将东亚丰富的资本留在本区域运用为主要目标而创立的亚洲债券市场的构建过程中，中国自始至终都在积极参与合作。中国人民银行是东亚及太平洋地区中央银行行长会议组织的创立成员，为了努力培育发展亚洲债券市场，在亚洲债券基金的发展上也做出了较大的贡献。从2003年开始，中国就在向EMEAP创建的第一期亚洲债券基金积极出资；到2004年底，第二期亚洲债券基金（总额20亿美元）又获得了在中国发行的许可，从2005年5月开始基金正式运作。除了在CMI、ABMI和ABF方面的通力合作，中国还以ASEAN+3为平台，积极参与区域各国经济监督体系的构建，参与了各国财长会议、财长及中央银行总裁代理会议等区域内的多边对话机制，对区域经济的稳定运营贡献了力量。

　　因此，可以说迄今为止，中国在东亚货币金融合作上一直是积极参与的，也取得了一定的成果。但是，这些成果还只是初步的，与中国能力相称的潜力还没有真正发挥出来。那么，中国的潜力是什么？如何随着东亚货币金融合作的不断深化将其真正发挥出来？这对中国自身和其他东亚各国来说，都是一个重要课题。

第一节　东亚货币金融合作中的
"安定器" 和 "推进器"

　　自1978年改革开放以来，中国经济取得了长足发展。1980—2007年，以购买力平价（PPP）为基准，中国的实际GDP成长率平均年增长超过了10%。中国GDP在东亚所占的比重迅速增加，表7和表8反映了这样的变化。从以PPP为准的中国的GDP来看，2001年前后，中国就已经成为东

亚最大经济国。即便从名义 GDP 来看，从 2010 年开始，中国也已经超越日本，成为东亚最大经济国。这样的经济实力，注定了中国在东亚地区的重要性。因此，麦金农和施纳布尔（2003）[①] 就认为，中国稳定的高速经济发展，将会为东亚经济稳定性发展提供保障。根据他们的观点，如果把韩国、印度尼西亚、菲律宾、泰国、新加坡、马来西亚还有中国的香港和台湾地区，当成一个整体看待的话，其 GDP 变动系数为 0.49；而中国 GDP 成长率是最稳定的，变动系数很低，假如将中国纳入这个整体去考虑的话，其整体 GDP 变动系数就可以减少到 0.29 左右。

表7　以购买力平价（PPP）为基准的东亚各国的 GDP 之比较

（单位：10 亿美元）

国家＼年份	1980	1985	1990	1995	2000	2005	2007
中国	247.9	531.6	910.2	1 833.4	3 013.2	5 314.4	7 119.7
日本	1 040.4	1 562.6	2 315.6	2 817.9	3 213.1	3 872.8	4 296.6
韩国	87.7	174.3	335.5	553.8	775.4	1 096.7	1 287.8
新加坡	16.8	29.5	51.9	89.6	132.3	187.1	233.7
文莱	n/a	8.6	9.2	12.1	14.1	17.6	19.5
柬埔寨	n/a	n/a	4.8	7.4	11.5	20.1	26.1
印度尼西亚	107.6	174.3	276.7	442.3	500.7	705.2	840.3
老挝	1.1	2.1	2.9	4.4	6.4	9.7	12.1
马来西亚	32.3	53.6	87.6	155.6	213.4	301.3	359.7
缅甸	5.5	9.0	9.4	14.1	23.0	47.6	64.0
菲律宾	60.3	72.9	107.7	135.4	178.5	250.2	299.8
泰国	50.7	85.2	163.8	278.5	309.7	445.2	521.7
越南	16.2	29.3	43.4	72.6	110.5	178.1	222.0
总额（ASEAN + 3）	1 666.4	2 732.8	4 318.6	6 417.1	8 501.8	12 446.0	15 303.0

---

① 麦金农、施纳布尔. 中国是东亚地区的稳定力量还是通缩压力之源 [J]. 比较，2003（7）.

续表

年份\国家	1980	1985	1990	1995	2000	2005	2007
中国在总额中所占的比率（%）	15	19	21	29	35	43	47
日本在总额中所占的比率（%）	62	57	54	44	38	31	28

数据来源：IMF. World Economic Outlook Database，April 2010。

注：因为2008—2009年有的国家缺乏数据，本表所列数据仅截至2007年。另外，"n/a"是指"缺乏数据"或者"估测数据"的意思。

表8 东亚各国的名义 GDP 比较 （单位：10亿美元）

年份\国家	1980	1985	1990	1995	2000	2005	2007	2009
日本	1 059.4	1 352.1	3 030.0	5 264.4	4 667.4	4 552.2	4 378.0	5 068.1
中国	309.3	307.0	390.3	727.9	1 198.5	2 235.9	3 382.4	4 909.0
韩国	64.4	98.5	270.4	531.1	533.4	844.9	1 049.2	n/a
新加坡	11.7	17.7	36.8	84.3	92.7	121.2	171.6	n/a
文莱	n/a	4.0	3.5	4.7	6.0	9.5	12.2	n/a
柬埔寨	n/a	n/a	0.9	3.4	3.7	6.3	8.7	n/a
印度尼西亚	95.4	101.1	125.7	223.4	165.5	285.9	432.2	n/a
老挝	1.0	1.9	0.9	1.9	1.6	2.7	4.2	n/a
马来西亚	24.9	31.8	44.0	90.2	93.8	138.0	186.3	n/a
缅甸	6.3	7.3	2.8	5.5	8.9	12.0	20.2	n/a
菲律宾	32.5	30.7	44.2	75.5	75.9	98.8	144.0	n/a
泰国	32.4	38.9	85.6	168.0	122.7	176.4	247.1	n/a
越南	27.8	15.0	6.5	20.8	31.2	52.9	71.1	n/a
总额（ASEAN+3）	1 665.0	2 006.2	4 041.7	7 201.2	7 001.4	8 536.8	10 107.4	n/a
中国在总额中所占的比率（%）	19	15	10	10	17	26	33	n/a
日本在总额中所占的比率（%）	64	67	75	73	67	53	43	n/a

数据来源：IMF. World Economic Outlook Database，April 2010。

注："n/a"是指"缺乏数据"或者"估测数据"的意思。

因此，中国无疑能给东亚区域带来更加稳定的经济发展，从这个角度说，中国积极参与东亚货币金融合作，将可期待发挥重要的"安定器"作用。因为地域经济的稳定，将促进地域货币金融体系的稳定，因此有利于区域货币金融合作的平稳发展是可期的。比如：进行货币金融合作时，如果具备较为稳定的宏观经济条件，那么国际投机者对该区域经济平稳的预期也更容易形成，货币投机动机自然就能够被抑制，这会为区域货币金融合作提供一个稳定的外在环境。此外，区域内的某些国家就算发生了货币金融危机，如果区域内存在一个稳定的巨大的需求市场，危机国也能通过对该市场的稳定出口，促使自己从危机中尽快恢复，这样自然就稳定了地区货币金融体系，发挥了货币金融合作的"安定器"作用。

另外，除了像这种"安定器"的作用之外，中国还可以在推进东亚货币金融合作方面发挥重要的"推进器"的作用。下面就中国在货币金融合作中如何起到这样的"安定器"和"推进器"的作用，进行相对详细的探讨。

1. 在区域贸易上的"安定器"和"推进器"

近年来，随着中国经济发展，东亚各国对中国的贸易额也在急剧增加，中国成为东亚各国最重要的贸易伙伴。这种变化，从图 15 和图 16 可以看出。图 15 所示，从 ASEAN 来看，2008 年的对中贸易额已经超越了对美和对 EU 贸易额；从国别（地域）上来看，居于第 1 位。即便从日本的角度来看，如图 16 所示，2008 年的对中贸易额，也已经超过美国，居于第 1 位。

还可仅从出口额来看。图 17 和图 18 分别显示了 ASEAN 和日本的国别对外出口额。如图 17 所示，从 ASEAN 来看，2008 年的对中出口额，就已经和对美、对 EU 的出口额并列了。另外，如图 18 所示，即便从日本的角度来看，2008 年时，对中出口额也仅次于对美出口额，位居第 2 位。而根据 2010 年日本的海关统计，到 2009 年，中国就已经代替了美国，成为日本最大的出口国。这样，从东亚各国的角度来看，中国都已经超过美国和 EU；对各国来说，中国不仅是最大的贸易伙伴，也是最大的出口国。

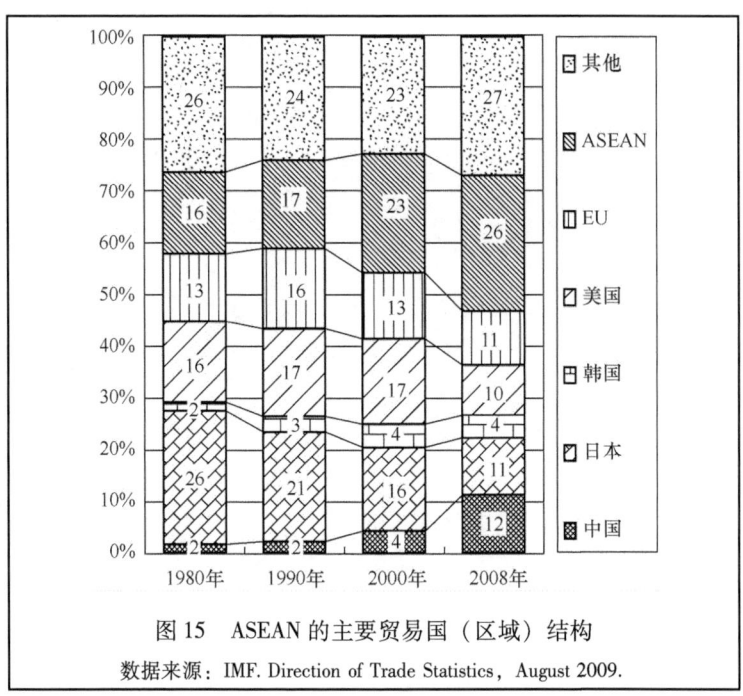

图 15　ASEAN 的主要贸易国（区域）结构

数据来源：IMF. Direction of Trade Statistics，August 2009.

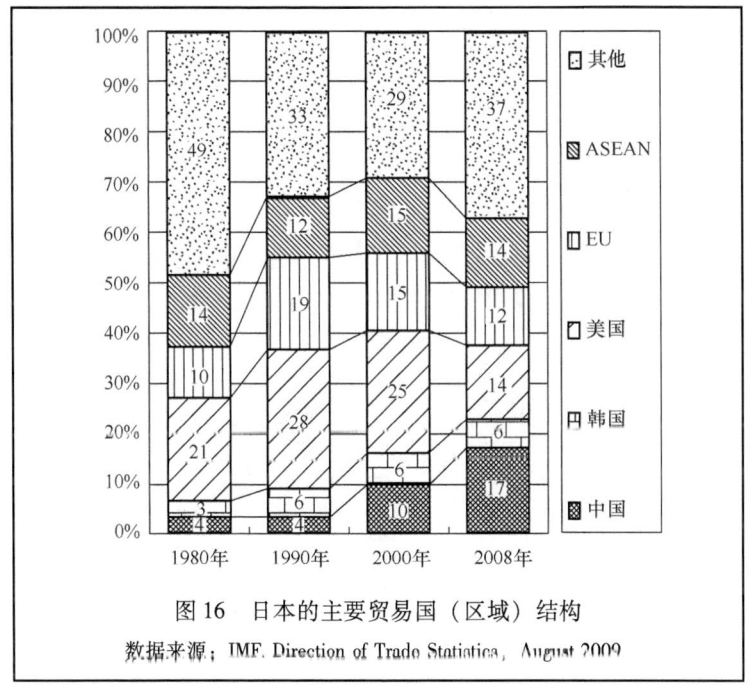

图 16　日本的主要贸易国（区域）结构

数据来源：IMF. Direction of Trade Statistics，August 2009.

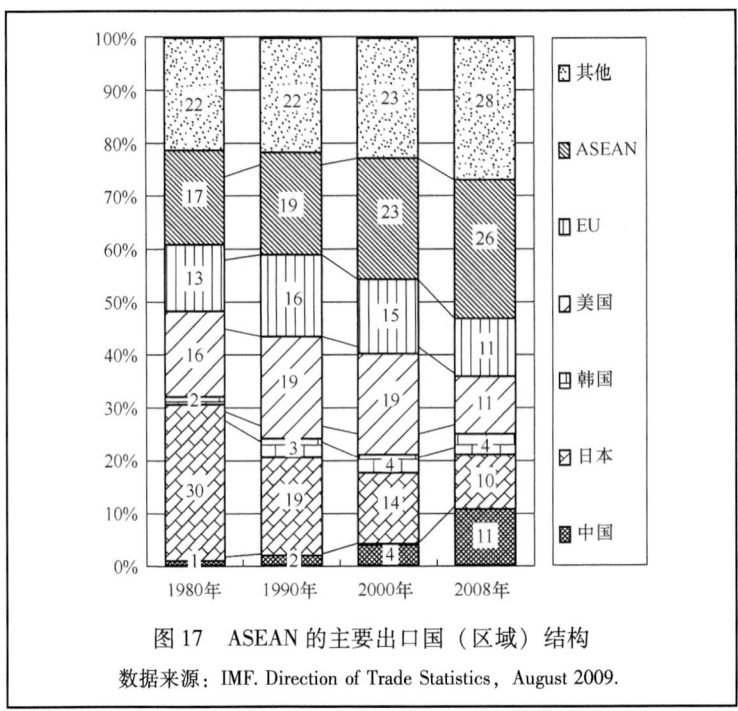

图 17　ASEAN 的主要出口国（区域）结构

数据来源：IMF. Direction of Trade Statistics，August 2009.

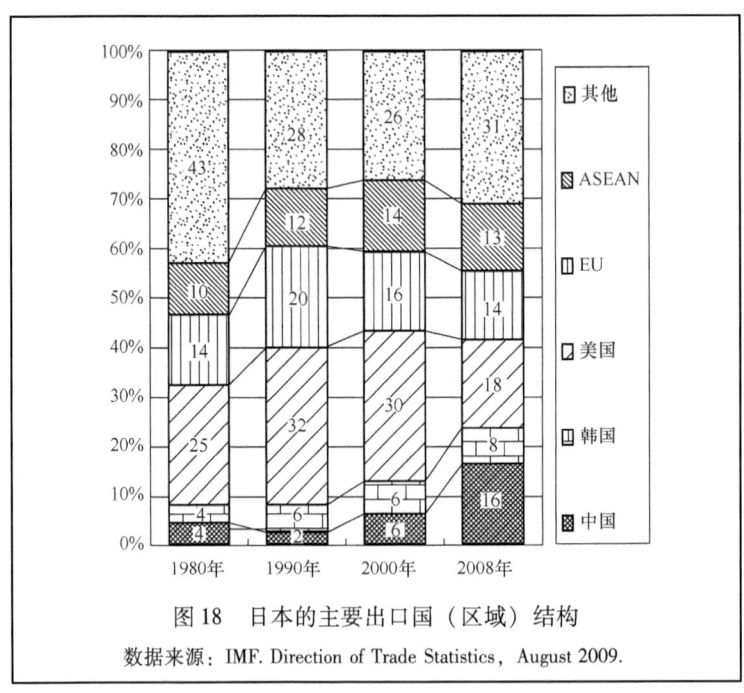

图 18　日本的主要出口国（区域）结构

数据来源：IMF. Direction of Trade Statistics，August 2009.

从图15～图18，可以很清楚地看出，中国对于东亚各国对外贸易和出口的重要性日益增长。那么，中国经济的高速发展对促进东亚各国对中国出口的增长方面到底能发挥多大作用呢？有没有更加量化和明确的答案呢？为此，可通过1980—2008年①的相关数据做一个回归分析。具体来说：以中国GDP作为一个解释变量，而东亚各国（ASEAN＋日本、韩国）对中国的出口额作为一个被解释变量，用简单的一元线性回归方程式来推算，有如下结果：

$$Y_t = -263.86 + 0.095X_t$$

式中，Y_t 为各年度东亚各国（ASEAN＋日本、韩国）的对中出口额（单位：亿美元）；X_t 为各年度的中国GDP额（单位：亿美元）。

根据这个回归方程式，中国的GDP与东亚各国对中国出口额之间，存在着正相关关系是明确的，其相关系数达到了近0.1。也就是说，如果中国的GDP增加10亿美元的话，那么东亚各国对中出口额约增加1亿美元。因此可以说，东亚各国在中国经济高速发展过程中，通过对中国出口的增加享受到了相当大的发展红利。今后，只要中国经济一直保持高速发展的态势，东亚各国继续享受这样的利益是可期的。这将大大促进东亚经济一体化进程和东亚经济的稳定发展。在这个过程中，东亚各国经济的同质性（如景气循环的同步性）也将会被大大推动。这样，实体经济面的基础不断得以巩固，就为开展较深度的东亚货币金融合作开辟了道路。所以，当然可以从这个角度上说，中国发挥了东亚货币金融合作的"安定器"和"推进器"作用。

当然，对于中国发挥的这种作用，不单可通过区域贸易看出，还能通过潜在的区域投融资面看出。而这种渠道，迄今为止都被轻视，但是随着中国的资本项目自由化的发展，今后它很可能将变得越来越重要。

2. 在区域投资上的"安定器"和"推进器"

一方面，中国经济的高速发展，将促进东亚各国扩大对中投资，这将更加深化东亚各国经济一体化和稳定发展。另一方面，中国高速的经济发展，未必会永恒地持续下去，这是由客观经济规律所决定的。因为在市场

---

① 数据来源：中国GDP（名义）与表8相同，各国对中国出口额与图15～图18相同。

经济体制下必然有景气周期循环，随着一个国家经济的不断发展，必然会经历发展的波峰波谷，没有任何一个国家的高速增长能一直持续下去。在景气周期中相对较短的景气恶化时期姑且不说，当中国经济经历减速，进入低增长历史时期时，还能够继续发挥资本交易面上的积极作用吗？这是值得思考的一个问题。一般来说，随着国民经济的发展，当一个国家进入发达国家行列后，经济成长都会自然进入低增长状态，而此时，由于很多发展中国家具有相对较高的经济增长率，这些国家相对具有较高回报率的投资机会较多，所以，经济较发达的国家资金为了寻求更高收益率，会倾向于对这些发展中国家增加投资。那么，随着中国的经济发展，逐步完成资本积累过程，当中国经济进入低速增长的历史阶段后，资本开始流向具有更高收益的地方几乎是必然的前景。当其成为现实的时候，中国必将从国际资本交易面上对各国发挥巨大的影响力，而如果中国积极向东亚投资，就能够有力促进东亚经济发展和一体化进程，进一步夯实区域货币金融合作的基础。而这样的趋势，已经可以从近年来中国频繁对外直接投资的活动中看到端倪了。

图19反映了近年来中国对外直接投资的增长趋势，可见，2002—2008年，中国对外直接投资额呈显著增长趋势。特别是在2008年，中国对外直接投资额是559.1亿美元，是上一年度2007年对外投资额265.1亿美元的2.1倍左右，增速是明显的。而随着中国"一带一路"大战略的开展，今后一段时间，这个数字很可能会猛增。事实上，至2014年，这个数字已经增加到1 231.2亿美元了[①]。那么，这些对外直接投资都去哪里了呢？这可从图20看出。

从图20可见，2008年中国对外直接投资最大的流向地是亚洲，流向亚洲的直接投资额占中国总的对外直接投资额的约77.9%。从这点可以看出，亚洲早已是中国对外直接投资的重点区域。

---

① 中国商务部网站：http://www.fdi.gov.cn/1800000121_ 33_ 5576_ 0_ 7.html。

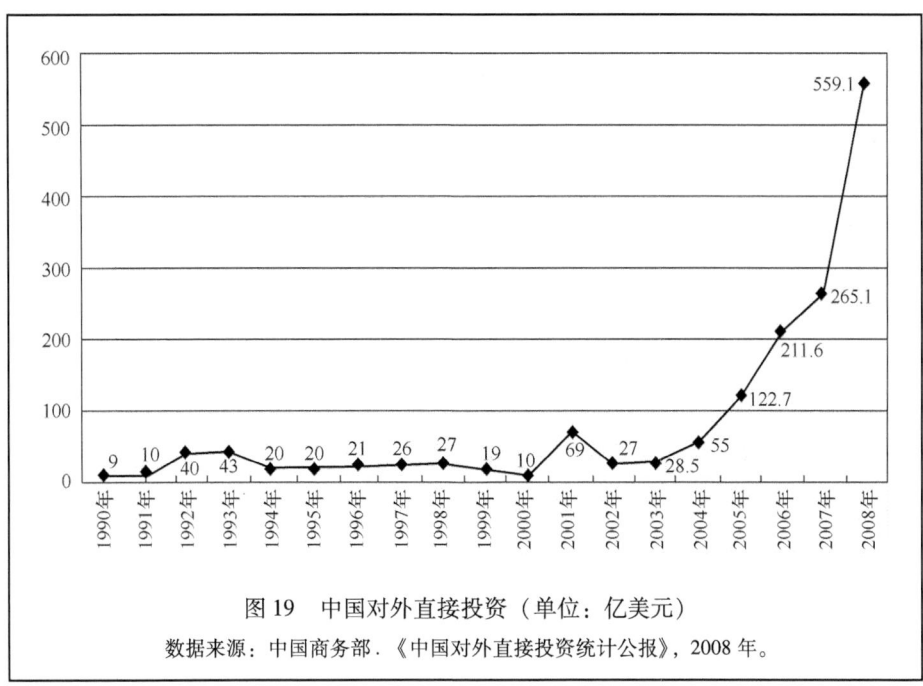

图 19　中国对外直接投资（单位：亿美元）

数据来源：中国商务部.《中国对外直接投资统计公报》，2008 年。

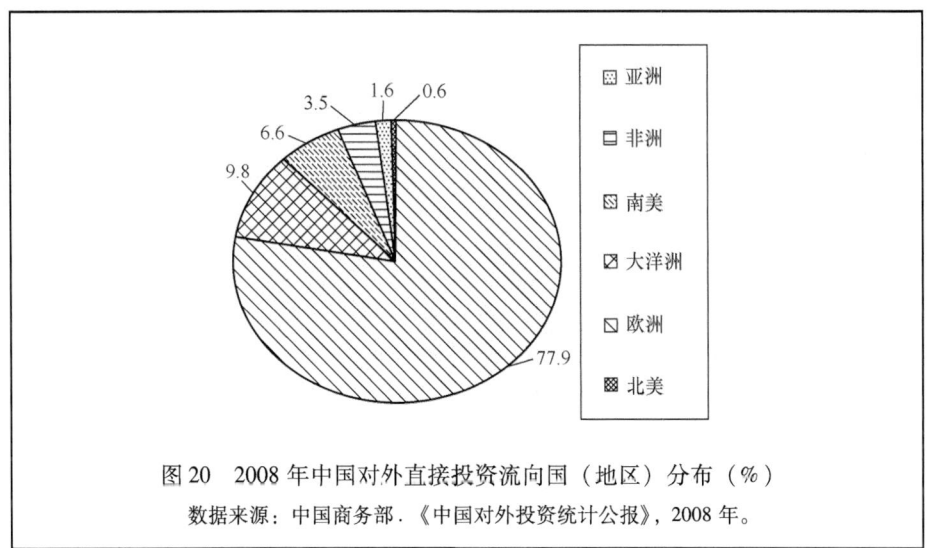

图 20　2008 年中国对外直接投资流向国（地区）分布（％）

数据来源：中国商务部.《中国对外投资统计公报》，2008 年。

　　另外，从图 21 可看出近年来中国对 ASEAN 直接投资额的变化趋势。与 2003 年相比，5 年间即到 2008 年，中国对 ASEAN 的直接投资额猛增了约 19 倍，显示了作为对外直接投资的目的地，ASEAN 的重要性在急剧增

加。这样，从中国的对外直接投资的现状和趋势来看，随着中国经济的高速发展，中国正在从国际投资的纯接受国向对外投资国转变。而中国的对外直接投资的活跃是从 2005 年前后开始的，这与中国国家战略转变有关。2001 年，中国政府就出于对本国经济发展新形势的研判，认为当前中国不应仅停留在引入外资的阶段，随着中国几十年的高速经济增长，中国经济已经到了可以积极开展对外投资的新阶段，因此，在资本交易层面上，特别强调促进对外直接投资的新的政策方针，也就是所谓的"走出去"战略。2015 年，中国政府更是开始推动"一带一路"的建设，中国的对外直接投资存量规模也已经超过万亿美元①。这是一种重大战略转变，也是中国经济发展的新阶段。随着这种政策方针的转变，中国已经在相当程度上放宽中国企业对外直接投资的认可程序和对外投资行业限制，中国企业对外直接投资必将越来越活跃。

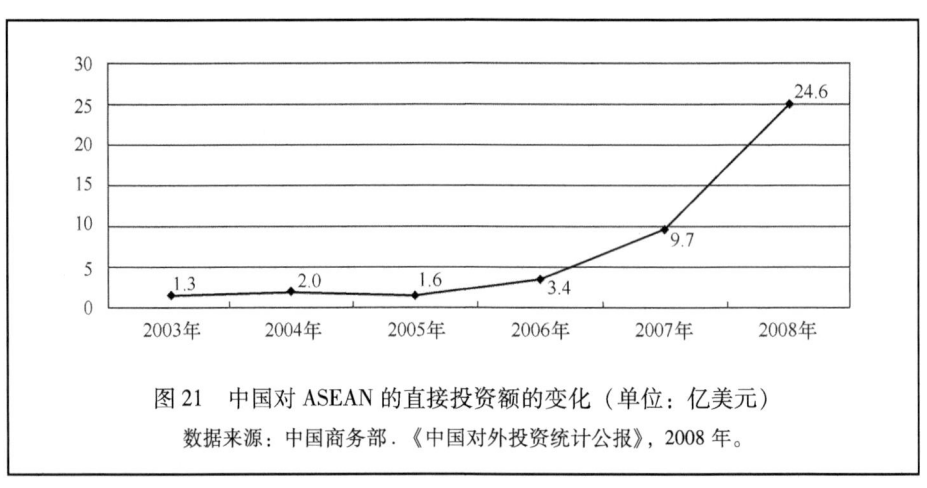

图 21　中国对 ASEAN 的直接投资额的变化（单位：亿美元）

数据来源：中国商务部．《中国对外投资统计公报》，2008 年。

这种战略转变并非一时性变化，它反映了中国经济发展的新高度。曾经，中国主要从日本等国家（或地区）输入中间产品（如机械零部件），依靠本国劳动密集型产业的比较优势，将这些中间产品加工组装成最终产品，再向美国和 EU 等地出口，经历了所谓"世界工厂"的发展阶段。如今，这一"三角贸易结构"尽管还在持续，但中国并没有止步于此，而是

---

① 2016 年商务部发布。搜狐新闻：http://news.sohu.com/20160118/n434822439.shtml。

已经开始促成高科技含量和高附加值的产业进行升级，同时，在既有产业，也积极推动向国际市场的营销、产品开发等新的高附加价值的产业环节的开拓。在这样的背景下，中国积极开展对外直接投资，将非常有利于开拓海外市场和原材料市场，提高自己在国际产业链上的分工地位，这又将有利于促进中国获得更高的附加价值。总之，在这样的变化中，中国将由"贸易出口国"向"资本出口国"转变。如果 ASEAN 能够与中国通力合作，减少域外国家的各种干扰和破坏，争取成为中国主要的对外直接投资区域，那么通过中国的对外直接投资构筑的生产销售网络，将大大推动中国与东亚各国的经济一体化和同质化发展，进一步夯实开展深度货币金融合作的经济基本面的基础。从这个角度上说，中国通过发展迅猛的对外直接投资，特别是针对 ASEAN 的直接投资，将能够在东亚货币金融合作的深化过程中发挥出"推进器"和"安定器"的作用。

当然，区域内的资本交易不仅仅是长期的对外直接投资，还包括如政府间资金援助、短期的民间资本交易等。由于到目前为止，中国还进行着严格的短期资本交易管制，一般不允许有较多的对外短期资本交易。但是，通过多年的经常与资本项目收支的双顺差，中国已积累了巨额的外汇储备，2014 年 6 月甚至一度达到 4 兆美元的峰值①。巨额的外汇储备如果能够合理应用，会相应增加对东亚货币金融合作机制的支持，例如，增加对 CMI 的出资规模等，从政府间资金援助这个层面，无疑能够发挥东亚货币金融合作的"安定器"和"推进器"的作用。

除了在政府间资金援助这个层面，中国也已经开始了对外债券等领域的投资，这对于东亚货币金融合作的支柱之一的亚洲债券市场的发展，具有明显的推动作用。当前中国的外汇储备，在确保安全性和流动性的必要前提下，由国家外汇管理局全权负责，相当一部分投资于美国的短期国券、美元存款等。但是，如此巨额的外汇储备的运作过于向一个部门和一个投资对象集中，会增加风险；为了分散这种风险，有必要使运作部门多

---

① 2016 年 5 月，中国外储已降至 3.19 兆美元。新浪新闻：http：//finance. sina. com. cn/money/forex/datafx/2016 - 06 - 07/doc - ifxsuypf5163884. shtml。

样化和投资对象多样化。因此，中国政府从 2006 年开始对"超额"① 部分的外汇储备的运用进行反复研究，于 2007 年 9 月设立了中国投资有限公司（CIC），登记初期资本 2 000 亿美元，100% 为国有资金，并允许其在海外开展业务。CIC 的基本投资战略是：①对海外资本市场的投资资产的组合投资；②海外的能源、原材料等的战略投资；③中国企业的海外 M&A 战略支援等。今后，随着亚洲债券市场的不断发展，以 CIC 为中心的中国主权财富基金，将会越来越将投资重心转移到新兴经济发展市场②，其中亚洲债券市场自然会得到相应重视。原因是：随着东亚各国经济的高速增长，东亚各国的优良债券相对欧美的债券会有更高的预期收益率。而中国的主权财富资本积极进入亚洲债券市场，又将大大促进亚洲债券市场的发展，能够进一步促进东亚各国经济的稳定发展和一体化进程。除此之外，中国民间资本的对外短期投资尽管目前受限很多，尚缺乏具体相关业绩，但随着人民币国际化进程的深入，中国进一步放开短期资本项目交易的进展，这个领域对促进东亚经济一体化发展的前景，也是可以预见的。

如上所述，中国除了能通过贸易层面、从实体经济层面发挥引领作用，还可以通过灵活运用庞大的外汇储备，扩大对 ASEAN 的直接投资，增加对亚洲债券市场投资和 CMI 出资等对外资本交易方式，对东亚货币金融合作发挥强有力的"安定器"和"推进器"的作用。

第二节　引领东亚地区构筑更为合理的汇率制度的领导作用

1997 年东亚货币金融危机的爆发，让东亚各国实行的钉住美元汇率制中存在的问题暴露出来。当时的各国均采用了钉住美元汇率制，从而造成

---

① 一般来说，为了必要日常国际结算和维持汇率稳定，中国需要保持最少 7 000 亿的美元外汇储备的高流动性，超过这个限度的美元外汇储备，被称之为"超额"外汇储备，它的规模不小，因此对于这部分外汇储备如何进行科学管理一直是一个重要问题。

② 中国经济网：http：//www.ce.cn/xwzx/gnsz/gdxw/201307/05/t20130705_ 24546496. shtml。"中投公司副董事长高西庆此前曾表示，美国市场不是最欢迎中投的市场之一，中投公司已减少在美的投资，'不在一棵树上吊死'。中投在欧洲的投资也有所收缩，目前已经停止购买欧洲的政府债券。在主要经济体局面僵持的情况下，中投需要和其他主权财富基金一样将目光投向新兴经济体。"

了过剩的国际短期资本流入、经常项目收支显著恶化等一系列问题。这也成为触发东亚货币金融危机的原因之一。此后，作为东亚货币金融合作的一环，各国针对东亚货币金融危机进行了深刻反省，开始广泛讨论包括各国汇率制度改革在内的货币合作问题。而由美元、欧元、日元构成的以共同"G3货币篮子"为基准，并按照BBC规则运行的管理浮动汇率制能够让实际有效汇率得以稳定，这一判断得到了众多研究者的支持。在这样的汇率制下，与美国、欧盟、日本有着紧密经济联系的东亚各国，在稳定实际有效汇率的同时，如果出现短期的对外不均衡现象，可以在允许的变动幅度（Band）内进行汇率调整；又或者碰到由于经济发展速度差异等经济基本面上产生的长期的对外不均衡时，可以通过中心汇率变更进行汇率调整。现阶段东亚各国如果采用这样的汇率制度，不仅可以维持与美国、欧盟等区域外国家的经济稳定，更有利于实现区域内各国间经常项目收支的均衡化以及协调性的区域产业分工关系的形成，因而更有利于促进区域各国经济的一体化和同质性发展。另外，由于美元、欧元、日元各自所实行的浮动汇率制，汇率风险依旧存在，在东亚如果实行上述汇率制，过剩的短期国际资本流动也有望得到一定抑制，东亚货币金融危机的重要原因之一——"双失调"问题也会得以缓解。这样考虑的话，就可以理解，当前东亚各国实行共同"G3货币篮子"为基准，并按照BBC规则运营的管理浮动汇率制是有很大好处的。

然而遗憾的是，尽管有上面这些好处，在现实中，东亚的很多国家依旧没有实行这样的管理浮动汇率制。正如麦金农等众多先行研究者的报告①所揭示的那样，1997年的货币金融危机之后，包括中国在内的东亚各国，在克服危机的同时，与美元的联动性也再次加强；而所谓的"协调性失败"，被认为是各国回归片面对美元保持稳定的汇率制的主要原因。

---

① McKinnon R I. After the Crisis, the East Asian Dollar Standard Resurrected: An Interpretation of High - Frequency Exchange Rate Pegging [J]. SCID Working Paper, 2001 (88).

Kawai Masahiro, Shigeru Akiyama. Implications of the Currency Crisis for Exchange Rate Arrangements in Emerging East Asia [J]. World Bank Policy Research Working Paper, 1999 (2502).

Ogawa Eiji. Should East Asian Countries Return to Dollar Peg Again? [A]. in: Peter Drysdale, Kenichi Ishigaki. East Asian Trade and Financial Integration: New Issues [C]. Asia Pacific Press, 2002.

东亚大多数国家都处在发展阶段,在生产方式、技术水平、产品类型、出口市场等许多方面也具有相似性。因此,在国际市场上,东亚各国的竞争关系,也主要倾向于价格竞争。基于这样的情况,即便各国货币当局已经意识到以共同"G3 货币篮子"为基准并按照 BBC 规则运行的管理浮动汇率制的诸多好处,在其他域内国家依旧实行对美元保持稳定的汇率制的现状下,如果只有本国实行这样的管理浮动汇率制,当碰上美元对日元、欧元贬值的情况时,无疑本国的国际价格竞争力会较其他国家削弱很多。正是因为怕招致这样的事态,所以没有国家敢率先实行以共同"G3货币篮子"为基准并按照 BBC 规则运行的管理浮动汇率制,这严重阻碍了区域内的汇率制度改革和货币合作的发展,也就造成了所谓的"协调性失败"。

在缺乏合作和统一行动的背景下,随着时间流逝,区域内有的国家继续维持和美元的联动性,也有国家一定程度上增强了对美元的浮动性。当前东亚各国的汇率制度逐渐演变成了目前这种各行其道的状态。例如,中国香港地区继续实行严格的货币局制度,中国大陆则或多或少增强了一些对美元汇率的浮动性,但本质仍在实行对美元保持稳定的汇率制;新加坡和泰国实行一篮子货币的管理浮动汇率制[①];而韩国、印度尼西亚、菲律宾等国家实行的是管理浮动汇率制;日本实行的则是浮动汇率制。从现状看,区域各国几乎完全没有协调性可言。在此情况下,东亚各国货币间几乎必然产生汇率失调(misalignment)[②],这将导致东亚区域内各国之间长期处在对外不均衡状态。就汇率制度而言,为何东亚各国不谋求整体协调和合作,而是各行其道呢?这可能是因为各国经济发展阶段的差异,与之相适应的经济政策和目标自然会不尽相同,故而各自采用了自认为的眼前最适合本国(或地区)利益的制度。这也是无可厚非的。

但这种各行其道的状态持续下去,将最终难以形成东亚区域内协调互补的国际分工关系,经济难以深入一体化和同质化,而这又会继续造成各国经济差异和各行其道,形成恶性循环,导致"协调性失败"[③]难以被打

---

① 其货币篮子并非 G3 货币篮子。

② Ogawa and Simizu (2009) 根据 AMU 偏离指标,验证了东亚各国货币的汇率失调。

③ 非常类似"纳什均衡"状态。

破。而打破这种"协调性失败"，中国将能够发挥重大的作用。这是因为通过人民币汇率和汇率制度的合理化调整，能有力推动各国的汇率合作，中国的这个能力是区域内其他任何国家所不具备的。对于人民币汇率应该如何调节，我们将会在第五章里详细论证。而从汇率制度上说，中国具备了率先采用以"G3 货币篮子"为基准并按照 BBC 规则运行的管理浮动汇率制的能力，这是因为尽管东亚各国间普遍存在较激烈的国际贸易竞争关系，但中国的国力决定了所受到的竞争压力较其他国家小，因此，中国相对于其他国家，更容易放弃现行的片面对美元保持稳定的汇率制。下面对这一个结论进行较详细的分析。

通过量化定性方式，可以确认"协调性失败"背后，亚洲各国之间的国际竞争关系的客观性。为此，可通过贸易特化系数（TSC：Trade Specialization Coefficient）的相关系数加以论证。

贸易特化系数是指，对象商品的出口额减去进口额的纯出口额，除以出口额和进口额相加的总贸易额得到的数值。它可以显示出一个国家特定产业的国际竞争力。如果数值等于 1，说明该国的该产业领域只存在出口而没有进口，是完全的出口特殊化产业，自然就等同于具有非常强的国际竞争力。如果数值在 0 和 1 之间，说明该国的该产业领域出口大于进口，具有较强的国际竞争力。如果数值在 -1 和 0 之间，则说明该国的该产业领域进口大于出口，其国际竞争力是较弱的。

另外，从两个国家间的贸易特化系数的相关系数，可以看出两国间的对外贸易关系是竞争关系还是互补关系。如果数值在 0 和 1 之间，说明两国在对外贸易上存在竞争关系；数值越接近 1，表示两国之间的竞争关系越强。反之，如果数值在 0 和 -1 之间，说明两国在对外贸易上存在互补关系；数值越接近 -1，表示两国之间的互补关系越强。如果数值为 0，说明两国在对外贸易上不存在相关关系。

基于以上所述的两国间的贸易特化系数的相关系数，利用联合国国际贸易中心（International Trade Center，ITC）的数据库"国际贸易数据"里261 个产业领域中东亚各国的进出口数据，可以检验 2008 年东亚各国间的国际竞争关系。表 9 是其结果。

表9 　2008 年东亚各国的两国间贸易特化系数（TSC）的相关系数

	中	日	韩	新	马	太	印尼	缅	老	越	文	柬	菲
中		-.03	.19	-.23	.13	.37	.14	-.09	-.04	.44	-.20	.12	.21
日	-.03		.65	.28	.13	-.22	-.32	-.47	-.37	-.44	-.06	-.36	-.29
韩	.19	.65		.21	.16	.05	-.09	-.37	-.28	-.23	-.05	-.19	-.11
新	-.23	.28	.21		.08	-.29	-.02	-.16	-.20	-.34	-.02	-.18	-.05
马	.13	.13	.16	.08		.29	.37	-.14	-.11	.10	-.06	-.03	.28
泰	.37	-.22	.05	-.29	.29		.35	.10	.06	.50	-.17	.21	.37
印尼	.14	-.32	-.09	-.02	.37	.35		.34	.28	.51	.11	.29	.51
缅	-.09	-.47	-.37	-.16	-.14	.10	.34		.58	.43	.45	.70	.36
老	-.04	-.37	-.28	-.20	-.11	.06	.28	.58		.38	.29	.60	.30
越	.44	-.44	-.23	-.34	.10	.50	.51	.43	.38		.09	.41	.46
文	-.20	-.06	-.05	-.02	-.06	-.17	.11	.45	.29	.09		.36	.09
柬	.12	-.36	-.19	-.18	-.03	.21	.29	.70	.60	.41	.36		.39
菲	.21	-.29	-.11	-.05	.28	.37	.51	.36	.30	.46	.09	.39	
竞争国数	7国	3国	5国	3国	8国	9国	9国	7国	7国	9国	6国	8国	9国

数据来源：ITC. International Trade Statistics，2008。由笔者计算、制表。

注：为使表格易读，表中新、马、印尼、缅、老、越、文、柬、菲分别表示新加坡、马来西亚、印度尼西亚、缅甸、老挝、越南、文莱、柬埔寨、菲律宾。另外，表中省略了小数点前的"0"，全部用"."表示。

　　表 9 里，阴影框中的数值是正值，说明两国在对外贸易上存在竞争关系。其他无阴影框中的数值是负值，说明两国在对外贸易上存在互补关系。例如，中国和日本、新加坡、缅甸、老挝、文莱 5 个国家在对外贸易上存在互补关系，而和 ASEAN 的其他 6 个主要国家及韩国则存在竞争关系。那么，为何中国与这 5 个国家存在对外贸易上的互补关系？拥有丰富自然资源的文莱、工业化落后的缅甸、老挝自不必说，日本、新加坡作为发达国家，其出口主要集中在高附加值商品上，虽说中国出口产业正在向技术密集型产业转换，但眼下中日、中新两国之间在对外贸易上尚是互补关系。而且，综观 ASEAN 内各国间的对外贸易关系，各国间存在相当激烈的竞争关系，这一点显而易见。除新加坡，ASEAN 剩下的 9 个国家，基

本上都有 6 个以上域内国家与其在对外贸易上存在竞争关系。由此可见，ASEAN 各国的对外贸易结构的确极其相似，可以说东亚各国间的确存在相当激烈的竞争关系。仅就中国来说，随着国内产业升级，不久的将来很可能与日本和新加坡之间也出现竞争关系[1]，可以预见，中国所面临的这种激烈竞争的关系将持续相当长的时期。而这种竞争关系需要通过区域内各国经济的一体化和高度的国际化分工才能得以缓和。

东亚很多国家都在奉行出口导向型经济发展战略，在这样激烈竞争的外部环境下，即便某国愿意实行上述更为合理的汇率制度，由于担心其他国家继续维持对美元稳定的汇率制，在美元相对欧元和日元贬值的时候，会导致采取新汇率制度的本国货币升值，恶化本国国际价格竞争力，因此，自然谁都不愿意率先改革自己的汇率制度，最终引起了汇率制度合作上的"协调性失败"，造成了东亚货币金融合作的停滞。为了打破这种现状，中国的作用极为重要。具体来说，虽说东亚各国之间的确存在激烈的竞争关系，但不可忽略的一点是：由于各个国家出口能力强弱不同，导致其所受到的竞争压力也会产生差异；而所受竞争压力较小的国家，如果可以率先改革自身汇率制度，将可以减轻对其他国家的竞争压力，其他国家才会更加容易采取协调行动。而中国恰好就是这样的国家[2]。而关于这样一个策略，迄今的研究几乎都没有正面提及。下面将对这个问题做详细分析。

为此，首先有必要弄清，特别是量化东亚各国所承受的对外贸易竞争压力。为了客观分析两国之间对外贸易的竞争压力，在此采取贸易竞争压力指数（CSI：Competetion Stress Index）来衡量。这是由樊纲、关志雄和姚枝仲（2006）[3] 导出的理论。它以指数形式，客观量化了东亚各国所承受的相互对外贸易的竞争压力。图 22 描述了贸易竞争压力指数的基本

---

[1] 由于中国经济的巨大规模，即便在部分产业成功实现资本密集型转变之后，其他劳动密集型产业也不可能在短期之内消失，因此未来将可能出现两种产业形态对外的全方位竞争。这种竞争关系需要区域内的国际产业分工的发展来慢慢缓和。

[2] 当然，需要强调的是，届时各国能否追随上来积极采取合作政策，不仅仅取决于中国是否能够率先行动，还有其他很多因素左右，因此这里仅仅是从降低各国对汇率合作的经济方面顾虑这一个角度来谈。

[3] 樊纲，关志雄，姚枝仲. 国际贸易结构分析：贸易品的技术分布 [J]. 经济研究，2006（8）.

构想。

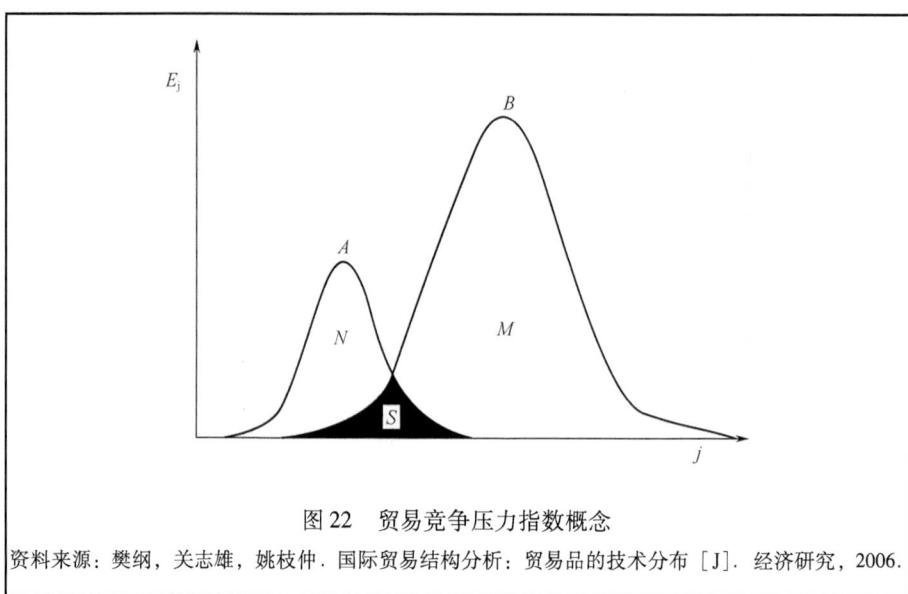

图 22　贸易竞争压力指数概念

资料来源：樊纲，关志雄，姚枝仲．国际贸易结构分析：贸易品的技术分布［J］．经济研究，2006．

图 22 中，x 轴中的 j 代表了 j 产业，y 轴 E_j 代表 j 产业的出口额。A 和 B 分别表示 A 国和 B 国，N 和 M 分别表示 A 国和 B 国的各产业的总出口额。阴影 S 部分，代表 A 国和 B 国的出口产品中互相竞争的数额。从图 22 可知，A、B 两国，根据出口品种和出口量的差异，出口总额 M 和 N 的面积也各有不同。换句话说，M 和 N 的面积差异，体现了 A、B 两国出口能力的强弱。另外，A、B 两国部分出口产业有重合时，就产生 S 面积，它表示了两个国家存在的竞争关系。如果 A、B 两国出口能力有差异，S 在各自的总份额上所占的比例当然不一样，从图 22 很容易可以看出，S 所占 A 国出口总额面积的比例，要远高于 S 所占 B 国出口总额面积的比例。所以，可以看出尽管 A、B 两国都承受着竞争压力，但是 B 国所承受的压力比 A 国要小得多。而 A 国则相对承受着较大的竞争压力。

基于这一思路分析东亚各国间的相互对外贸易竞争，就可以发现：各国对外贸易确如上文所言存在相互竞争，但是国家与国家之间的出口能力存在强弱差异，各国受到的竞争压力也会不同。这样就可以导入贸易竞争压力指数的公式。具体如下：

$$CSI_{AB} = \frac{\sum\limits_{j=1}^{n} \min(E_{Aj}, E_{Bj})}{\sum\limits_{j=1}^{n} E_{Bj}}$$

式中，CSI_{AB} 表示 A 国对 B 国的竞争压力，j 代表 j 产业。E_{Aj} 是 A 国 j 产业的出口额，E_{Bj} 是 B 国 j 产业的出口额。CSI_{AB} 的值，界定在 0 到 1，所以值越大，表示受到的竞争压力也会更强。根据这个计算公式，利用联合国国际贸易中心数据库"国际贸易数据"中记录的 261 个产业中东亚各国的出口数据，检测 2008 年中国和东亚主要对外贸易竞争对手国的相互贸易竞争压力指数，结果如表 10。

表 10 2008 年度中国与东亚各国相互贸易竞争压力指数（CSI）及倍数

	韩	马	泰	印尼	越	柬	菲	ASEAN
各国（区域）对中国的 CSI	0.28	0.12	0.12	0.07	0.04	0.003	0.03	0.49
中国对各国（区域）的 CSI	0.92	0.90	0.94	0.71	0.94	1.00	0.99	0.70
中国对各国（区域）的 CSI / 各国（区域）对中国的 CSI	3.3 倍	7.5 倍	7.8 倍	10.1 倍	23.5 倍	333.3 倍	33.0 倍	1.4 倍

注：表中韩、马、泰、印尼、越、柬、菲分别是韩国、马来西亚、泰国、印度尼西亚、越南、柬埔寨、菲律宾的简称。另外，因为中国、韩国、马来西亚、泰国、印度尼西亚、菲律宾 6 个国家的 2009 年最新数据已载入"国际贸易数据"，因此，计算这 6 个国家的 CSI 时，用的是 2009 年的数据。而 ASEAN 数据只有 2008 年的，因此对应的中国数据也采用 2008 年的。

从表 10 来看，中国受到的来自各国（包括 ASEAN 整体）的 CSI 都明显小于中国对各国造成的 CSI。例如，中韩 CSI 相差高达 3 倍以上。中国和柬埔寨则存在 333 倍以上差距。即便将东盟 10 个国家看成整体计算，其对华 CSI 也明显小于中国对它的 CSI。造成这个结果的原因是，中国出口能力远超各国，因此与东亚各国相比，中国对贸易竞争压力的承受力也强很多。从这个角度说，中国确有条件率先行动，首先改革自己的汇率制度。假如中国率先采用以"G3 货币篮子"为基准并按照 BBC 规则运行的管理浮动汇率制，其影响力将非常大，因为此时其他东亚各国也采用相同汇率制度所带来的预期风险将会小很多，如果政治合作也能跟上，将极大促进东亚的汇率合作，从而实现初步的货币合作，这将彻底打破所谓的"协调性失败"的困局，使东亚货币金融合作向前迈出一大步。当然，不

可否认的是，如果其他东亚各国并没有配合采取相应措施，那么这段时间内，中国会面对潜在的美元贬值所带来的国际竞争力弱化的风险；但只要这段时间不太长，凭借中国自身强大的出口能力，中国完全有能力克服这样的短期损失；而这样的短期损失，将为中国和东亚各国带来更高的长期利益。

当然，研究者中也有人对此有不同看法。本来创立 CSI 的原作者的意图是说明中国不必参与东亚货币金融合作，认为中国依靠自己的力量就足以推动人民币国际化。例如，姚枝仲（2004）[①] 就认为，通过着眼于中国和东亚各国承受的 CSI 的差异，可知东亚各国受到来自中国的贸易竞争压力更大，因此，东亚各国将会主动谋求对人民币汇率的稳定，而中国并不用刻意参加为保持与东亚各国货币间稳定的区域通货金融合作。但是，这样的主张是存在疑问的。如果美元相对其他主要货币（如欧元、日元）升值，假设中国采取对美元保持稳定的汇率制，那么人民币就会追随美元一起升值，这会导致中国相对实行其他汇率制度的东亚国家的国际价格竞争力降低。此时，其他东亚各国根本无须主动寻求对人民币汇率的稳定，因为此时其本国相对中国的国际价格竞争力将得到强化，而且其受到来自中国的 CSI 越大，就越加不会主动寻求对人民币汇率的稳定。因此，尽管存在各国 CSI 的差异，东亚各国也并不会自始至终都希望主动保持与人民币汇率的稳定性。所以，对中国来说，参与东亚货币金融合作是十分重要的。

第三节　人民币作为基轴货币在东亚货币金融合作中的作用

无疑，如果面向亚洲共同货币（东亚货币同盟）推进更加深入的东亚货币金融合作，那么最终区域各国货币汇率将趋于稳定。也就是说，在东亚地区，将会形成某种固定汇率制。这一点，只要联想欧元形成前一阶段的 EMS 体系，就很容易理解。与 EMS 相似的 AMS 如果可以形成，为了稳

---

① 姚枝仲. 不对称竞争压力与人民币的亚洲战略 [J]. 世界经济与政治, 2004 (7).

定区域内各国货币，就需要设立区域货币间的中心汇率，确定介入方式，规定国际结算规则；为了让这个系统正常运行，区域内就必须有一个基轴货币。比如在 EMS 中，德国马克就成了欧盟的基轴货币。

如前文所述，在民间部门、公共部门和国际外汇市场中，只要能多少发挥一点计价结算作用的货币，都可以称为国际货币。而其中最大最强的国际货币，应称为"基轴货币"。何谓"最大最强"？具体来说，在民间部门其被利用为国际的合同标价货币、投资货币、结算货币，尤为重要的是，在国际外汇市场上发挥着外汇交易中介货币功能的就是"基轴货币"。之所以说作为外汇交易中介货币的功能最重要，是因为只要具备了这一功能，不但上述民间部门的其他货币功能可自然形成，而且在公共部门，其作为维持各国货币稳定的基准货币和介入货币的功能也能形成，附带的也就能够成为储备货币。具备上述特征最为显著的国际货币，就是所谓最大最强的国际货币，也就是基轴货币。其发挥基轴货币作用的区域如果是全世界，就可称之为国际基轴货币；如果是某一区域，则可称之为区域的基轴货币。

在 AMS 体系下，各加盟的东亚各国货币，必须具有可完全自由兑换的性质。这是因为与 EMS 的介入体系一样，为了维持东亚各国货币的汇率稳定，各国都需要频繁地介入外汇市场进行汇率干预，而这能成为现实的前提是，各国都能够高效地获取必要的干预资金；因此短期的相互融资就变得十分必要。而为了提高相互融资的效率，市场必然会自己选择出一个最大最强的国际货币，作为区域内的基轴货币。目前来看，在东亚各国的货币中，最有望成为区域内基轴货币的是日元，因为日元从现状来说是域内各国货币中国际化走在最前面的货币，但若更长期来看，人民币的可能性更大。因此，下面将主要围绕人民币成为深度东亚货币金融合作过程中的基轴货币的可能性进行探讨。

1. 成为基轴货币的基本条件

首先来分析成为基轴货币的基本条件。是否能够成为基轴货币，如前所述，最重要的就是看货币能否成为银行间国际外汇市场的外汇交易中介

货币。Swoboda（1969）① 提出，一个大国如果拥有具有足够"广度、深度和富有弹性"② 的金融市场，那么该国家货币较容易成为外汇交易中介货币。此外，深町（1982）③ 把国际结算领域分为非银行民间部门、银行外汇部门、公共部门三个层次，构筑了一个多层次的国际货币概念。根据这个理论，在银行间的外汇市场中是否能够发挥外汇交易中介货币的作用，成了基轴货币的最重要特征。本书采用的标准就是依据这个理论，这一理论也被称为"外汇交易中介货币"理论。依据这个理论，要成为外汇交易中介货币，该货币的交易成本的低下是极为重要的条件。也就是说，该货币交易成本越低，就越容易成为外汇交易中介货币。而所谓"货币的交易成本"，是由该货币的交易手续费和汇率风险共同决定，而交易手续费又与货币交易量成反比，汇率风险与汇率变动成正比。

因此，简单来说，如果货币交易量越多，汇率越稳定，货币变成外汇交易中介货币的可能性就越大。而外汇交易中介货币化的货币，就是交易成本最低的国际货币，就可以最终成为基轴货币。

2. 在东亚地区成为基轴货币的条件

上述"外汇交易中介货币"理论主要是从一般意义上，对成为基轴货币的条件进行了研究，但在已有基轴货币的前提下，其他货币想要取而代之，或者想"分庭抗礼"的话，情况会更加复杂一些。而未来东亚的区域基轴货币，恰好就属这种情况。目前东亚属于"美元本位制"体系内的区域，美元是东亚的基轴货币，在美元作为基轴货币的强大"惯性"下，其他东亚各国货币的国际化是非常困难的，更不用说基轴货币化了。如前所述，一个货币一旦成为基轴货币，就具有强有力的"惯性"能量，即其交易成本一定是最低的，任何国家试图单独打破这种"惯性"，在没有诸如战争或基轴货币国内发生内乱之类的极端情况下，仅依靠和平手段和正常的经济规律，想使自己的货币成为新的基轴货币非常困难。而在和平条件

① Swoboda A K. Vehicle Currencies in the Foreign Exchange Market：The Case of the Dollar ［A］. in：R Z Aliber. The International Market for Foreign Exchange ［C］. New York：Frederick A. Praeger, 1969.

② "广度"：一般理解为参与交易的主体众多，交易目的多样，交易偏好众多，而为了保证这样的多样性，市场的完全开放自由是必备条件；"深度"：交易量要足够庞大，一般来说在上述"广度"具备后，更容易自然形成；"弹性"：不会出现一边倒的交易（如一边倒地买涨做空之类）。

③ 深町郁彌. 现代资本主义と国际通货 ［M］. 日本：岩波书店, 1982.

下和依靠正常的经济规律想要成功，通过深化区域政治经济合作，借助区域整体的经济力量是较有胜算的方法。对于这一点，只要回顾德国马克通过 EMS 成功代替美元成为欧盟的基轴货币历史就可以理解。那么，在东亚如何形成新的基轴货币？这需要解决两个问题：①在东亚，如何通过深化货币金融合作来瓦解美元在东亚的基轴货币地位？②在东亚，代替美元的是哪一个货币，为什么？

从东亚货币金融合作的角度来说，如前文所述，尽管取得了一定的成果，但都是十分初步的。立足于对各国采用的实际上的"钉住美元汇率制"问题的反思，立足于对"美元本位制"缺陷的反思，立足于如何改革"美元本位制"的较深度的货币金融合作，并没有获得足够的重视和推动。比如，基于东亚区域的汇率合作的东亚货币体系的改革和合作，至今没有任何进展；但关于这一方面的研究，学术界是有的，其中所谓"2 阶段合作"① 方案是较为科学的。简单来说，第 1 阶段是基于已有的东亚货币金融合作的成果，开展初步的以汇率合作为核心的货币合作，此时，以共同"G3 货币篮子"为基准并按照 BBC 规则运行的管理浮动汇率制是这一阶段的汇率合作的主要方式；第 2 阶段则是在东亚具备了一系列经济条件之后，开展的深度的货币金融合作，此时 AMS 体系将得以形成，并以此向最终的东亚货币同盟迈进。这是较充分借鉴德国马克在欧盟基轴货币化的成功经验并考虑东亚现状之后得出的结论。依据这样的方案，为了在东亚瓦解当前美元的基轴货币地位，需要首先具备以下贸易面和资本面两个方面的基本条件。

（1）加深东亚区域经济的相互依存和一体化程度，并不意味着仅扩大区域内贸易规模就行了，还需要促成区域内现在的"三角贸易结构"向

① 村瀬哲司. 東アジアの地域通貨圏，二段階で形成を［A］. 见：青木健，馬田啓 編. 政策提言：日本の対アジア経済政策［C］. 日本：日本評論社，2004.

村瀬哲司. 東アジアの通貨・金融協力［M］. 日本：勁草書房，2007.

中條誠一. アジアにおける通貨システム改革の筋道［J］. 経済学論纂，2008（48‐1，48‐2）.

中條誠一. アジアの通貨・金融協力と通貨統合［M］. 日本：文真堂，2010.

Ogawa Eiji, Junko Shimizu. A Role of the Japanese Yen in a Multi‐Step Process toward a Common Currency in East Asia［J］. Fukino Project Discussion Paper, 2008（003）.

对于这样的主张，笔者基本是赞成的，其理由也在第二章的第三节详细探讨过了。

"自我完成的贸易结构"① 转变，形成以区域内的国家货币结算为主的域内国际交易结构。当前，在日本（及部分 NIEs 国家或地区）出口中间产品到中国及 ASEAN 各国，再由中国及 ASEAN 各国加工成最终产品后，向美国及欧盟地区出口的"三角贸易结构"中，中国扮演着重要的"世界工厂"的角色。但是，在此结构下，由于大部分的最终产品的出口地是美国和欧洲，不得不采用美元进行结算（部分也采用欧元结算），即使是区域内的国际交易，各国也基本使用美元结算。而随着 FTA（EPA）等政策的鼓励和促进，以及民间直接投资促成的区域内生产销售网络的成熟和货币金融合作的深入发展，随着这样的贸易结构向"自我完成的贸易结构"转变，今后的东亚地区，无论是中间产品还是最终产品，最终大都能够在区域内进行生产和销售，那么东亚各国的国际贸易和投资对美国的依赖性就会大大减弱。届时不得不使用美元结算的国际交易将随之减少，而使用区域内货币直接进行结算的区域内国际交易将逐步取而代之。而这样的结构，就与欧元形成前的欧洲的国际交易结算结构非常类似了。

（2）对于东亚各国而言，仅有活跃的区域内的国际资本交易是不够的，更重要的是需要摆脱一直以来区域内的国际资本交易必须通过欧美金融市场的旧格局，转而形成直接在区域内的金融市场就能够完成这些交易的新格局。在东亚存在许多常年保持经常项目收支的黑字国，特别是中国和日本，这些国家理应成为区域内的资本输出国，将其剩余资本直接投资在东亚，运用在东亚。由于东亚经济相对世界其他地方是发展较快的，因此这一地区的较高利率回报的投资机会也更多，对资本输出国是有利的。另外，对于资本接受国，来自区域内国家的资本输出，可以有效避免出现"双失调"问题，所以对资本接受国更是有利的。为了让区域内的剩余资本充分在域内实现有效利用，就必须促成以亚洲债券市场和亚洲债券基金为代表的区域内的金融市场、金融商品以及金融机构的高度发展。

如果这样的局面得以形成，在此基础上，东亚区域内的资本交易模式才会发生根本性变化。当前来看，东亚的剩余资本要首先回流到美国和欧洲的金融市场，先转变为美元和欧元资本，然后这些资本为了追求相对更

---

① 中條誠一. アジアの通貨・金融協力と通貨統合 [M]. 日本：文真堂，2010.

高的收益，又再从美国和欧洲的金融市场回流东亚，可见当前这种模式中，美国和欧洲的金融市场其实就是多余的一个环节。它的存在与东亚缺乏区域内发达的金融市场有直接关系。当东亚区域内的金融市场发展成熟起来后，东亚丰富的资金将直接通过它实现在本区域内的投融资，实现"东亚的资本，留在东亚，发展东亚"这样的新模式。而在这样的新模式下，东亚区域内的各国货币之间的外汇交易额将会爆发式增长。

随着贸易面和资本面两个层面的变化，最终能使区域内国际交易都实现区域货币化的最重要政策也就可以出台了，这就是区域内部各货币的稳定体系，也就是 AMS。在 AMS 的基础上，区域内各个货币汇率稳定了，同时对域外货币美元将实现共同浮动。一旦到达这个阶段，区域内各货币就能够通过 ACU（亚洲共同货币单位）相互固定中心汇率，整个区域货币之间的汇率风险大大降低，这将导致各货币的区域内交易成本大幅下降。同时，各货币对美元的浮动会导致对美元的汇率风险增加，美元在区域内的交易成本随之增加。

至此，在 AMS 体制下，将会出现超越美元外汇交易量的内部货币，这时东亚摆脱美元的条件才真正成熟了，东亚将进入以该区域内货币为区域基轴货币的新货币圈。那么，为什么说 AMS 体制下将会出现一个区域内货币取代美元呢？本来，在 AMS 体系下，通过汇率相互介入机制使得区域内各国货币形成固定汇率制，其目标是建立东亚区域内各国货币的对称关系。但是从 EMS 的经验看来，实际上 ACU 同 ECU 一样，作为一个抽象的价值单位是很难高效地发挥区域内各货币兑换时的中介作用的。因此市场必然会出于效率原则，自然选择出一个区域货币成为区域内的基轴货币，欧盟就选出了德国马克。未来在 AMS 体系下，人民币有很大可能被市场选出作为东亚区域内的基轴货币。下面将深入探讨这一可能性。探讨的重点将围绕：人民币优于其他东亚国家货币率先成为区域内国际贸易的合同标价货币和结算货币的可能性，人民币优于其他东亚国家货币率先成为区域内国际资本交易中的投融资货币的可能性。

3. 从贸易交易面看人民币成为东亚地区基轴货币的潜力

如上所述，改革开放以来，中国 GDP 急剧上涨，1980 年仅占东亚地区总额的 19%，2007 年就激增至 33%，一般认为，这样的趋势在今后也

会持续相当长时间。此外，考虑到东亚地区的贸易结构，在"三角贸易结构"条件下，中国成为区域内最终产品生产的重要据点，被誉为"世界工厂"。如果可以持续这样的发展势头，随着今后中国进一步扩大国际贸易和东亚贸易结构的转型，以人民币计价和交易的区域内贸易量剧增的可能性是很大的。这从近期中国的国际贸易情况的发展即可窥见一斑。

表 11 显示了中国、日本和韩国 3 个国家 2000 年和 2008 年的进出口总额占东亚总额比例的变化情况。从中可以看出，随着近年来中国经济的快速发展，中国对外出口幅度也大大增加。2008 年，中国占东亚进出口总额的 38%，成为亚洲地区最大的对外贸易国家。此外，将进口额和出口额分开来看，出口占 40%，进口占 36%，分别为区域内部最大的出口国家和进口国家。在此前提下，结合东亚贸易结构转型的情况，可以探讨一下在国际贸易中以人民币计价和结算的可能性。

表 11 中日韩 3 国进出口额占东亚总额比例的变化

	2000 年			2008 年		
	进出口	出口	进口	进出口	出口	进口
中国	19%	19%	20%	38%	40%	36%
日本	35%	36%	34%	22%	21%	22%
韩国	14%	13%	14%	12%	11%	13%

数据来源：IMF. Direction of Trade Statistics，August 2009.
出处：笔者根据以上数据制表。

首先，从中国的进口层面来考虑。中国在 2008 年已经成为 ASEAN 最大的出口对象国家，2009 年成为日本最大的出口对象国。在此情况下，中国 – ASEAN 的 FTA 也于 2010 年 1 月 1 日启动，中国对 ASEAN 的平均关税由 9.8% 降至 0.1%，7 000 种商品设置为零关税，ASEAN 对中国的出口必将进一步扩大，中国成为 ASEAN 各国最大的市场的可能性大大增加。而这一变化也将成为东亚区域贸易结构从"三角贸易结构"向"自我完成的贸易构造"转变的巨大原动力。这是因为，随着中国经济的快速发展，国民收入水平的快速提高，中国终将成为高附加值产品的最终消费国。也就是说，中国的进口构造，将由一直以来的以中间产品为主，向以最终产品为主进行转变。而一般来说，作为最终产品的主要消费国，其企业在国

际商贸谈判中具有更强势和主动的地位，为了规避自身的汇率风险，一般都会要求他国企业以本国货币进行计价和结算。在此背景下，由于中国市场规模的庞大，以人民币计价和计算的区域内贸易的发展将会被大大促进。

其次，从中国出口的层面来考虑。目前中国生产的最终产品主要是面向美国及欧盟出口，为了在出口面也促进人民币计价和结算，中国应逐步扩大对东亚的出口。为此，中国应设法继续推动和深化东亚货币金融合作，促使东亚摆脱"协调性失败"的困局，同时在汇率合作的基础上，加上 FTA（或 EPA）的区域自由贸易政策，这样方能促进东亚建立更协调和完善的国际分工体系，促进东亚各国繁荣发展，最终也能成长为中国生产的最终产品的消费地。在此基础上，中国应积极推动自身生产的最终产品的升级，提升技术含量高、高附加价值的最终产品的比重，这样方能继续保持自身的比较竞争优势，保持对外出口的稳定和发展，才能有利于推动人民币在区域出口交易层面的计价和结算货币化。也就是说，重要的不仅是出口数额，还有出口产品的结构。

麦金农（1979）[1] 认为：附加价值较高的高级工业制品在出口时，出口方企业会具备更有利的交涉优势，向卖方要求以本国货币作为计价和结算货币的交易条件也会更容易实现。这样，也就可以更好地发挥出口国货币在国际交易中的计价和结算货币作用了。而如果以出口附加价值低的商品为中心的话，由于国际市场上存在大量同质产品，出口企业就不会具有多大的交涉力，出口国货币也很难成为计价和结算货币。由此可见，重要的不仅是出口额，还有出口产品结构的高端化。所以说在中国的出口产品中，附加价值高的高端工业产品所占比例越高，人民币就越有可能成为国际贸易中的计价和结算货币，因此，在促进中国出口增长的同时，提升具备高附加值的高端化工业产品的出口竞争力更为重要。中国在这个方面也取得了一定成就。对此，我们可利用贸易特化系数来客观分析一下中国贸易结构的变迁。

基于 1980 年到 2008 年《中国统计年鉴》所有不同产业的出口数据

---

① Mckinnon R I. Money in International Exchange：The Convertible Currency System ［M］. Oxford U. P.，1979.

额，根据工业技术能力，将中国所有出口产品划分为原始产品（农、林、牧、渔产品等）、一般工业产品（化学产品、纤维产业产品、矿产品等）和高度工业产品（运输机械产品、精密机械产品等）三大类型，通过计量分析，可以得出图 23 所示结果。

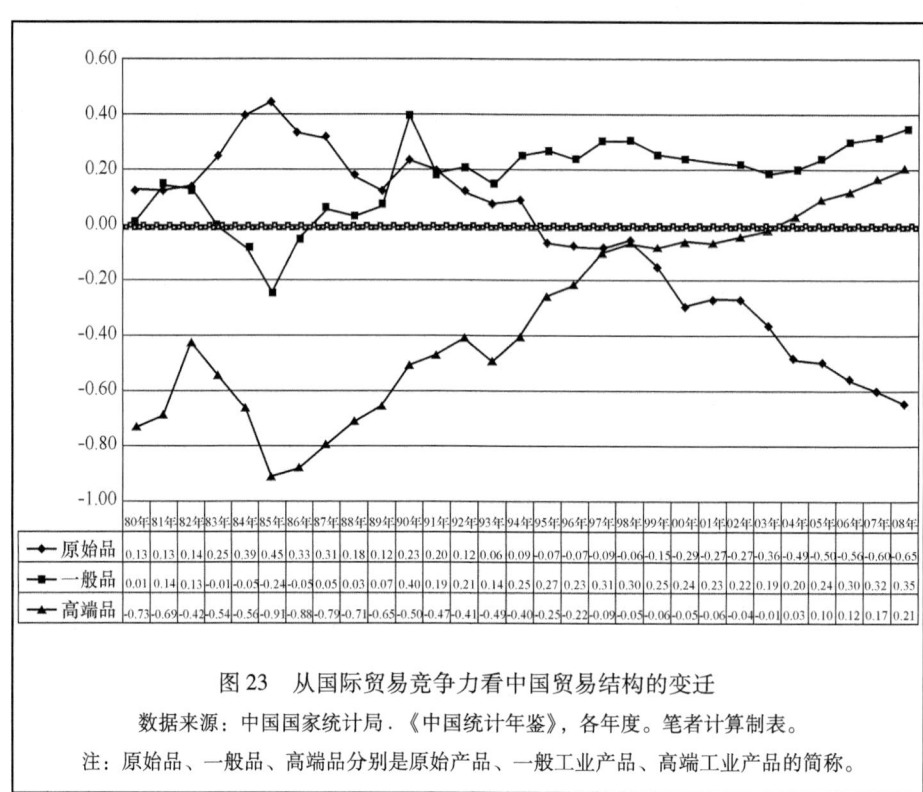

图 23　从国际贸易竞争力看中国贸易结构的变迁

数据来源：中国国家统计局.《中国统计年鉴》，各年度。笔者计算制表。

注：原始品、一般品、高端品分别是原始产品、一般工业产品、高端工业产品的简称。

从图 23 可看出，1980 年，也就是改革开放初期，中国的原始产品的出口竞争力最高，紧接着是一般工业产品，而高端工业产品竞争力最低。中国的高端化工业产品 1985 年的贸易特化系数低至 − 0.91，接近纯进口状态。当时这样的贸易结构是典型的发展中国家模式。之后，伴随着改革开放的深入，中国高端化工业产品的国际竞争力逐渐提升，而原始产品的国际竞争力逐步降低；同时，一般工业产品的国际竞争力逐渐提升。1990 年至 1992 年间，中国的一般工业产品国际竞争力逐步超过原始产品，此种结构模式一直延续至今，而现在这种贸易结构表明，中国已经脱离了发展中国家的模式，升级为处于发达工业国和发展中国家之间的"新兴工业

国"模式。进而，从1997—1998年开始，中国的高端化工业产品的国际竞争力也逐步提升，首次超过了原始产品。此种现象表明，中国的贸易结构日趋成熟，贸易结构开始逐渐走向高端化。这样的趋势一直在持续，到2003年至2004年，中国高端化工业产品的贸易特化系数发展为正数。它表明，从此时开始，中国的高端化产业从进口型转为了出口型。此后，一直到今天，中国的高端化工业产品国际竞争力持续增长，已经接近了一般工业产品的国际竞争力。随着中国高端化工业产品国际竞争力的稳健提升，中国的贸易结构已经相当接近发达国家的结构模式了。随着中国高技术含量、高附加值的高端工业产品的发展，今后中国企业在出口价格和交易条件方面的国际交涉力将随之提高，这将极大促使人民币在出口方面成为计价和结算货币。

此外，中国政府也在通过其他政策，积极促进国际贸易中使用人民币进行结算。2009年7月，中国政府公布了《跨境贸易人民币结算试点管理办法》，决定在上海、广州、深圳、珠海、东莞5个城市试行国际贸易使用人民币结算。以此为标志，以前只能用于国内结算的人民币也开始被用于国际贸易结算。2010年6月，中国政府公布了《关于扩大跨境贸易人民币结算试点有关问题的通知》，继续扩大国际贸易中人民币结算的试点地区。以此为契机，中国已有20个省、自治区、直辖市[①]都可在国际贸易中开展人民币结算业务了。这样，中国企业就可以自主判断是否选择人民币结算。在此背景下，如果外国企业使用人民币购入中国企业产品时，在外汇市场上就必然产生人民币需求。另一方面，中国企业如果使用人民币购入外国企业产品，人民币就会流入外国企业或金融机构，这样，在外国的银行和外国的外汇市场上的人民币供给就会增加，可以有效促进人民币在国际外汇市场上的交易量增长。如此一来，将大大降低人民币交易成本，有力促进人民币的外汇交易中介货币化。

在上述大背景下，人民币跨境结算规模日益增大，2014年的规模已达到6.55兆元，其中，货物贸易结算金额5.9兆元，服务贸易及其他经常项

---

① 北京市、天津市、内蒙古自治区、辽宁省、上海市、江苏省、浙江省、福建省、山东省、湖北省、广东省、广西壮族自治区、海南省、重庆市、四川省、云南省、吉林省、黑龙江省、西藏自治区、新疆维吾尔自治区等地区。

目结算金额 0.65 兆元。跨境贸易人民币结算规模全球占比已从 2012 年初的 1.03% 提升至 2014 年第四季度的 2.96%，增长了 187.38%。① 当然，为了在贸易层面推动人民币国际化，进而成为东亚的基轴货币，必须同时推动中国的包括资本项目自由化在内的金融自由化深入发展，也就是在资本交易层面推动人民币的国际化不可或缺。这是因为，以人民币结算方式向中国出口并得到人民币的东亚的企业，在再次使用人民币之前，对能够提供安全而有力地运用这些人民币的金融市场有着很强的需求。另外，对于以人民币结算进口的外国企业来说，要有一个随时都能为其提供人民币信贷和兑换的金融市场，以便于进口时获得人民币。这样看来，即使是为了在贸易层面实现人民币计价和结算货币化，也需要中国在资本项目自由化及人民币国际化方面取得相当的进展。那么接下来，就来探讨这个问题。

4. 从资本交易面看人民币成为东亚地区基轴货币的潜力

为了将区域内的剩余资本留在本区域运用，初步的东亚货币金融合作，已经取得构建亚洲债券市场、创设亚洲债券基金的一定进展。今后，如果东亚的汇率合作和汇率制度改革能够获得进展，并以共同"G3 货币篮子"为基准，按照 BBC 规则运营的管理浮动汇率制改革为起点，并最终向 AMS 过渡的话，可以期待基于区域内货币的区域内直接投资的扩大。以欧洲把美元从欧洲地区的基轴货币的宝座上拉下来的经验来看，当美元在东亚的基轴货币地位开始逐步瓦解时，人民币将有很大潜力逐步取而代之。

当年，英镑和美元在成为基轴货币时，英国和美国的经常项目收支都为长期的巨额黑字，并以此为背景成为资本输出国，这对它们货币的基轴货币化起到了巨大的作用。而当今的中国也同样保持了经常项目收支长期巨额黑字，甚至部分西方国家认为中国已造成了"全球经济失衡"，因此，中国同样也已经具备成为资本输出国的能力了。而这完全符合投资—储蓄平衡理论的原理，中国作为储蓄（资本）剩余国，正在逐渐显示自己在国际金融市场的巨大的存在感。表 12 虽不是储蓄—投资平衡数据，但它显

---

① 凤凰财经：http://finance.ifeng.com/a/20150728/13872846_0.shtml.

示了东亚各国的名义国内储蓄额（包含个人储蓄、法人储蓄、政府财政结余）。从该表我们可以掌握包括中国在内的东亚各国 2000 年以来的资本储蓄的基本状况。自 2006 年起，中国的国内总储蓄额就已经开始超过日本了。到了 2007 年，中国的国内总储蓄额达到了 1 兆 6 574 亿美元，比日本的 1 兆 1 838 亿美元多了 4 736 亿美元；换句话说，从 2006 年开始，中国就已经成为东亚地区最大的资本保有国。中国不仅可以从中筹备充分的资本来满足国内旺盛的投资需求，而且还会有剩余。从投资—储蓄平衡上来看，中国已经成为储蓄超额国和资本输出国（包括外汇储备增减的广义上的资本收支黑字国）。这将成为中国今后在现实中也能够逐步转变为成熟的资本输出国的基础，也会成为在东亚的资本交易中人民币使用量增加的最为重要的基础。区域内资本交易中人民币被使用得越多，人民币的交易成本就会越低，人民币在区域内成为基轴货币的可能性就随之增大。

表 12　东亚各国国内总储蓄额的推移　　　　　　　　　亿美元

国家＼年份	2000	2001	2002	2003	2004	2005	2006	2007
中国	4 674	5 167	5 815	7 056	8 931	10 545	12 887	16 574
日本	13 073	10 635	9 420	11 011	12 442	11 848	11 792	11 838
文莱	29	20	27	32	40	56	71	73
柬埔寨	3	4	4	4	5	6	10	14
印度尼西亚	530	526	489	564	643	804	1 056	1 210
马来西亚	424	370	379	447	510	562	649	784
菲律宾	129	121	146	159	182	207	234	303
新加坡	436	360	361	407	505	572	661	852
泰国	368	335	406	456	516	546	660	837
越南	84	94	102	107	132	159	189	206

数据来源：ADB. Key Indicators of Developing Asian and Pacific Countries，2007 and 2008.

当然仅就现状来说，还不能断言说中国在现实中一定会成为成熟的资本输出国。仅就目前来说，中国长期的国际收支黑字所获得的外汇中的绝大部分都被货币政策部门（中央银行）吸纳并以外汇储备形态持有，其中又有大部分被投资海外，主要用于购买美国的短期国债。中国虽然早已超

越日本成为世界第二大纯债权国，但债权持有形式与日本还有本质差别：日本的对外债权大部分是民间持有，而中国是国家持有。这样的区别反映出中国严格的资本交易管控，以及对民间持有对外债权和债务所设置的严格限制。未来中国在现实中能否真正成为成熟的资本输出国，将很大程度取决于中国是否能够真正使资本项目自由化，能否实现人民币自由兑换。一般来说，只有放开对民间国际投融资的严格限制，才能够促进人民币金融市场的发展，促进人民币在资本交易面上的使用。而这又是人民币能否降低交易成本，实现区域基轴货币化的关键，也是今后亟待改善的地方。本节的最后部分将对此进行详细探讨。而在这之前，我们先再来看另一个有利于人民币基轴货币化的条件，即人民币的安定性和信赖性。

5. 从货币的安定性、信赖性看人民币成为东亚地区基轴货币的潜力

人民币要想成为东亚地区的基轴货币，必须有长期健全的货币金融政策，保持长期的低通货膨胀率。这就是所谓的人民币的安定性和信赖性。在 AMS 体系下，各国都需要将本国货币对基轴货币的汇率固定，在金融自由化的前提下，这就意味着各国都得放弃本国独立的货币金融政策而追随基轴货币国的货币金融政策，因此，各国都希望有一个低通货膨胀率的价值稳定的基轴货币。否则，各国会无法维持物价稳定，很容易对国内经济产生恶劣影响；随着经济状况的恶化，各国还容易成为国际投机家的目标，东亚货币金融合作也会面临挫折。回顾德国马克成为欧洲基轴货币的经验，除了德国马克在国际外汇市场的交易成本低以外，德国长期的低通货膨胀率也是重要的原因。也就是说，德国马克的高安定性和高信赖性大大促进了德国马克的基轴货币化。因此，AMS 体系下的基轴货币，也应该且必须是类似能够得到加盟各国信赖的稳定货币。

表 13 反映了近年东亚各国的通货膨胀率。从表 13 我们可以看出，东亚各国中通货膨胀率最稳定的国家是日本，日本之后是文莱和新加坡。中国的通货膨胀率在东亚各国中位列第四。与 1995 年的物价水准相比，中国 2008 年的物价大约上涨了 32%，虽然与日本、新加坡、文莱相比还是略微高了一点，但是与其他 9 国相比的话，还是相对稳定的。东亚地区物价最不稳定的国家是老挝和缅甸，相对 1995 年、2008 年的物价分别上涨了约 15 倍和约 16 倍。东亚各国的通货膨胀率差异首先表现了各国经济发

展阶段的不同。日本和新加坡是先进国家，而文莱也受惠于其相对丰富的石油和天然气的自然资源，经济较发达，因此它们经济成长率也相对较低，物价也更加稳定。另一方面，中国和主要的东盟国家为发展中国家，随着经济的高速发展，通货膨胀率会比成熟的先进国家高。但是，即使是发展中国家，为了经济的稳定发展，健全的货币金融政策也是重要的。据表 13 可以得知，东亚的发展中国家里，中国的通胀率明显是相对最稳定的，这对人民币通过深度的东亚货币金融合作成为基轴货币的前景非常有利。不过在东亚各国中，还有日本、新加坡这样的发达国家，在东亚进行货币金融合作的时候，如果中国的通货膨胀率持续比这些发达国家高，那么这些国家是否能够接受对人民币汇率的固定的确会成为问题。总的来说，如果中国希望人民币能够在东亚地区基轴货币化，就很有必要总体考虑绝大多数加盟国家的全体经济利益，实行更加有全局性的健全的货币金融政策，降低和稳定通货膨胀率是非常重要的。

表 13 东亚各国的通胀率（消费者物价）指数的推移

年份 国家	1995	2000	2001	2002	2003	2004	2005	2006	2007	2008
日本	100	101	101	100	100	100	99	100	100	101
文莱	100	104	105	103	103	104	105	105	—	—
新加坡	100	105	106	105	106	107	108	109	111	119
中国	100	109	110	109	111	115	117	119	124	132
马来西亚	100	117	118	120	122	124	127	132	134	142
泰国	100	123	125	126	128	132	138	144	147	155
韩国	100	121	126	130	134	139	143	146	150	157
菲律宾	100	137	146	150	155	165	177	188	194	212
越南	100	120	119	124	128	138	149	160	173	213
柬埔寨	100	134	135	138	140	145	154	164	176	221
印度尼西亚	100	227	254	284	302	321	355	401	427	470
老挝	100	786	847	938	1 083	1 196	1 282	1 369	1 431	1 541
缅甸	100	270	326	512	700	731	800	960	1 296	1 644

数据来源：IMF. International Financial Statistics，August 2009.

注：以 1995 年为基准年。

6. 妨碍人民币成为东亚地区基轴货币的因素

当然，人民币在东亚地区基轴货币化的过程中，除了上述的有利条件，还存在一些非常不利的条件。针对这些不利条件如何改革改善，就关系到人民币最终能否成为基轴货币。其中，最重要的不利条件在上文已经提到，即中国的资本项目管制和它带来的人民币非自由兑换性。首先我们来了解中国的资本项目自由化和人民币国际化的现状。

资本项目自由化就是指撤销对直接投资、证券投资和其他投资等国际资本交易的所有管制（如禁止、征税、补贴等）。随着中国 2001 年加入 WTO，中国的资本项目自由化有了一定程度的进展，然而完全的自由化还尚未实现。在这里，需要弄清中国的资本项目交易到底是在哪些地方受到了管制；从人民币基轴货币化角度看，今后具体有哪些地方的管制应缓和或撤销。邹林（2005）①基于 IMF 公布的 6 大项目、43 小分类组成的详细的资本交易分类和较新的相关资料，详细地对现状做了梳理。根据其梳理结果，可以明显看到中国目前"管制"项目达到 21 类，约占全体资本项目交易的 49% 左右，可以说，中国的资本项目交易还远未实现自由化。同时还可以归纳出两大特点。

（1）按照小分类来说，可以看出资本流出比资本流入受到更加严格的管控。例如，自由化发展最快的"直接投资"项目。众所周知，中国的资本项目自由化是从对内直接投资开始实施的，而直到近年才开始逐步推动对外直接投资的自由化，因此可以说，比起资本流出，资本流入更加自由。

然而，中国自改革开放以来，随着经济的迅猛发展，现在，从投资—储蓄平衡上看，早已成为超额储蓄国，以至于保持了常年巨额的经常项目收支的黑字；在此背景下，通过发展对外直接投资这种方式，推动资本流出面的自由化，是一种比较稳妥的办法。这样的战略转变是从 2001 年开始的，同年，中国实行了"走出去"的对外投资促进策略。在这样的政策推动下，如表 14 所示，近年中国的对外直接投资急剧增加，2009 年时对外直接投资额与对内直接投资额的差距，后来已经有了相当幅度的缩小。今后，随着对外直接投资进一步的自由化，需要特别注意促进对东亚地区的

---

① 邹林. 资本项目管理改革及下一步任务 [R]. 北京：国家外汇管理局，2005.

直接投资。因为通过这样积极的对外直接投资，在海外各国特别是东亚各国的中国现地法人会随之增加，这样自然会产生更多的利益回送以及更多的区域内贸易和资本交易；尤其可期待的是，在各国的外汇市场，各国货币与人民币的交易量也会随之增加①。这将大大有利于降低人民币在外汇市场的交易成本。

表 14　中国的对内、对外直接投资　　（单位：亿美元）

年份	对内直接投资	对外直接投资	对内投资相对对外投资的倍数
2002	527	27	19.5
2003	535	28	19.1
2004	606	55	11.0
2005	603	122	4.9
2006	630	211	3.0
2007	748	265	2.8
2008	924	559	1.7
2009	900	565	1.6
总额	5 474	1 832	—

数据来源：中国国家统计局.《中国统计年鉴》，各年度。中国商务部.《中国对外直接投资统计公报》，2008 年。

（2）长期资本项目交易自由化比短期资本项目交易自由化发展得快得多。可以说，目前中国的资本项目管控，主要是针对短期资本交易而言的。

但是，在一些既具有长期特征，也有短期特征的项目上，也可以看到逐步放宽管制的趋势。例如：①制定合格境外机构投资者（QFII）以及合格境内机构投资者（QDII）的制度，由此短期的对外以及对内的证券投资在一定程度上来说成为可能。然而，这些制度依旧是在中国外汇管理局的管控之下，需要经过严格的许可认证。②非中国常住居民的人民币储蓄账户的开设也实现了一部分的解禁。然而，这也仅仅是建立在人民币计价的贸易结算以及上述被认可的机构投资者的证券交易结算中，并非是全面解禁非常住居民的人民币储蓄账户。③经认证的外国金融机构与亚洲开发银

①　然而，为了实现这一点，必须首先实现人民币兑换自由，关于这一点将在后文中进行阐述，在这里首先考虑今后的可能性。

行，可以在中国境内发行以人民币计价和结算的债券（熊猫债券）。然而，这里也存在由于认证基准以及规则过于严格，业绩难以得到提升的问题。考虑到这样的现状，不得不说与真正意义上的资本账户自由化相距甚远。另外，与金融衍生商品以及其他手段相关的资本交易则完全没有得到管制放宽，其原因在于阻绝国际投机资本潜在的对中国的金融投机行为。

如上所述，中国的资本项目自由化，从开放长期且稳定的对内直接投资朝着逐步开放对外直接投资，获得了一定进展，然而对于短期的资本交易，尽管也逐步开始有一些推进的迹象，但从现状看，依然有着严格的限制。其中，人民币的国际化进程可以说刚刚开始有点头绪，主要表现在贸易交易中的人民币结算已经开始逐步成为现实。为了推进人民币的国际结算，中国除了CMI的货币互换协议以外，还与韩国、白俄罗斯、印度尼西亚、马来西亚、阿根廷、冰岛、新加坡、新西兰等8个国家及中国香港地区签订了人民币的货币互换协议。根据这样的货币互换协议，如果中国向各方提供的人民币能在贸易投资领域被使用，将非常有利于人民币结算的贸易投资规模扩大，促进人民币的国际化。然而，由于中国目前较为严格的资本项目管制，导致对于外国的人民币持有者来说缺乏人民币运用的金融市场，将会阻碍外国的人民币的使用和持有热情。当然，完全实行资本项目自由化，在尚没有足够健全的国内金融体系的条件下，确实存在短期内较大的金融风险。因此，作为既能防范金融风险，同时又能推动人民币国际化的两全之策，将香港作为人民币的离岸金融中心，接受外国的人民币储蓄存款，提供各种人民币金融衍生商品和人民币投融资等资本交易服务，确实具有很大可操作性和现实意义。这主要是由于香港本身具备较健全的现代金融体系，而其又与中国大陆的金融体系相对隔离，对香港的这个特点，可充分加以利用。目前，在获得中国人民银行认证许可的前提下，中国的金融机构在香港发行人民币债券已经成为可能，同时人民币国债的香港发行也已实现。香港正在逐渐成为离岸人民币金融资产市场，特别有助于提高外国对人民币和人民币资产的偏好，这当然将有利于人民币的国际化。只是需要明确的是，除了人民币离岸金融市场的建设，国内金融市场的开放和建设，从长期来看也是必要的，而这尚有待稳妥地推进。

对于国内金融市场存在的对短期资本交易的严格管控，其主要目的在

于防范对中国的潜在金融投机，它有力保证了中国至今的金融体系的安全和经济的稳定发展。但是，随着中国经济发展进入新的历史阶段[1]，继续长期维持这样的严格管制，可能会妨碍中国实现未来更大的经济发展目标。特别是对于今后人民币的基轴货币化，会形成巨大障碍。具体来说，在国际贸易、交易中人民币的使用，无疑与是否存在较先进的人民币金融市场是密不可分的。对此可分两方面理解：首先从中国企业角度来看，为了回避自身的外汇风险，在谈判过程中，需要求其他国家的企业接受人民币计价和结算的方式，此时如果没有人民币金融市场可提供汇率风险规避交易，那么其他国家的企业就不可能有效管理人民币汇率风险，一般情况下，它们也就不会接受这样的交易条件。其次，从外国企业来看，对它们来说，能否有效地运用人民币获得资产的保值和增值是很关键的，而对于必须使用人民币购买的情况，外国企业如果不能从开放的国际金融市场，随时轻易地借到或兑换到人民币的话，人民币贸易也很难进行下去。因此，一个开放且发达的人民币金融市场的存在是非常重要的，这不单需要人民币离岸金融市场，也需要中国大陆开放国内金融市场，积极推动资本账户自由化改革，双管齐下，只有这样，具备足够"广度、深度和富有弹性"的人民币金融市场才能真正培育起来。如果缺乏这样的人民币金融市场发展的支撑，人民币在国际贸易中的使用也会受到很大制约。未来，特别在东亚地区的贸易和资本交易中，人民币使用如果得不到相当普及，那么东亚地区即使实现了 AMS，人民币也难以发挥驱逐和替代美元的作用，也就不能成为东亚基轴货币。

综合考虑，为了在东亚地区推进人民币成为基轴货币，今后在经济和政治两个方面都需要大力推动。特别是在经济层面上，中国必须实现资本项目自由化，特别是人民币的可自由兑换性（初步的人民币国际化）。然而，要特别提高警惕的是，要想实施资本项目自由化，尤其是短期资本交易的自由化，诱发国际货币金融投机的危险性也会随之提高。因此，对于中国而言，虽说资本项目自由化改革是不可或缺的，但是要十分注意这一改革所伴随的巨大风险。资本项目自由化的大前提，是必须首先强化国内

---

① 中国经济发展已经到了向全球经济大国迈进的历史阶段。

的金融体系。

最后，作为本章的总结，表15列举了人民币在东亚地区要成为基轴货币需要满足的十大基本条件，以及人民币或中国对应这些条件处于何种状态。

表15 人民币要成为东亚基轴货币的十大基本条件及现状

	重要度	人民币的现状
货币的自由兑换	必须	不满足
经济规模（GDP）	重要	基本满足。东亚各国中的第1位，世界第2位
对外贸易规模	重要	基本满足。东亚各国中的第1位
对外投资规模	重要	随着"走出去"的对外投资政策和资本项目自由化改革的推进，具备今后高速扩大的巨大潜力
市场规模	重要	基本满足
对外出口商品结构（技术密集型产品为中心）	重要	以机械产品为中心的高端工业产品的对外出口比率越来越高
汇率的稳定性	重要	目前在片面对美元保持稳定的汇率制下，与实行类似汇率制度的其他东亚国家货币可以相对保持汇率稳定。但随着东亚货币合作的停滞，各国汇率制度改革的各行其道，人民币与很多东亚国家货币的汇率将变得越来越不稳定。但如果能够深化东亚货币金融合作，那么就具备未来与各东亚国家货币汇率保持稳定的巨大潜力
低通货膨胀	重要	在东亚的发展中国家当中，长期保持最低的通货膨胀率。但是，近年来随着美元外汇储备的猛增，和为了应付国际金融危机和国内经济发展减速等问题，大量增加货币供给，对人民币价值的长期稳定性会造成一定负面影响
开放且发达的金融体系	重要	对短期的资本交易仍然实行较严格管制，国内金融体系健全性有待继续加强
强大的政治军事能力和国际政策的推行能力	必须	随着美国"重返亚太和亚太再平衡"战略的推进和日本重新保守化，强力搅动中国周边局势，恶化了中国与部分ASEAN国家的关系，因此中国这方面的能力亟待强化。否则，哪怕满足上述所有经济条件，恐怕也难以最终实现人民币在东亚地区的基轴货币化

小　结

　　正如本章所探讨的，中国在今后的东亚货币金融合作方面，有发挥巨大作用的能力。中国应充分发挥本国的经济实力，通过区域内的贸易投资等方式促进东亚各国的经济发展，保持中国周边繁荣稳定且友好的外部条件，促进区域内各国经济的一体化以及同质性的发展，以此强化和稳固东亚货币金融合作的经济基础。中国为此努力的重要收益之一，就在于人民币在此过程中有望成为东亚地区的基轴货币。为了实现这一目标，中国有必要积极推动和深化目前处于停滞状态的东亚货币金融合作，首先就是推动以汇率合作为核心的货币合作的发展，也就是说，中国应率先采取以共同 G3 货币篮子为基准并按照 BBC 规则运行的管理浮动汇率制，以带动和促进其他东亚国家跟进。当然，尽管发挥这样的领导作用会产生一定的代价，但正如在上面所讨论的那样，以中国目前的雄厚经济实力，中国完全有能力承担。另一方面，随着东亚货币金融合作的推进，中国为了能够真正担负起上述这样的领导作用，特别是使人民币成为东亚地区基轴货币，中国还必须进行各种各样的国内经济改革。关于这一点，我们将在下一章中进行详细探讨。

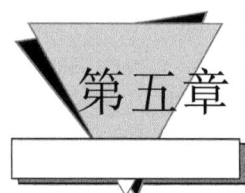

第五章

为促进东亚货币金融合作发展的
中国国内相关经济改革探讨

引　言

中国国内的一些经济改革也将对今后东亚货币金融合作带来巨大的影响，因此，本章将从面对东亚货币金融合作的角度，探讨如何推进中国国内的相关经济改革，以更加明确中国在东亚货币金融合作中的作用与影响。这些国内经济改革可划分为三个方面，即：①人民币改革；②资本项目自由化的改革；③国内金融系统的健全化改革以及人民币金融市场的构筑。本章将在探讨各项改革的同时，主要突出这些经济改革将对东亚货币金融合作带来怎样的意义，以及当考虑东亚货币金融合作时，中国应如何推动这些国内经济改革。

第一节　东亚货币金融合作与人民币改革

为了推动东亚货币金融合作的进一步发展，就有必要保证东亚各国间的友好合作关系和东亚各国经济的高度一体化和同质性，为此，从经济层面上说，首先要注意避免东亚各货币间的汇率失调问题。因此，合理的人民币汇率，对东亚货币金融合作就具有重要的意义；当然人民币汇率与中国的汇率制度关系密切，因此，中国的汇率制度改革自然也应被纳入考虑。如果以东亚货币金融合作为大背景来考虑人民币汇率，当人民币汇率处于非合理的水平，不利于东亚货币金融合作和地区各国经济的一体化和同质性发展时，在不损害中国国家利益的前提下，人民币汇率的改革就产生了必要性。而从汇率制度上说，为了深化东亚货币金融合作和避免人民币对区域内其他货币之间产生汇率失调等问题，以共同 G3 货币篮子为基准并按照 BBC 规则运行的管理浮动汇率制是有较大合理性的，即便单从中国目前的对外贸易利益角度看，它也对稳定中国的实际有效汇率大有助益。因此，总的来说，值得中国重视。本节将主要围绕人民币汇率改革和汇率制度改革进行探讨。

1. 人民币汇率改革

在国际上，围绕人民币汇率，存在的主要争议是：人民币的名义汇率是否合理，如果需要改革，应该如何改革？而近年长期存在的围绕人民币的"低估论"和"升值论"，就是其主要表现。关于这个问题，这里先做

一些简单的整理。

关于人民币名义汇率被"低估"这一问题，最早提出的是 2001 年英国的《金融时报》（The Financial Times）。同年 8 月 7 日，该杂志刊登了一篇文章《中国的货币低估》（China's Cheap Money）。在同年 9 月 6 日，《日本经济新闻》也随声附和，并刊登了《汇率调整可能吗？增强中的中国威胁论》的报道。此后，人民币名义汇率是否低估这一问题旋即成为世界经济的重要热点，世界范围内围绕该问题展开了各种讨论。

围绕这个问题，主要存在两种截然不同的看法。赞成论认为：对于能够保障对外均衡的所谓"均衡汇率"[①] 水平，人民币名义汇率被意图性地低估了，导致中国获得了不公平的国际价格竞争力，成为中国国际收支不均衡（长期双顺差）和中国的主要外贸对象国的失业增加和国内通缩的重要原因。反对论则从中国经济和贸易的影响力以及中国经济的特殊构造等方面加以反驳。对此，本书试图从纯理论角度，首先来定义人民币的均衡汇率究竟是什么，并以此为基准，来衡量现实中的人民币是否存在低估现象，回答是否应该升值。在探讨过程中，我们除了对人民币—美元汇率进行探讨，还将这个问题纳入如何促进东亚货币金融合作这个框架中来一起考虑。

（1）关于人民币均衡汇率的定量分析。一般来说，以我们每天见到的名义汇率变化为研究对象的汇率理论被称之为"短期汇率决定理论"[②]。与其不同的是"长期汇率决定理论"[③]，主要用于研究均衡汇率。而均衡汇率往往用来衡量现实汇率是否存在高低问题，是评价现实汇率的一种基准。通过将现实汇率与均衡汇率比较，差距越小被认为越"合理"。因此"长期汇率决定理论"就必须具备相当的经济合理性。在人民币是否存在低估的争论中，人民币的实际汇率与名义汇率的差异常被提起，前者包含了内外通货膨胀率的差异，后者则不包含这个经济变量；而决定是否能对外均

---

① 所谓"均衡汇率"就是能保持对外均衡的汇率水平。其基本的依据就是：通过均衡汇率换算后，无论国内外，"一物一价"，因此自然内外竞争力一致，自然实现对外均衡。

② 所谓的"短期汇率决定理论"是指：以绝大部分的宏观经济变量不变的时段为观测周期，有关名义汇率变化规律的理论。研究对象往往是天、周、月的汇率变化，"资产法"（Asset Approach）理论是主流。

③ 所谓的"长期汇率决定理论"一般是在 5 年以上的时期内，以在实现完全雇佣的平稳宏观经济条件下的汇率变动为研究对象。比如：购买力平价理论。

衡的是实际汇率，并不是名义汇率，因此，讨论人民币名义汇率是否存在低估，也被有些学者认为是伪命题。这样的分歧表明，有必要打造一个能将通货膨胀率变化纳入考虑的均衡汇率模型，这是鉴别这个"长期汇率决定理论"是否合理的重要依据之一。

　　基于上述认识，一般来说，在"长期汇率决定理论"中，被公认最合理的就是购买力平价理论，这也是被广泛选入了标准的经济学教科书的标准均衡汇率理论。尽管这个理论大逻辑较合理，但并不意味着所有细节都完美无瑕。比如：实际上各国对外交易的产品是不同的，而国际贸易中必然产生的运费、关税、保险费成本等因素也一概没有被考虑，这导致按照绝对购买力平价理论，难以真正计算出均衡汇率。因此，在具体使用该理论时，往往会"退而求其次"使用所谓"相对购买力平价"。但即便如此，购买力平价也仍然存在着以下问题：①在构建产品和服务篮子的时候，在现存众多购买力平价统计中，往往将非贸易产品也列入其中，但非贸易产品并不会被用以国际套利交易，将非贸易产品列入计算出的购买力平价未必就是均衡汇率。②均衡汇率本应反映实体经济面的基本情况，但购买力平价理论并没有将物价水平背后的实体经济因素，特别是与决定产品生产成本因素相关的重要因素纳入模型。从这个意义上说，购买力平价理论并没有直接说明导致汇率变化的实体经济因素，而这按照经济逻辑，又是不该被忽视的重要部分。也就是说，在实体经济层面，能够影响价格水平（而价格水平又左右着国际价格竞争力）的原因并没有反映在购买力平价理论中，其在解释实体经济因素影响汇率变化的层面有很大的局限性。也可以说，购买力平价仅仅反映了价格水平这一单纯货币因素对汇率的影响①。

　　对于上述问题，"吉川理论"② 加以了修正和完善。"吉川理论"超越了购买力平价理论的上述界限，将实体经济层面对汇率的影响因素也纳入均衡汇率的决定模型中来。吉川洋教授为了区别这个理论与传统的购买力平价理论，直接提出该理论就是均衡汇率决定理论。这个均衡汇率决定理论，与之前的购买力平价理论相比，最大的不同点就在于：不仅考虑了价格水平变化，还考虑了贸易条件和劳动生产性等实体经济层面的重要因

---

①　根据货币主义学派基本观点，通货膨胀率的变化仅仅是货币供给变化的结果。

②　吉川洋. 均衡円・ドルレートについて［J］. フィナンシャル・レビュー，1987（5）.

素。正因为如此，本章将基于该理论试算人民币的均衡汇率，以期为围绕人民币汇率的争议提供一个客观量化的标准。

先简单地介绍一下"吉川理论"。

假设本国贸易产品的生产需要投入劳动和进口原材料，为简化起见，采用固定的生产投入系数，用 P 来代表本国的贸易产品的单位价格，将产生如下函数：

$$P = aW + b P_m \cdots\cdots \tag{1}$$

在这个公式中，W 是名义工资，P_m 是进口原材料的价格。a、b 分别代表劳动力的投入系数（劳动生产率的倒数）和进口原材料投入系数。因此，贸易产品及进口原材料的价格均以均衡汇率 $\bar{E}$ 为媒介，按照国际"一物一价"原则的话，将存在下面的关系式：

$$\bar{E} P^* = aW + b(\bar{E} P_m^*) \cdots\cdots \tag{2}$$

式中，P^*、P_m^* 分别表示贸易产品价格、进口原材料价格（都以外币价格表示）。另一方面，外国的贸易产品价格同式（1）类似，如下所示：

$$P^* = a^* W^* + b^* P_m^* \cdots\cdots \tag{3}$$

从式（2）、式（3）可推出在国际上带来"一物一价"的均衡汇率 $\bar{E}$，可用以下公式来表示：

$$\bar{E} = \left(\frac{W}{W^*}\right) \frac{\{a / [1 - b(P_m^*/P^*)]\}}{[a^* + b^* (P_m^*/W^*)]} \cdots\cdots \tag{4}$$

这个式（4）就是计算均衡汇率的基本公式。从式（4）来看，作为均衡汇率决定因素，首先就是两国的名义工资比例，用（W/W^*）来表示。从长期看，这应该反映了两国通货膨胀的差距（价格水平差距），因此，这一部分影响因素在购买力平价理论中也存在。同外国名义工资率相比，本国的名义工资如果上涨的话，均衡汇率就向本国货币贬值方向变化。这与通常的购买力平价理论是一致的。与购买力平价理论不同的是，根据式（4）可知，他国的贸易条件（的倒数）（P_m^*/P^*）、两国的劳动力投入系数（a，a^*）和进口原材料投入系数（b，b^*）等实体经济面的要素也被纳入均衡汇率的决定公式中来。从这里就可以看出，"吉川理论"的均衡汇率，确实不仅是可以均等化贸易产品价格水平的汇率，也反映了交易条件和供给层面的生产性差异等实体经济的基本面情况。比如根据该模型

就可以知道：一旦他国交易条件上升，均衡汇率就向自国货币升值方向转化；本国的生产投入系数（a 或 b）的上升，就意味着本国劳动和进口原材料的生产性的下跌，将造成本国贸易产品价格上升，进而使均衡汇率向本国货币贬值方向发展；而当外国的生产投入系数上升时，均衡汇率又向相反的方向变化。①

　　根据人民币汇率升值的反对论来看，由于中美两国的通货膨胀率的差距，尽管人民币名义汇率确有下调，但并没有降低人民币的实际汇率水平，因此也根本不存在人民币被低估的问题。针对这样的观点，如果根据"吉川理论"进行推算的话，因为该理论包含了通货膨胀率的决定因素，就把上述观点的理由也纳入了考量，但同时该理论又超越了仅仅考虑价格因素的传统理论，纳入了实体经济层面的考虑，因此能够更加全面和客观的评价人民币汇率问题。

　　下面就将基于"吉川理论"，对人民币的均衡汇率进行试算。

　　首先，为了试算人民币对美元、人民币对日元的均衡汇率，需首先设定中国、美国、日本的几个主要经济变量和"基准年"。②

---

　　①　吉川洋. 均衡円・ドルレート再論 [J]. フィナンシャル・レビュー，1989（12）.

　　②　牧野达治、宫川努、外谷英树（2004）在本研究之前也根据"吉川理论"进行过试算。其结论是："近年来，人民币对美元和对日元的名义汇率并没有明显低估。"笔者对他们的先行研究进行了详细研究后，对以下地方进行了修正，并认为有必要进行再次推算：

　　（1）基准年的设定变更：在先行研究中，将 1993 年设定为基准年，但本书将 1987 年设定为基准年。修改的理由是：选择基准年的标准，一般来说，应该选取对象国经常项目收支最均衡的年份。根据图 24 所示的中国经常项目收支情况，1987 年中国的经常项目收支最为均衡。因此，本书将 1987 年设定为基准年。对基准年的选定导致研究结论完全发生了改变。

　　（2）产业增加。中国的对外出口产品分类中，"衣服及日常用品"一度占有较大比重。但在先行研究中，并没有将"衣服及日常用品"产业列入计算范围。

　　（3）数据来源有所调整。一般而言，考虑到数据的整合性，应尽量用出处一样的数据，在本文中，中国的各种数据，都尽量从中国国家统计局的《中国统计年鉴》中获取。其他的差异，如下表所示。

国家	先行研究数据的出处	本研究数据的出处
中国	生产额及 GDP 折算指数等：《中国长期经济统计》；《战后中国工业物价指数的推算》	生产额及 GDP 的折算指数等：《中国统计年鉴》
日本	大致相同	大致相同
美国	Survey of Current Business：I－O Tables，GOC，GOIPD	BEA 网站：I－O Tables，GO，GOPI

　　（4）试算周期的延长：在先行研究中，试算截止到 2000 年的中日、中美均衡汇率。本文相对先行研究，延长了 8 年的时间，也就是试算了从 1985 年到 2008 年的中日、中美的均衡汇率。

①劳动力投入系数，用公式表达为 $a = \sum_i \sigma_i a_i$。a_i 表示 i 产业部门的就业人数除以实际 GDP，σ_i 表示 i 产业的出口份额。

②各国出口份额，用公式来表达为 $\sigma_i = \dfrac{X_i}{\sum_i X_i}$。$X_i$ 表示 i 产业部门的出口额。

③原材料投入系数，用公式表达为 $b = \sum_i \sigma_i (b_{i,o} + b_{i,PETRO} \times b_{PETRO,o})$。为简化起见，仅考虑矿物和石油两种进口原材料，因此，这里就有两个投入系数。$b_{i,o}$ 表示 i 产业部门的进口矿物的投入额除以实际 GDP。$b_{i,PETRO}$ 表示 i 产业部门的石油投入额除以实际 GDP。$b_{PETRO,o}$ 表示石油产业的矿物投入额除以石油的实际 GDP。

④工资 W，原材料价格（P_m）与交易条件的倒数（P_m/P）都用指数表达。

⑤基准年设定在 1987 年。基准年一般应设定在经济均衡程度最佳的年份，因为这里的研究对象是汇率，因此对外均衡程度最佳的年份，自然应该作为基准年。由图 24 可知，1987 年为中国经常项目收支最为均衡的一年，故将 1987 年设定为基准年。

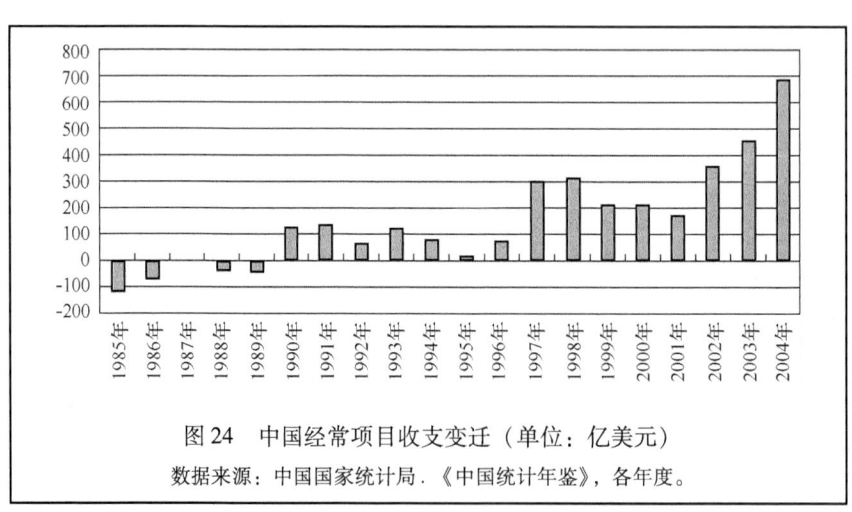

图 24　中国经常项目收支变迁（单位：亿美元）

数据来源：中国国家统计局.《中国统计年鉴》，各年度。

基于上述"吉川理论"公式以及各国统计数据推算出的结果如图 25、图 26 所示，需要注意的是，公式中 E 是直接标价法，但为了直观看出人民币汇率

的高低，图表结果的汇率采用了间接标价法。具体数据见表 16、表 17。

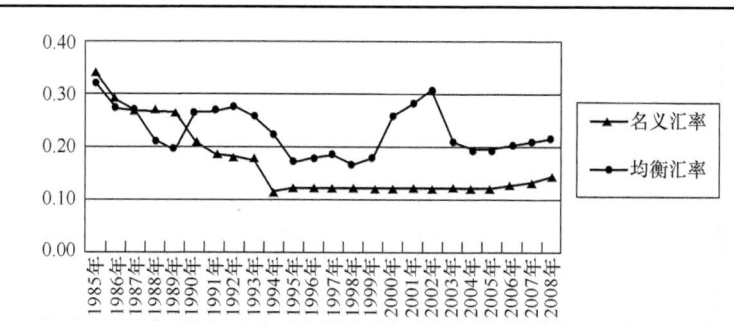

图 25　中美名义汇率和均衡汇率比较（间接标价）

数据来源：（中）①中国国家统计局.《中国统计年鉴》，各年度。

②拓殖大学アジア情報センター. 外国貿易と経済発展，第 9 卷，1996 年。

③拓殖大学アジア情報センター. 東アジア長期経済統計シリーズ，第 12 卷，各年度。

（美）① BEA （http：//www. bea. gov/beahome. html）. Gross Domestic Product （GDP） by Industry，各年度。

② BEA （http：//www. bea. gov/beahome. html）. The Use of Commodities by Industries after Redefinitions，各年度。

表 16　中美名义汇率和均衡汇率比较（间接标价）

年份	名义汇率	均衡汇率	年份	名义汇率	均衡汇率
1985	0.34	0.32	1997	0.12	0.18
1986	0.29	0.27	1998	0.12	0.17
1987	0.27	0.27	1999	0.12	0.18
1988	0.27	0.21	2000	0.12	0.26
1989	0.27	0.19	2001	0.12	0.28
1990	0.21	0.27	2002	0.12	0.31
1991	0.19	0.27	2003	0.12	0.21
1992	0.18	0.27	2004	0.12	0.19
1993	0.17	0.26	2005	0.12	0.19
1994	0.12	0.22	2006	0.13	0.20
1995	0.12	0.17	2007	0.13	0.21
1996	0.12	0.18	2008	0.14	0.22

数据来源：同图 25。

从图 25 以及表 16 所示的计算结果可以得知，人民币对美元的名义汇率在 1985—1986 年与 1988—1989 年，与均衡汇率相比，处于高估状态。然而从 1990 年到 1994 年，因人民币名义汇率大幅下跌，名义汇率开始变得低于均衡汇率。特别是在 2001—2002 年，在均衡汇率大幅上升的情况下，因为人民币对美元的名义汇率基本固定，所以人民币名义汇率大幅处于低估状态。从 2003 年到 2008 年，随着均衡汇率的下降，名义汇率与均衡汇率再次开始出现了收敛的倾向，然而作为整体趋势，人民币的名义汇率的低估状态一直持续。截至 2008 年，人民币对美元的名义汇率存在约 36% 的低估。

接下来看看人民币对日元的汇率情况（图 26 及表 17）。

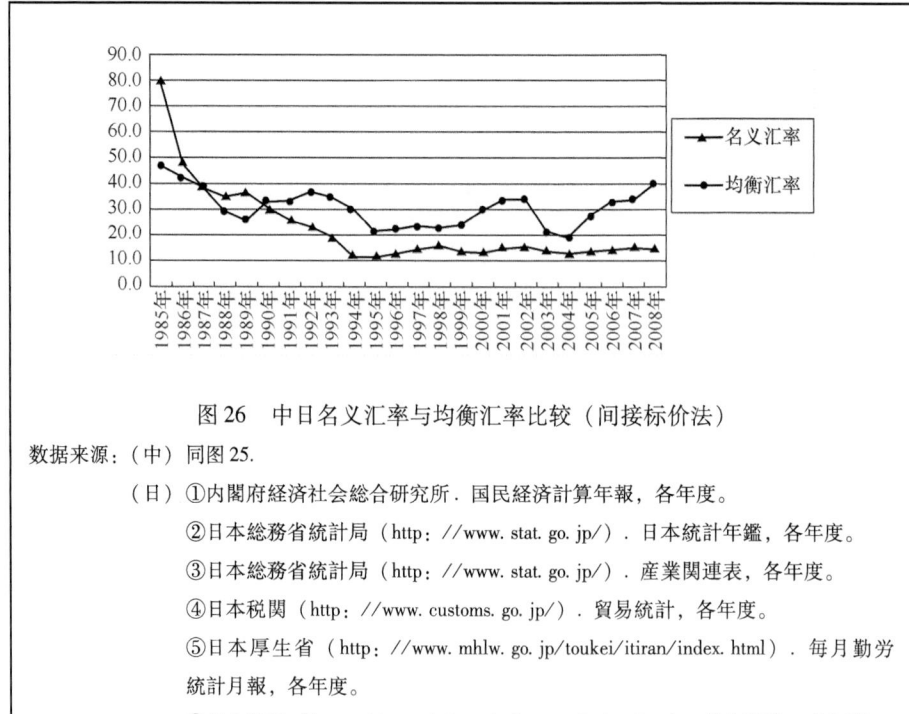

图 26　中日名义汇率与均衡汇率比较（间接标价法）

数据来源：（中）同图 25.

　　　　（日）①内閣府経済社会総合研究所. 国民経済計算年報, 各年度。

　　　　②日本総務省統計局（http：//www. stat. go. jp/）. 日本統計年鑑, 各年度。

　　　　③日本総務省統計局（http：//www. stat. go. jp/）. 産業関連表, 各年度。

　　　　④日本税関（http：//www. customs. go. jp/）. 貿易統計, 各年度。

　　　　⑤日本厚生省（http：//www. mhlw. go. jp/toukei/itiran/index. html）. 毎月勤労統計月報, 各年度。

　　　　⑥日本銀行（http：//www. boj. or. jp/howstat/index. htm）. 物価指数, 各年度。

表 17　中日名义汇率与均衡汇率（间接标价法）

年份	名义汇率	均衡汇率	年份	名义汇率	均衡汇率
1985	80.0	47.3	1997	14.6	23.3
1986	48.3	42.1	1998	15.7	23.0
1987	38.8	38.8	1999	13.7	23.8
1988	34.5	29.1	2000	13.0	29.8
1989	36.5	25.9	2001	14.7	33.7
1990	30.1	33.2	2002	15.1	34.3
1991	25.3	33.5	2003	14.0	20.9
1992	22.9	36.5	2004	13.1	19.3
1993	19.2	34.8	2005	13.4	27.3
1994	11.8	29.7	2006	14.6	32.9
1995	11.2	21.4	2007	15.5	34.1
1996	13.1	22.5	2008	14.8	40.3

数据来源：同图 26。

　　从中日均衡汇率的计算结果可以得知，人民币对日元的名义汇率在
1985—1986 年与 1988—1989 年，与均衡汇率相比存在过高估情况。而
1989 年以后，人民币的名义汇率开始下降，1990 年与均衡汇率非常接近。
然而，从 1990 年到 1995 年，由于日元对美元大幅升值，而人民币当时对
美元实施了大幅贬值，导致人民币对日元的名义汇率进一步降低，变得大
幅低于均衡汇率水平，并一直持续到 2008 年。期间在 2003 年和 2004 年，
因均衡汇率有所下降，名义汇率低估的幅度有所缩小，但低估状态并未消
除。从其后的 2005 年开始，由于人民币对日元的均衡汇率急速上升，名
义汇率的低估幅度也随之急速增大。如表 17 所示，截至 2008 年来看，若
以该均衡汇率来衡量，则人民币对日元的名义汇率低估约 63%。并且，如
图 26 所示，这样的一个人民币过低评估幅度显示出了从 2005 年开始急速
增长的倾向。由此可以明确，人民币对美元的汇率与人民币对日元的汇率
存在着相似的动态发展。

　　综上所述，人民币的名义汇率与均衡汇率相比，明显对日元、美元双
方都存在着大幅低估的情况。特别是针对日元，从 2005 年开始过低评估

的幅度开始急速扩大。从此可以看出，中国这段时期实行的实质钉住美元汇率制虽然能基本保持对美元名义的汇率稳定，但并不能保持对包括日本在内的其他区域国家的汇率稳定。而且，长期保持名义汇率的稳定，也不能合理地反映两国间价格变化差异、原材料以及劳动投入系数和交易条件等实体经济发展的差异。

那么为什么人民币的均衡汇率较高呢？通过进一步分析方可回答这个问题。利用"吉川模型"，可以通过各国的名义工资（指数）、原材料投入系数、交易条件、劳动力投入系数等各种重要变量，来分析这个问题。具体的结果如图27、图28、图29、图30所示。它们显示了各种实体经济层面因素是如何影响均衡汇率变化的。

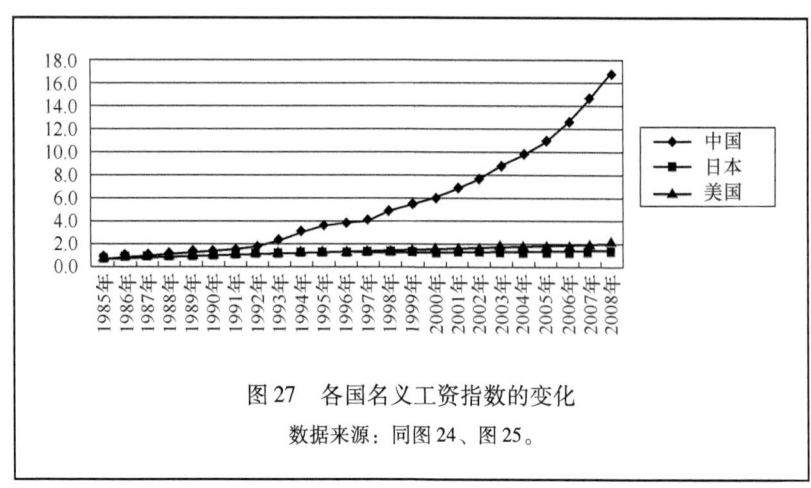

图27　各国名义工资指数的变化

数据来源：同图24、图25。

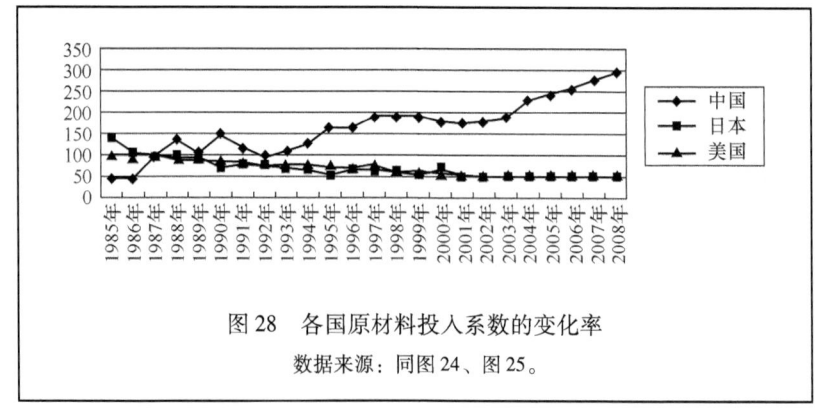

图28　各国原材料投入系数的变化率

数据来源：同图24、图25。

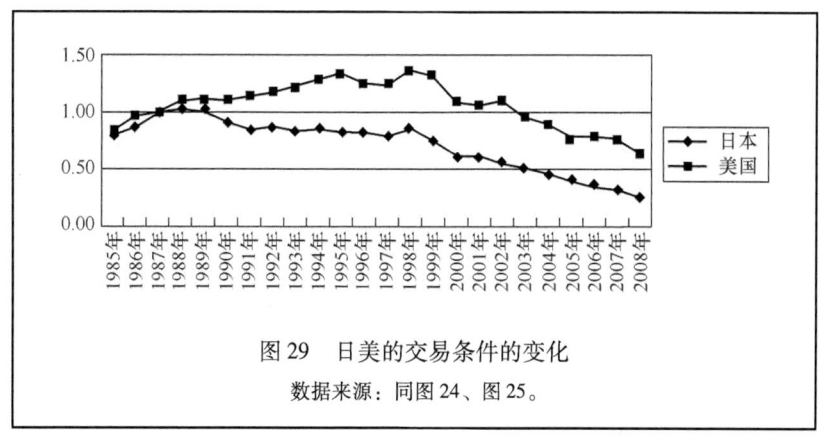

图 29　日美的交易条件的变化

数据来源：同图 24、图 25。

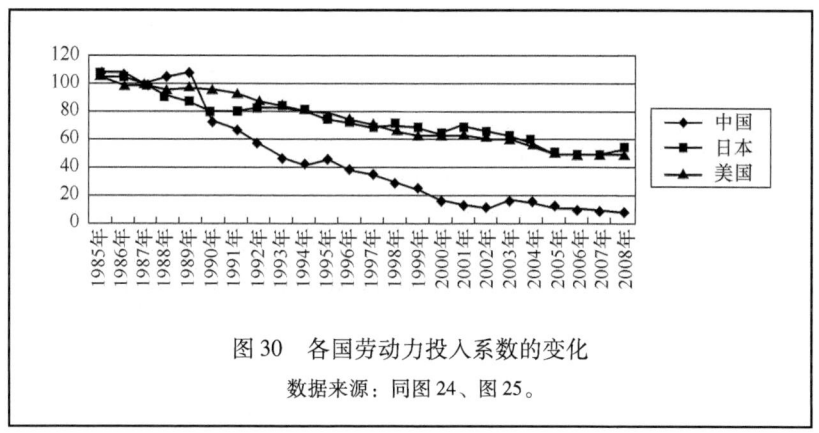

图 30　各国劳动力投入系数的变化

数据来源：同图 24、图 25。

通过图 27 与图 28 我们可以得知，中国的名义工资指数以及原材料投入系数的持续上升在三国中是比较快的，根据理论，这两个变量的上升，理应造成人民币贬值，也就是间接标价法的人民币均衡汇率持续下降才对，但现实是人民币均衡汇率一直稳中有升。所以从这个角度说，人民币均衡汇率较高的原因并非这两个因素，而是另有其他原因。

图 29 显示了美日两国交易条件的变化。如果根据理论，外国交易条件的下降，正常情况会导致本币贬值，也就是间接标价法的人民币均衡汇率下降才是。如图 29 所示，日本交易条件从 1987 年以来是一直持续下落的，但人民币对日元的均衡汇率并没有下降，这只能说明，人民币的均衡汇率较高的现状也并非日本交易条件恶化所导致。另外，美国 1985—1998年的交易条件的确有上升，这段时期内的确会导致人民币均衡汇率上升

（人民币升值），但 1999 年以后，美国交易条件就开始下落，这本应导致人民币均衡汇率也随之持续下降（人民币贬值），但计算结果却并不是这样。所以只能说明人民币对美元均衡汇率持续保持较高的情况，也并非由这个因素造成，特别是 1999 年后。

图 29 显示了各国劳动力投入系数的变化。如图所示，中国劳动力投入系数相对另外两国持续下降，根据理论，这恰好可以导致人民币均衡汇率上升（人民币升值）。

也就是说，中国劳动力投入系数的持续下降，使人民币均衡汇率保持上升趋势，而上述其他要因却使人民币均衡汇率下降，因此，最终人民币均衡汇率的计算结果，实际上反映的是这些不同因素的合力结果。那么要问，为何人民币均衡汇率较高？这就只能从导致人民币均衡汇率上升的因素上去找答案，也就是说，主要原因在于中国的劳动力投入系数持续下降。而劳动力投入系数的倒数就是劳动生产率，所以也可以说，主要原因就在于中国的劳动生产率的持续上升。

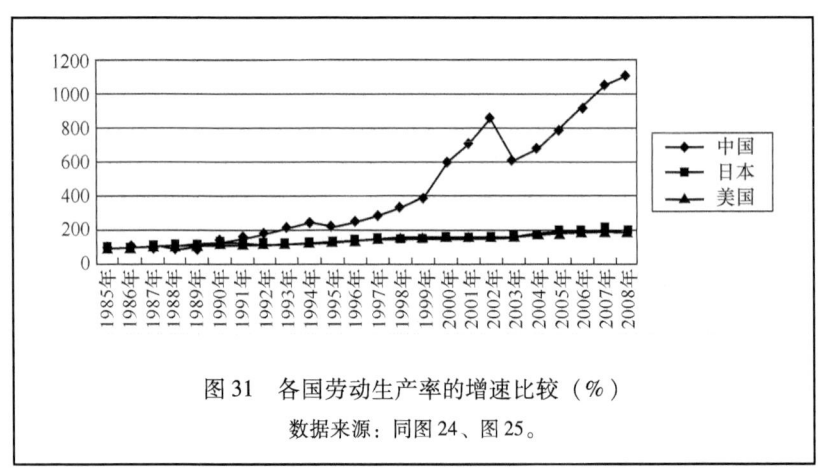

图 31　各国劳动生产率的增速比较（%）

数据来源：同图 24、图 25。

从图 31 可知，中国的劳动生产率的增速远远超过了日美两国。这一因素理应导致人民币大幅升值，但其他国家交易条件的下降、中国工资涨幅较大和原材料投入系数下降较快的实体经济因素又导致人民币贬值，正负两方面因素相互消减，最终中国的劳动生产率的持续高速增长成为把人

民币均衡汇率推向高位的真正原动力①。也就是说，相对传统的购买力平价理论只考虑的价格因素，通过"吉川理论"的扩展，在也考虑价格因素（通过工资变化）的情况下，又综合了实体经济层面的其他因素，最终可知均衡汇率是多种因素共同作用的结果，而近年来，由于中国的劳动生产率的持续更高速增长，导致了人民币均衡汇率理应较高。

因此，从这个角度说，人民币汇率升值的赞成论有其合理性。但升值的依据，则是迄今为止中国劳动生产率的高速提高。

（2）人民币升值改革。如上所述，相对均衡汇率而言，人民币名义汇率确实存在低估现象，那么，人民币的名义汇率升值就是一个需要认真面对的问题了。应该说，尽管名义汇率低估可以为本国带来额外的国际价格竞争力，促进经常项目收支顺差扩大，但长期持续下去，将很容易导致其他各国跟进，出现货币竞相贬值的恶性竞争，而人民币升值将有利于防止这种局面的出现，有利于中国保持对外均衡，而且还对东亚经济一体化和同质性的发展，对东亚货币金融合作具有重大意义。

目前，东亚地区还没有形成整合的货币体系，东亚各国的汇率制度并不统一。如第一章所分析，从长期看，美元存在持续贬值的基础，因此，采取浮动汇率制的国家，比如日元、韩元、部分的东盟国家货币，对美元的汇率将存在上升趋势。另一方面，人民币对美元又存在汇率低估，同时依然保持对美元的相对稳定，其结果是，在东亚地区很可能发生人民币对其他货币的汇率失调问题，而这会扭曲东亚各国的国际竞争力和国际投资融资等资源分配关系，成为阻碍区域内各国形成深度国际分工关系、经济一体化和同质性的因素。因此，从推进东亚货币金融合作的角度来看，有必要进行人民币升值的改革。

另外，即便从中国国内的经济发展角度来说，人民币升值也是有益的，具体说，有以下三点：

首先，改革开放以来，中国劳动生产率持续提高，成为提高人民币均衡汇率水平的原动力；可以说，中国生产能力的飞跃成了人民币升值的根本推进力。随着经济的高速发展，中国也将逐渐变成对外的资本输出国，

---

① 此结果与先行研究结果完全不同。

在这样的新经济发展阶段，人民币升值将改善中国的交易条件，给中国带来巨大好处。其原因就在于，通过交易条件的改善，中国不仅能用更少的人民币成本购买更多的石油、矿物等对经济发展很重要的海外资源，还能提高以并购（M&A）等为代表的对外投资效率，更快速地获得海外资源、市场乃至生产技术。

其次，随着中国经济的高速发展，对中国来说，实现资本项目自由化是无法回避的经济改革问题，为此，有必要事先消除市场上的人民币升值预期。原因在于，如果不消除那样的人民币升值预期就仓促进行资本项目自由化改革，会诱发巨额的国际投机资本对人民币的单向投机行为。如前所述，由于世界过剩的货币资本的庞大，面对这样的国际投机，就算中国持有巨额的外汇储备，也不一定能够完全控制住人民币的汇率。这样就将引发人民币汇率超调问题，无论人民币汇率过高，还是之后可能发生的过低调整，都会给中国经济稳定造成很大的不利影响。所以，为了避免这种情况的发生，人民币升值对中国具有重大意义。

最后，随着中国经济的高速发展，目前，巨额外汇储备已经成了国内过剩流动性的一个诱因[1]，在一部分中国城市中，已经产生了以房地产泡沫为中心的资产泡沫。在这种状况下，银行部门将存在产生大量潜在的新的不良债权的风险，这将严重影响中国金融体系的稳健性，成为中国金融系统健全化改革的重要障碍。因此，通过人民币升值，中国外汇储备进一步扩大的压力将被逐步缓和，这对中国金融体系健全化改革而言，具有积极作用。

当然，不可否认人民币升值会导致中国劳动力的国际价格上升，一部分低附加价值的劳动密集型产业会受到负面影响，这部分产业的失业人数会增多。为此，中国可采取缓慢逐步升值人民币的方法，或许可以一定程度上缓和这样的负面效应。

还需要注意的是，光有人民币汇率改革是不够的，还需要配套的汇率制度改革。只要中国仍然采用片面对美元保持稳定的汇率制，今后就难以实现能及时应对中国的经济发展新情况的汇率调整，人民币汇率问题迟早

---

① 关于这一点，本书在接下来叙述的中国汇率制度改革时进行了详细地讨论。

还将再度浮出水面。那么，如何改革中国的汇率制度呢？

2. 中国的汇率制度改革

首先需要明确中国现行的汇率制度是什么。根据 2005 年 7 月中国人民银行的宣告，中国汇率制度变成了具有浮动性的"参考一篮子货币的有管理浮动汇率制"。根据国际货币基金组织的汇率制度分类法，共两种分类方法，即 1999 年以前的 De jure（法律上）和 1999 年以后的 De facto（事实上）。如果根据 De jure 来分类的话，主要是基于各国政府正式承认的汇率制度进行判定，如果根据此方法，中国现行的汇率制度当然就是所宣告的汇率制度。但是，如果根据 1999 年以后的 De facto 来分类的话，则是以一个国家的真实汇率动向特征为标准划分。那么，如果根据 De facto，应该如何理解中国现行的实质的汇率制度呢？这就成了一个问题，也由此产生了很多的先行研究。例如，帕特奈克等（Shah, Zeileis, Patnaik, 2005）[①] 对 2005 年 7 月 26 日至 2005 年 10 月为止的中国的汇率数据进行了回归分析，推导出中国汇率制度依然是实质钉住美元汇率制这一结论。另外，胡磊[②]（2007）基于"LYS 分类法"，探讨了 2005 年 7 月至 2006 年年末的中国汇率制度，根据 De facto，表明了中国汇率制度依然是实质钉住美元汇率制这一看法。还有，伊藤（2007）[③] 利用 2004 年 1 月至 2007 年 10 月 3 日的汇率数据，基于 Frankel and Wei 型回归分析模型，推算了人民币的"临时货币篮子"[④] 中的美元权重为 94%，日元权重为 6%，而欧元权重则没有统计意义，2006 年 7 月至 2007 年 6 月末，日元和欧元的权重也都不具有统计学意义；所以，伊藤的研究还是得出了中国现行汇率制度依然是实质上的钉住美元汇率制这一结论。在最新的研究中，例如，彭玉璃（2009）[⑤]，同样基于 Frankel and Wei 型回归分析，估算了人民币"临时货币篮子"中的美元、日元、欧元、韩币、新加坡元、英镑、澳元、加

① Shah Ajay, Achim Zeileis, Ila Patnaik. What is the New Chinese Currency Regime? [J]. Vienna University : Department of Statistics and Mathematics, 2005 (23).

② 胡磊. 人民币现行汇率制度的实际归类法研究——基于修正的 LYS 分类法的聚类分析 [J]. 世界经济研究, 2007 (8).

③ 经济产业研究所网站：http://www.rieti.go.jp/jp/events/bbl/07111601.html.

④ 此处"临时货币篮子"是指"假设货币篮子存在"。

⑤ 彭玉璃. "汇改"后人民币汇率制度分析 [J]. 当代经济, 2009 (1).

元、马来西亚的林吉特、泰铢、俄罗斯卢布等各货币的各自权重，2005 年 7 月至 2008 年 5 月末的约 3 年时间里，美元权重还是压倒性的，这意味着中国现行的汇率制度依然是实质上的钉住美元汇率制；陈奉先（2015）① 利用状态空间模型研究认为，汇改后人民币的货币篮子中美元权重稳定在 86%～90%，仍然是压倒性的，篮子中的其他货币基本只是"点缀"。所以，从如此多先行研究所导出的结论来看，如果基于国际货币基金组织 De facto 标准来判断中国现行汇率制度，不能说它是纯粹的实质性钉住美元汇率制，但它仍然是对美元保持稳定的汇率制。

这样的汇率制度，固然有助于减小人民币对美元的汇率风险，促进中国对美的经常项目和资本项目交易，但是也同时潜伏着其他的风险。例如，1997 年东亚货币金融危机中，实质性的钉住美元汇率制产生了"双失调"问题，成了危机深化的重要原因之一，由此才提出了东亚各国对实质性钉住美元汇率制进行改革的必要性。更为重要的是，如今在中国，单单保持对美元的稳定性已经越来越不够。可以说，中国应该根据自己新的经济状况，果断改革汇率制度的这一历史性的阶段已经到来。

国际金融的"三角悖论"指出，在固定汇率制（包含对单一货币保持稳定的汇率制度）、资本项目自由化以及金融政策独立性三个政策目标中，一个国家只能同时实现其中的两个。中国选择了放弃资本项目自由化，采取了长期的实质性钉住美元汇率制（即便现如今，也仍然是保持对美元稳定的汇率制）以及金融政策独立性两个政策目标，但伴随着中国经济高速发展，美元外汇储备也在急剧增长，在这种情况下，这样的政策组合选择产生了较沉重的负担。中国的政策当局为了维持对美元的汇率稳定，需要频繁介入外汇市场，在此条件下累积的巨额的外汇储备，意味着将产生等量的国内货币供给的累积。当然，为了抑制由此带来的通货膨胀和维持金融政策的独立性，也可以采取货币冲销等政策，使外汇储备不完全立刻就转换成国内的货币供给，以此来控制通货膨胀率。但是，问题在于，货币冲销政策仅短期内有效。例如：利用中央银行债券进行货币冲销，那么中央银行发行债券，虽然可以暂时地将过剩的国内人民币收回中央银行，

① 陈奉先.中国的实际汇率制度：基于 BBC 框架的动态考察［J］.国际金融研究，2015（11）.

但是债券一旦到期，包含利息在内的等价人民币会再次流回市场。因此，中长期看，国内的人民币供给量并不会减少，反而因为利息的支付变得更多了。换句话说，货币冲销只不过是将通货膨胀率的上涨向后延迟了而已。而由此产生的利息则可以看作是这种政策组合的维持成本。如果中国的外汇储备持续增加下去的话，这样的政策维持成本也会随之不断增加，这无疑会成为中国政策当局的一大负担。表 18 显示了中国的外汇储备所带来的人民币供应量变化。

表 18　中国外汇储备所带来的国内人民币供应量的变化

（单位：亿元）

	外汇占款额（a）	基础货币供给额（b）	（a）／（b）%
1994 年	4 504	15 352	29
1995 年	6 775	18 246	37
1996 年	9 579	23 790	40
1997 年	13 467	27 096	50
1998 年	13 728	26 809	51
1999 年	14 792	29 798	50
2000 年	14 291	31 958	45
2001 年	17 856	33 958	53
2002 年	23 223	37 528	62
2003 年	34 847	52 300	67
2004 年	52 591	59 000	89
2005 年	71 211	64 000	111
2006 年	98 980	78 000	127
2007 年	128 377	102 000	126

数据来源：①中国金融学会.《中国金融年鉴》，各年度。

②中国人民银行.《中国人民银行货币政策实施报告》，各年度。

③中国人民银行.《中国人民银行统计季报》，各年度。

注：外汇占款（Funds outstanding for foreign exchange），是指本国中央银行收购外汇而相应投放的本国货币。

如表 18 所示，1994 年以来，中国外汇储备增加所带来的人民币供给量占基础货币供给总额的比率逐年递增，到 2007 年已经高达 126%，这大大地超过了基础货币供给总额。在估算外汇储备会带来的严峻通货膨胀压力上，这是十分具有说服力的数据。另外，凭此也可以推测为了抵消这样巨大的通货膨胀压力，而不得不负担的巨大货币冲销成本。根据张雪莹和齐立波（2009 年）[①] 的推算，我们可以了解到 2003 年 4 月—2008 年 4 月的 5 年间，由于中国中央银行债券与美国国债之间存在的利率差，中国的政策组合的维持成本明显要大于收益。也就是说，将外汇储备投资到美国国债等方面，可以从美国得到相应的利息收益，但是由于中国的货币冲销政策，所花费的国内中央银行债券利息成本远远高于从美国得到的利息，这就是当局的巨额负担。此外，曾秋根（2005年）[②] 指出，即便将中国的外汇储备中的 60% 都购买美国国债，仅在 2004 年 1 月—10 月间，就会产生约 90 亿元的损失。黄益平（2011）[③] 指出，2003—2010 年的中国人民银行对冲外汇占款成本已经高达 831 亿元，造成了巨大负担。可见，中国目前选择的维持与美元汇率稳定和金融政策独立性（以及放弃资本项目自由化）的政策组合，已给中国造成了巨大经济负担。

除货币冲销政策之外，还有其他几种政策也可缓解外汇占款所引发的通货膨胀压力。例如：中央银行通过直接提高法定利率（或间接提高民间银行的非法定准备金率）、行政指导（窗口指导）等方式，抑制民间投融资，控制国内人民币供给。但是，这很有可能会妨碍中国经济的健全发展。具体来说，中央银行如果抑制民间投融资，民间银行自然就会惜贷，这将对国内企业发展，特别是对内需型企业发展产生更多不利影响。因为出口型企业（外需型产业）依存于海外市场，只要海外市场不出问题，通常通过赚取的外汇就可以保持企业财务的健全性；但是内需型企业依赖于国内市场，极易受到由银行惜贷所带来的国内市场低迷的不利影响。长此

① 张雪莹，齐立波. 央行票据冲销外汇占款成本的影响因素研究 [J]. 金融发展研究，2009（2）.

② 曾秋根. 央行票据对冲外汇占款的成本、经济后果分析——兼评冲销干预的可持续性 [J]. 财经研究，2005（5）.

③ 黄益平. 央行对冲外汇占款成本被曝已超万亿 [N]. 第一财经日报，2011 - 5 - 16.

以往，将会形成外需型产业与内需型产业所面临的景气出现不同，资金、技术、人才等资源将会更加向外需型产业倾斜，同时，大量的资源会从内需型产业退出。这必然导致国内资源分配扭曲，以及产业间发展不均衡问题。这会大大妨碍我国目前的"内需导向型经济成长路线"政策的实施。中国经济发展将更加偏向于依赖外需，这又将导致中国不得不继续保持对美元汇率的稳定，继续承担由此带来的巨大负担，无法推动东亚货币金融合作的深度发展等，产生一系列恶性循环，最终将阻碍中国经济的健全发展。而当美国或欧洲遭遇经济危机、经济低迷时，对中国经济的打击将会很大，中国经济的发展将继续仰人鼻息。

综上所述，从实践上来看，在外汇储备急增的情况下，即便实行资本项目管制，想要持续保持对美元汇率的稳定与货币金融政策的独立性也是困难的。

而要打破这种局面，根本的办法便是彻底改革片面追求对美元稳定的汇率制度，建立根据汇率市场的供求关系，汇率在一定程度上可伸缩的汇率制度。如果人民币汇率能够根据外汇市场的供求关系及时做出一定的调整，长期停留在汇率低估（或高估）的人民币汇率的僵化问题也会得到解决，这将对促进中国的对外收支平衡产生积极影响。

从深化东亚通货金融合作的角度来考虑，这样的汇率制度改革也具有重要意义。这是因为，对于包含中国在内的东亚各国来说，在致力于与区域外主要通货的汇率稳定的同时，也要注意回避域内出现各国货币长期的汇率失调。而在促进和深化东亚通货金融合作的过程中，具有一定根据外汇市场供需进行调节的能力以及能够促进域内各国经济一体化与同质化发展的，以共同 G3 货币篮子为基准并按照 BBC 规则运行的管理浮动汇率制，是较为适合的汇率制度。那么，这个汇率制度如果从中国经济发展的角度看，是否也适合呢？

虽说现在中国应采用某种可调节的汇率制度，但这并不意味着应该采用浮动汇率制。正如第二章所讨论的那样，在浮动汇率制下，存在着汇率过度波动（volatility）、汇率超调（overshooting）、汇率失调（具体是指汇率与合理的中长期均衡汇率长期背离）、汇率泡沫（与经济基本面因素毫无关系的汇率单向且持续的变动）等过剩汇率变动所带来的风险，为了应

对这些风险，必须同先进国家一样拥有一套成熟的现代金融体系。如果没有这样成熟的金融体系，就无法实现浮动汇率制下的必不可少的汇率风险管理，极有可能会出现由过剩汇率变动所引发的一系列经济风险，严重损害实体经济的稳定发展。因此，对于尚且依赖于外需导向经济成长，国内金融体系尚不完全成熟的中国来说，浮动汇率制是不适合的。在此情况下，以共同 G3 货币篮子为基准并按照 BBC 规则运行的管理浮动汇率制应该是一种值得考虑的阶段性代替方案。

以共同 G3 货币篮子为基准并按照 BBC 规则运行的管理浮动汇率制，具备依赖外汇市场供需可自动变动调节的幅度（band）和政策性可调的中心汇率设置这两种设计，前者可应付短期调节，后者又可应付长期调节，因此具有一定的可调节特征。与浮动汇率制下的过剩汇率变动相比，这种汇率制度由于在体系设计上具有自动调节的上下限（band），可以抑制短期内的过剩变动；同时，又可通过政策性调节中心汇率来应对长期的对外不均衡调节；而且，由于采取 G3 货币篮子（美元、欧元、日元），又可确保有效汇率的稳定，对稳定对这三个市场的国际交易十分有利。这样一个既具备一定可自动调节性，又可保持对三个主要国际市场货币相对稳定性的汇率制度，对于包括中国在内的很多东亚的发展中国家都是有利的。

如表 19 所示，从中国对外贸易结构来看，欧盟、美国、日本对中国是很重要的，因此，如果人民币对欧元、美元和日元这 3 个货币的有效汇率稳定，将非常有利于中国对这 3 国（地域）的贸易稳定，为中国的经济发展带来积极影响。而且，如果中国还能够推动其他东亚国家也采取这个汇率制度，那么中国对这些东亚国家的汇率也会趋于稳定，这样，中国通过这个汇率制度就可稳定自己 69% 的进出口，有利性不言而喻。还有，具备这样的稳定性的同时，当区域内出现长短期不均衡的时候，也可以通过短期自动调节和长期的中心汇率调节加以应对，也非常有利于促进东亚各国共同利益的发展。从这个角度来说，以共同 G3 货币篮子为基准并按照 BBC 规则运行的管理浮动汇率制十分适合现阶段的中国。

表19 从中国2009年度对外贸易结构来看欧盟、美国、日本的重要性

（单位：亿美元）

国家 （或地区）	进出口额	出口额	进口额
EU	4 255.8	2 928.8	1 327.0
美国	3 337.4	2 523.8	813.6
日本	2 667.3	1 161.3	1 506.0
EU＋美国＋日本	10 260.5	6 613.9	3 646.6
东亚（除日本）	7 531.6	4 074.6	3 457.0
世界	25 632.6	14 306.9	11 325.6
EU＋美国＋日本的总额/世界总额	40%	46%	32%
东亚总额（除日本）/世界总额	29%	28%	31%

数据来源：中国国家统计局.《中国统计年鉴》，各年度。

然而，正如国际金融的"三角悖论"所指出的那样，在固定汇率制（包含对单一货币保持稳定的汇率制度）、资本项目自由化以及金融政策独立性三个政策目标中，一个国家只能同时实现其中的两个。中国如果放弃对美元保持稳定的汇率制度，同时又要确保本国的金融政策独立性，那么必然就要选择资本项目自由化。我们在下一节将着重讨论这个问题。

第二节 资本账户开放与未来改革

在推进东亚货币金融合作过程中，为了使人民币成为东亚的基轴货币，中国的资本项目自由化是必要的，有关这一点，本书已经在上一章详细地叙述了，且点明了人民币国际化和资本项目自由化改革滞后是一个问题。而在本章上一节，又阐明了从中国经济自身的发展角度看，资本项目自由化改革也到了被提上日程的阶段了。那么，中国应该如何推进资本项目自由化这个问题，就成了必须探讨的课题。本节首先就有关资本项目自由化一般的推进步骤和形式方法展开探讨，紧接着重点考虑结合中国自身特点，应如何推动资本项目自由化。

1. 资本账户开放的基本前提条件和推进方法

从20世纪80年代开始，发展中国家屡屡发生货币金融危机，引起这

些危机的原因之一，就是各国普遍存在的较为激进的资本项目自由化。包含短期资本交易的资本项目自由化，由于会导致巨额资本的自由流动，在一定条件下，会严重威胁一个国家的货币金融体系的安全。

1997 年的东亚货币金融危机之前，包括 IMF 在内的各国际机构和很多国家都积极倡导和推进资本项目自由化，但在危机后，人们又明显谨慎了许多。根据 IMF（2002）发表的 *Capital Account Liberalization and Financial Sector Stability*[1] 的研究报告书，资本项目自由化很有可能会给一个国家的金融体系的稳健性带来负面影响；因此，在资本项目自由化过程中，为了把负面影响降到最小限度，必须充分注意推进资本项目自由化的步骤，否则，资本项目自由化引起货币金融危机的可能性非常大。该研究报告书对35 个国家的资本项目自由化和货币金融危机的关系进行了详细调查，认为在货币金融危机发生的 24 个国家里，有 13 个国家在危机前的 5 年内实行了资本项目自由化，进而认为过于激进的资本项目自由化，与货币金融危机的发生具有一定因果关系。

其实，不单是 IMF 对资本项目自由化的态度发生一些微妙转变，还有其他很多国际著名学者也对激进的资本项目自由化提出过质疑。例如，担任过世界银行副总裁，且获得诺贝尔经济学奖的施蒂格利茨（Stiglitz，1998）[2] 就认为，资本项目自由化会使国际资本的进出变得过于便利，在经济条件较好的时候容易引发一个国家的经济过热和汇率超调，而这又会导致该国经济由好向衰发展，比如造成经常项目收支的恶化，助长国内资产泡沫和不良债券的产生，从而诱发货币金融危机。麦金尔和皮尔（1999）[3] 也指出，引发货币金融危机的一个原因就是在尚未建立健全的现代金融体系前就急于推行资本项目自由化。米什金和伯南克（1999）[4] 用信息的非对称理论做了分析，认为由于危机各国的金融监管方面的不健全

① Ishii Shogo, Karl Friedrich Habermeier, Jorge Ivan Canales – Kriljenko. Capital Account Liberalization and Financial Sector Stability［M］. IMF, 2002.

② Stiglitz Joseph E. Boats, Planes and Capital Flows［J］. Financial Times, 1998（3 – 25）.

③ Mckinnon R I, H Pill. Exchange – rate Regimes for Emerging Markets：Moral Hazard and International Overborrowing［J］. Oxford Review of Economic Policy, 1999（15 – 3）.

④ Mishkin Frederic S, Ben S Bernanke. Inflation Targeting：Lessons from the International Experience［M］. Princeton University Press, 1999.

性，衍生了银行的过剩借贷、不良债券的剧增和银行危机，也强调在脆弱的金融体系下推行资本项目自由化的风险。上述研究均指出，要实现更加安全的资本项目自由化，必须在健全的国内金融体系的基础上进行，并且要特别注意推进的步骤。

而在推进资本项目自由化的条件和步骤方面，也已经有很多具有代表性的先行研究。例如：马西森和罗哈斯（1993）[1]，汉森（1995）[2]，凯恩（1998）[3]，艾肯格林等（1998）[4]，施耐德（2000）[5] 等。总的来说，可根据这些先行研究，把各项条件和步骤总结如表 20 所示。

表 20　推行资本项目自由化的各项前提条件

1	宏观经济状况的条件
	（1）财政健全
	（2）低通货膨胀率
	（3）充足的外汇储备
	（4）经常项目收支的健全化
2	健全的金融体系
	（1）利率市场化
	（2）健全金融监管法
	（3）有力的金融监督
	（4）健全的金融市场
	（5）完善和规范金融机构，乃至普通企业的会计、监察、信息公开的体制
	（6）提高金融机构，特别是银行的自有资本比率
	（8）强化金融安全网的建设

① Mathieson D J, Rojas - Suarez L. Liberalization of the Captital Account: Experiences and Issues [M]. IMF, 1993.

② Hanson J. Opening the Capital Account: Coats, Benefits and Sequencing [A]. in: Sebastian Edwards. Capital Controls, Exchange Rates, and Monetary Policy in the World Economy [C]. Cambridge University Press, 1995.

③ Kane, Sara . An Irreversible Trend: Seminar Discusses the Orderly Path to Capital Account Liberalization [J]. IMF Survey, 1998 (27 - 6).

④ Eichengreen B, Michael Mussa. Capital Account Liberalization and the IMF [J]. Finance & Development, 1998 (35 - 4).

⑤ Schneider Benu. Issues in Capital Account Convertibility in Developing Countries [M]. London: Overseas Development Institute, 2000.

3	废除关税保护
4	工资能够自由变动
5	有弹性的汇率制度
6	拥有国际竞争力较强的企业

如表 20 所示，资本项目自由化有 6 大前提条件，如果细分的话，可以有 15 个条件。如果满足全部的条件，那么该国的资本项目自由化的风险将降到极小。那么，如何满足上述条件呢？这就涉及系统改革的顺序、步骤问题了。如按照正确的顺序、步骤推动改革，就能逐步满足上述条件。但是，由于各国经济发展阶段存在差异，这些顺序和步骤也会多少有所不同，要根据本国的国情来寻求适当的顺序步骤。因此，尽管适合所有国家的完全相同的"万能顺序步骤手册"并不存在，但必要的最小限度的顺序步骤也还是有的。简单来说，就是：①首先推进长期资本项目自由化，其次推进短期资本项目自由化；②首先推进资本输入的自由化，其次推进资本输出的自由化；③首先推进金融机构的资本交易自由化，其次推进非金融机构和个人的资本交易自由化；④首先推进直接投资的自由化，其次推进短期的国际投融资，比如证券交易的自由化等。

那么依据这样一个基本指南，中国应该如何推进资本项目自由化呢？

2. 中国推进资本账户开放的方法

中国的资本账户自由化首先是从对内长期直接投资开始的，近几年，也逐步开始推动对外直接投资的自由化。这样的自由化改革，完全与上述顺序①②④相符合。另外，随着 QFII 和 QDII 的实行，获得认可的境外金融机构和亚洲开发银行在中国发行人民币债券（熊猫债券），可以认为金融机构的资本交易自由也开始被逐步启动，这又与上述顺序④相符合。从这一点来看，到现在为止，中国所进行的资本项目自由化，可以认为是在上述合理顺序下进行的。但目前，短期资本交易依然被严格管控。导致这个现状的根本原因，可以从上述 15 项条件中寻找到答案。那么具体地说，到底哪些条件没有满足呢？

首先来考虑一下中国的宏观经济状况。

一般来说，一国的宏观经济条件良好的话，该国应对货币金融投机的能力也会比较强，而且有助于国际投机家对该国家经济形成较好的预期，在这样的情况下进行资本项目自由化，就不太容易引发对该国的恶意投机，诱发货币金融危机。当然衡量宏观经济状况的好坏，有多种多样的指标和看法，其中最主要的就是表20所示的4个指标：财政健全，低通货膨胀率，充足的外汇储备和经常项目收支的健全化。这4个指标满足得越好，对资本项目自由化越有利。那么，依照这4个指标，中国表现如何呢？

如第四章的表13所示，近年来中国在所有东亚的发展中国家里保持了最低的通货膨胀率。以各国2008年（相对于1995年）的通货膨胀情况来看，马来西亚42%，泰国55%，韩国是57%，中国仅仅32%。因此，中国的通货膨胀率可以说是比较低的。但是，同期的日本的通货膨胀率只有1%，也就是说，如果与日本等先进国家相比较的话，中国的通货膨胀率还是偏高。因此，对中国来说，依然还需要更加严格地控制和降低通货膨胀率。

接下来看中国的外汇储备额。截至2013年3月，中国的外汇储备已经超越3兆4千万美元，外汇储备拥有量[1]居世界第1位。外汇储备越高，那么应对货币投机的能力也就越高，对资本项目自由化来说也越有利。这个条件中国无疑是具备的。

那么，中国的经常项目收支又如何呢？一般来说，经常项目收支赤字，是造成国际投机家对一国宏观经济预期恶化的主要原因之一，如果这个项目赤字，较容易诱发对该国的恶意投机。表21所示的是2001—2008年中，中国国际收支表的相关项目。从表21来看，中国的国际收支都处于黑字状态，经常项目收支和资本项目收支保持了长期的双顺差。如单从经常项目收支顺差额来看的话，其数值还在持续增加。中国的经常项目收支黑字的增加，非常有利于优化和稳定国际投机家对中国经济的预期，对中国的资本项目自由化是非常有利的。因此，这个条件中国也是满足的。

---

[1]　中国经济网：http://www.ce.cn/ztpd/xwzt/guonei/2013/whcb/index.shtml。

表 21 中国的国际收支状况 （单位：亿美元）

项目 ＼ 年份	2001	2002	2003	2004	2005	2006	2007	2008
国际收支顺差总额（外汇储备变动额总额）	522	677	986	1 794	2 238	2 599	4 453	4 451
经常收支项目顺差	174	354	459	687	1 608	2 499	3 718	4 261
资本收支项目顺差	348	323	527	1 107	630	100	735	190

数据来源：中国外汇管理局 .《中国国际收支平衡表》，各年度。

注：本表所有数据均为"黑字"。

最后来看一下中国的财政状况。表 22 反映了近年来，中国的财政状况的变迁和财政赤字与 GDP 的比率。

表 22 中国财政状况

	GDP（亿元）	财政收支（亿元）	财政赤字占 GDP 的比率（%）
1996 年	70 142	− 530	0.8
1997 年	78 061	− 582	0.7
1998 年	83 024	− 922	1.1
1999 年	88 479	− 1 744	2.0
2000 年	98 000	− 2 491	2.5
2001 年	108 068	− 2 517	2.3
2002 年	119 096	− 3 150	2.6
2003 年	135 174	− 2 935	2.2
2004 年	159 587	− 2 090	1.3
2005 年	183 217	− 2 281	1.2
2006 年	213 132	− 2 950	1.4
2007 年	259 259	1 540	n/a
2008 年	302 853	− 1 262	0.4
2009 年	335 353	− 7 782	2.3

数据来源：中国国家统计局 .《中国统计年鉴》，各年度。

注："＋"表示"盈余"，"－"表示"赤字"。2007 年是财政盈余。

由表22来看，1996年以来中国的财政基本状况是赤字为主，除了2007年是盈余以外，其余都是赤字。一般来说，评价一个国家的财政赤字的危险度，经常使用的指标是该国的财政赤字占GDP的比率。通常如果这个比率在3%以下，则被视作较"安全"。如果用这个指标来看的话，中国的财政赤字全部处于"安全"状态。但是，财政赤字逐年增加的趋势不可小视。事实上，2015年的中国财政赤字就已经突破2兆元，GDP占比也已经逼近3%的危险线①。如此大幅度的财政赤字的增加，长此以往危害是巨大的。仅就最明显的问题说，它对内将导致产生高通货膨胀预期，诱发现实的高通货膨胀，推高资产泡沫，并将由此衍生出一系列恶性循环；对外会导致国际投机家对中国经济稳定性预期恶化，在这样的条件下，如果推动资本项目自由化，将可能诱发类似"欧债危机"那样的严重金融危机。这对于中国资本项目自由化的改革是非常不利的。

综上所述，从宏观经济的4个条件来看，可谓喜忧参半。充足的外汇储备和经常收支项目的健全性，中国目前都是具备的，但今后，中国政府要充分注意控制好财政赤字的持续扩张，否则将严重不利于中国经济的平稳发展和资本项目自由化改革的推进。而低通货膨胀率是否能够保持，也与财政赤字是否能被控制好有直接关系。

另外，对应资本项目自由化的若干基本条件中的废除关税保护、工资能够自由变动、有弹性的汇率制度和拥有国际竞争力较强的企业这4个条件，来考虑一下中国的现状。

显然，由于加入世界贸易组织（WTO），中国基本上满足"废除关税保护"的条件。而关于"工资能够自由变动"，由于中国的工会对工资交涉并不热衷，而且劳动人口规模非常之大，中国的工资变动自由度至少不会比先进国家差。因此，这两个条件应该不是中国在资本项目自由化改革道路上的障碍。关于"有弹性的汇率制度"，尽管中国目前采用的是对美元稳定的汇率制度，目前看并不满足这个条件，但是，正如前文已经讨论的那样，今后若以共同G3货币篮子为基准并按照BBC规则运行的管理浮动汇率制得以实现，那么中国将也具备这个条件。关于"拥有国际竞争力

————————

① 和讯网：http://gold.hexun.com/2016-02-16/182282714.html? from=rss。

较强的企业"这项条件，众所周知，通过改革开放，经历了激烈的国际市场竞争，中国已经诞生了许多具有相当国际竞争力的大型企业。这些大型企业，在全球一体化的市场竞争中变得更容易适应，也具备企业现代化管理能力，对资本项目自由化也更容易适应。然而，许多中小企业由于尚缺乏类似上述企业那样的现代化管理能力，在应对诸如汇率风险管理等资本项目自由化过程中必然产生的新问题方面，可能依然缺乏相应的能力。但从积极的方面讲，这种能力是可以随着资本项目自由化的发展被慢慢熟知和掌握的，因此，对这个条件的满足与否，应该动态地来看。

因此，总的来说，在实行资本项目自由化的 6 大条件中，中国已经满足了其中 5 大条件中的绝大部分。

那么遗留下来的最后一大条件，就是中国是否具备"健全的金融体系"。这一项可说是非常关键。在第一章中我们就已经讨论了，1997 年的东亚货币金融危机的发生与危机国脆弱的金融体系有着密切的关系。在脆弱的金融体系下，危机各国进行了激进的资本项目自由化改革，结果招致各国深陷货币投机的旋涡，引发了货币金融危机。仅就中国目前的金融体系的健全性来说，恐怕比 1997 年时的危机各国好不了太多，对中国来说，如何强化国内的金融体系是一个长久命题。关于这个问题，我们将在下一节中进行详细探讨。

第三节　中国的金融体系健全化改革

健全的金融体系指标一般有：利率市场化，金融市场的完善，金融机构的健全化和健全的金融监督体制。而表 20 所列的 7 个小条件其实也是围绕着这 4 个指标来说的。只有较好满足这 4 个指标的金融体系，才能称为健全，这是推动资本项目自由化改革的大前提。本节将主要依据这 4 个指标，简要探讨中国当前现状，以及今后如何改革的问题。

1. 利率市场化

所谓利率市场化，就是要让资产市场的供给和需求来决定利率，也就是要让市场机制在资产市场也发挥作用。通过利率市场化，可以使得资源配置更符合市场规律，更有效率。仅就其与资本项目自由化改革相关的部

分来说，利率市场化后，在资本项目自由化的条件下，资本的流出入将根据市场的供需关系得以合理地自动调节，防止出现不符合市场规律的内外利率差，从而抑制利用这样的利率差获利的资本投机活动。从这个角度上说，利率市场化对资本项目自由化来说具有重要意义。假设利率并不由市场决定，而是由政策决定，而政策并不能对市场供需变化及时做出调整，导致利率必然存在僵硬性，此时如果实现了资本项目自由化，一旦外国利率随着市场供需变化而发生了变化，内外利率就必然产生差距，就会诱发利用这样利率差盈利的资本流出入，当资本流出入规模较大时，必然会造成对汇率或国内货币供给的影响，扰乱实体经济的稳定性，甚至诱发投机，导致经济危机。因此，能够及时反映市场供需的利率决定机制，是资本项目自由化的必备前提。当然，利率市场化也能促进国内金融机构之间的竞争，有利于促进金融机构的经营健全化发展，而这也是有利于资本项目自由化的。

中国的利率市场化改革，自 1993 年《国务院关于金融体制改革的决定》确立利率市场化改革的方向以来，已获得了稳步的推进。如果依据中国人民银行行长周小川的发言：截至 2015 年年底，无论是贷款还是存款，利率管制都已经基本取消，金融机构都有了根据供需的利率的自主定价权，当然，利率改革后续还有很多有待改善的问题，例如中央银行对利率的引导机制尚待健全[1]。总的来说，中国已经在利率市场化道路上取得了重要进展。

2. 健全完善金融市场和金融机构

近几年来，尽管金融市场的规模得到快速扩大，但尚有继续扩大的巨大空间，此外，还存在市场的分割化、金融衍生商品和交易手段不足等问题。从市场的分割化来说，比如中国的短期金融市场，依交易所不同而被分割（如深圳交易所、上海交易所），不同交易所的价格和结算都没有统一。而关于金融衍生商品和交易手段的不足，例如在中国的短期金融市场，主要是以短期国债为中心，其他的金融衍生商品的种类和交易都比较匮乏，而这又会阻碍金融市场规模的进一步扩大。在这样还未成熟的金融

---

① 网易新闻：http://money.163.com/16/0320/20/BIKL5DB400253B0H.html。

市场条件下，很容易导致市场的供求关系被扭曲，这样，合理利率的形成也会受到影响。因此，继续扩大国内的金融市场规模，解决市场分割问题，充实金融衍生商品和交易手段等，应成为今后深化改革的方向。

除了金融市场，中国金融机构的健全化发展也非常重要。当前中国的金融机构，特别是银行，仍然以国有银行为主体。这种情况和东亚货币金融危机时的各危机国非常类似。由于国有银行长期在政府的保驾护航下经营，很容易产生道德风险问题，从而使国有银行的风险管理和经营能力难以得到真正的提高。中国的国有银行受政府的行政指导进行信贷的特点比较突出，对国有企业进行了大量融资。但在很多国有企业经营陷入困境的状况下，这样的融资很容易形成未来的新的不良债权，这会造成银行体系的脆弱性。在这种状况下，如果实行资本项目自由化，很容易出现银行和其他金融机构由于本身经营能力不足而难以应对新的金融风险的情况，如果再考虑新的不良债权的不断累积，很容易诱发金融危机。因此，金融机构的脆弱性问题，可以说是当前迫切要解决的课题。

当然，这个问题也早就引起了中国政府的注意。作为金融机构健全化改革的一环，国有银行的不良债权处理、股份制改革（民营化改革）及国有企业的改革等系统工程都在积极地进行。国有银行特别是四大国有商业银行，由于它们是中国金融机构的主体，如果首先处理好这几家银行的不良债权，那么对提高中国整体的金融机构的稳健性是很有帮助的。通过国有银行的股份制改革，如果能改善银行总能无条件获得政府的保驾护航所容易滋生的经营能力低下问题和道德风险问题，那么，对强化金融机构也是大有裨益的。通过这样的一些改革，中国金融机构的脆弱性问题，可以在一定程度上得到缓解。但是要看到，在这方面依然存在较深刻的问题。

中国政府于1999年设立了4个国有资产管理公司（AMC）[①]，国有银行所累积的巨额不良债权由这4个资产管理公司来集中处理。通过表23我们能够看到，账面上的国有银行的不良债权确实下降了。中国金融机构的健全化改革应该说被推进了一大步。然而，需要注意的是，这种账面上的不良债权的减少额中的大部分，并不是通过顺利还款被消化了，而仅仅

---

① 中国信达资产管理公司（1999年4月），中国东方资产管理公司（1999年10月），中国长城资产管理公司（1999年10月），中国华融资产管理公司（1999年10月）。

是从国有银行那里向 4 个国有资产管理公司转移了。而这样转移过去的不良债权总额早已超过 2 兆元①；也就是说，这些巨额的不良债权并没有被真正处理，不良债权的处理问题实际上仍然没有得到根本解决。这样的方法如果被固定化，其本质仍然还是政府对国有银行的过度保护，那么不良债权产生的根本原因，也就是管理能力的低下和道德风险其实仍然得不到解决，其结果就是不良债权仍会不断地产生。

表 23　2004—2010 年的第二季度中国商业银行的不良债权

	不良债权	
	余额（亿元）	占贷款总额比率（%）
2004 年末	17 176	13.2
2005 年末	13 134	8.6
2006 年末	12 736	7.1
2007 年末	12 684	6.2
2008 年末	5 603	2.4
2009 年末	4 973	1.6
2010 年第二季度	4 549	1.3

数据来源：中国银行监督管理委员会．《商业银行不良贷款情况表》，各年度。

因此，有必要继续深化国有银行的所有权改革和股份制改革。2010 年 7 月，四大国有商业银行中最后完成股份制改革的中国农业银行在香港和上海的证券市场上市了，由此，四大国有商业银行（中国银行，中国工商银行，中国建设银行，中国农业银行）的股份制改革基本上完成了。可以说，金融机构的健全化改革完成了重要一步。然而，四大国有商业银行的最大的股东依然是政府和国有投资公司，国有资本仍然持有四大国有商业银行70%以上的股份，只有剩余的20%～30%在市场流通。而那些20%～30%股份的持有者，如果是个人，就几乎完全不具备对银行经营监督的能力和权限，即便是相对有一定能力的法人持有这些股份，也由于持股量过低而没有参与银行经营和有效监督的权限。因此，总的来说，国有银行的

①　高民尚．解读最高法院《关于审理涉及金融不良债权转让案件工作座谈会纪要》（上）〔R〕．中国法院网（http：//www. chinacourt. org/index. shtml），2009.

性质依然没有发生变化,旧有的问题依然存在。当然,如果从防止"国有资产流失"这个角度说,这样的现状也是合理的。当然,如何既保证国有性质,又避免出现经营者的道德风险,有效提高其经营管理能力,有关这样的方法探讨又是另外的问题,围绕这个问题的争论并没有停止,它也是今后学术界需要重点研究的问题之一。

由于国有银行对很多国有企业的信贷相当程度受各级政府的行政指导,如果接受融资的国有企业经营不善,就必然造成新的银行的不良债权。因此,要解决不良债权问题,还需要优化国有企业的经营,对其改革也是不可或缺的。可以说,自改革开放以来,中国政府就在积极推进国有企业改革,但是,除了部分如能源、通信等具有垄断能力或寡占能力的国有企业以外,大多数的国有企业依然经营困难。因此,今后如何继续深化国有企业改革也是一个重大课题。由于篇幅所限,本书对此不再进一步讨论了。

3. 健全金融监管

为了金融市场和金融机构的发展,健全金融监管机制也是非常重要的。

首先要做的,当然是完善金融监管方面的立法和强化金融监管部门。相关法律建设方面,目前主要有《中国人民银行法》《商业银行法》《公司法》《金融机构管理规定》等法律法规。但这些法律法规往往针对的是某一领域,还没有体系化、整体化。而且,金融领域的创新日新月异,这更加使得覆盖整个金融体系的详细的法律法规难以在短期内形成。因此,从现实上看,尚很难对金融体系各个环节都做到有法可依,迫切需要尽快完善。

其次,从监管部门来看,除了中国人民银行以外,还有中国证券监督管理委员会(1992 年成立)①、中国保险监督管理委员会(1998 年成立)②和中国银行业监督管理委员会(2003 年成立)③ 等金融监管部门。金融监

---

① 监管对象:证券期货市场,上市公司,证券期货业务的关联公司。

② 监管对象:保险业务关联公司。

③ 监管对象:商业银行,城市信用合作社,农村信用合作社,政策银行,金融资产管理公司,信托公司,财务公司,金融借贷租赁公司等。

管明确了责任主体和业务范围，便于持续开展金融监管业务。

最后，金融监管的基础条件，也就是各个被监管对象必须做到相关经营信息的公开透明和最大限度消除"信息非对称"问题。如果没有这样的条件，也就不可能有健全的金融监管，更不能构建健全的金融体系。因此，未来必须继续改善会计、监察基准、信息公开等体制建设，这些也是今后必须推进的改革。

除了上述三大金融系统的健全化改革以外，还有一个金融安全网的建设问题，也是必要的。万一爆发金融危机，为了防止危机的扩大和扩散，就需要依据一定的法律标准，提供一个能提供必要的最小限度的金融支援和保护的金融安全网。比如，防止出现银行挤兑而采取的存款保险机制。但为了防止金融机构滥用这个机制，出现道德风险，必须依法依规制定相应标准，同时严格遵守"必要的最小限度"这一支援原则。

综上所述，为了推进中国资本项目自由化改革，必须首先强化国内金融体系的健全性。否则，就不能保证资本项目自由化改革的成功。而这些改革，不仅对中国国内经济的稳定化发展有利，还对推动和深化东亚货币金融合作具有非常重要的意义。

4. 构筑人民币的国际金融市场

在推进东亚货币金融合作的过程中，如何促成人民币成为东亚的基轴货币，是一个非常重要的问题。为此，必须构筑人民币的国际金融市场。其原因，正如前几章已经讨论过的那样，一国的货币能否成为基轴货币，关键在于该货币能否成为外汇交易中介货币。而能否成为外汇中介货币，与该货币的国际金融市场的"广度、深度和弹性"有着深刻的关系。该货币的国际金融市场越宽广、越深，它的交易成本就变得越低，也就越容易成为外汇交易中介货币。因此，不仅要做好国内金融体系的健全化改革，还必须积极构建人民币的国际金融市场（离岸金融市场）。下面对此进行简单探讨。

（1）人民币离岸金融市场的构筑。为了发挥作为外汇交易中介货币的作用，人民币必须尽可能多地被使用在国际交易中，必须被更多的非本国居住者所持有。其原因在于，只有如此，人民币与其他各国货币的兑换交易量才能增多，随之人民币在外汇市场的交易成本就会下降，人民币也就

越容易成为外汇交易的中介货币。为了让人民币在国际交易中被大量使用和被非本国居民大量持有，就必须大力提高人民币使用上的便利性和财富储存能力。而这与人民币的离岸金融市场的发展密不可分。

从2009年7月开始，中国开始试行以人民币进行经常项目交易的结算，非本国居民为了必要的国际结算，也就相应产生了对人民币的需求。为了促进这样的人民币需求更多地产生，就必须有一个为非本国居民提供的更便捷的人民币融资平台和人民币理财避险平台。人民币融资平台可以为他们提供一个及时获取国际结算用人民币的渠道，可以大大提高人民币使用上的便捷性；而人民币理财避险平台可以为他们提供一个运用其在国际交易中获得的人民币，进行短期的保值增值的渠道，或者为他们提供一个规避使用人民币过程中的汇率风险的渠道，这又会大大提高人民币储藏财富的能力和使用上的便捷性。但是，由于中国目前对资本项目交易，尤其是其中的短期交易实行严格的管制，导致非本国居民不可能在中国的国内金融市场上直接筹措到人民币和进行必要的人民币理财和避险。要独立于中国国内的金融市场，在国际上就必须先构建一个能够发挥这样平台功能的地方，所以，构筑人民币离岸金融市场的必要性就这样产生了。通过人民币离岸金融市场的发展，就能够逐步满足非本国居民对人民币的融资、理财和必要的汇率风险规避的需求，进一步促进非本国居民使用和持有人民币。

而目前最适合建设人民币的离岸金融市场的地方，非香港地区莫属。香港作为中国的经济、政治特区，由于历史性原因，其在金融体系方面与中国大陆是几乎完全分立的，因此，中国本土的资本项目管制等的国内经济政策，对它不会造成影响。更重要的是，香港本来就是一个重要的国际金融中心，有着较成熟的现代的健全的金融体系，本来就有很多海外银行和中国国内银行的网点存在，国际多边化人民币结算和投融资活动非常容易展开，因此它非常适合建设人民币离岸金融市场。所以，今后继续推动香港成为人民币的离岸金融市场，也是一个重要改革举措。

（2）中国的银行国际化。光有人民币离岸金融市场还不够。为了有效利用人民币离岸金融市场，自然就会要求这些利用市场的非本国居民必须比较熟悉该市场，但这在现实中又是不太可能的。现实中，如各国普通的

贸易公司等非本国居民，要他们总是特意去香港进行人民币的投融资活动，是不可能的。正常情况下，对于各国的普通贸易公司等来说，都会倾向直接在各自国家的银行进行人民币业务（如存款、投融资、结算等），因为这样更方便，成本更低。然后，通过这些自己国家的银行代理，再去间接利用人民币离岸市场，并非自己亲自跑去香港开展这样的人民币业务。但是，现实中开展人民币业务的外国银行非常少，这就大大阻碍了非本国居民对人民币的正常使用。对此，当然可以考虑促进外国银行积极开展人民币业务，但中国的银行也应积极拓展海外网点，以方便当地的人民更容易获得人民币业务的服务，这样的方式可能比前者效果会更好。这是因为，中国的银行相比外国银行，与中国大陆金融市场、香港的人民币离岸金融市场的联系更加紧密，对人民币供需两方资源的掌握更加充分，因此，在开展人民币业务方面，其比较优势非常突出。所以，中国的银行比外国银行更加容易开展人民币的相关业务。这就需要中国的银行国际化的改革来推动，其具体方式之一，就是积极促进中国的银行建立海外网点。

表 24 是 1999 年和 2005 年中国四大国有商业银行的海外网点数。

表 24　中国四大国有商业银行的海外及港澳地区网点数

（单位：个）

	1999 年		2005 年	
	海外网点数	香港及澳门网点数	海外网点数	香港及澳门网点数
中国银行	23	17	52	17
中国工商银行	9	1	11	5
中国建设银行	6	2	7	2
中国农业银行	4	2	4	2
合计	42	22	74	26

资料来源：郑良芳（2007）。

根据表 24，可以看出，中国的四大国有商业银行虽说早已开始构筑海外网络，但从数据来看，其数量还是明显偏少。因此，今后如何积极增加海外网点建设，是中国的银行国际化发展的一项重要课题。而在当前中国的银行海外网络仍处在未成熟阶段时，通过与外国银行的合作，提供一定

的人民币金融服务还是有必要的，例如，人民币的国际结算业务，可把人民币国际结算的代理权赋予外国银行，以促进各国人民币国际结算的发展。

（3）人民币金融衍生商品的充实。为了增加人民币对非本国居民的吸引力，需要把更加丰富的人民币金融衍生品提供给人民币的离岸和国内金融市场。如果实现资本项目自由化，非本国居民就能够在中国大陆金融市场买卖各种各样的人民币金融衍生商品，这将极大促进非本国居民使用和持有人民币，因为这能满足他们的投机理财需求、风险回避需求、人民币资产的保值增值需求，这将非常有利于提高人民币的吸引力。当然，仅就目前来说，由于资本项目管制，非本国居民主要还只能接触到人民币的离岸金融市场，因此，积极充实人民币离岸市场的各种人民币金融衍生商品也是有必要的。

今后，伴随着中国的利率市场改革、金融机构和金融监管体系健全化改革等，能够为市场提供更复杂的人民币金融衍生商品的基础条件将得到逐步完善，这将促进人民币金融衍生商品的发展。更重要的是，当前为了支撑人民币的国际结算的普及，能够为规避人民币汇率风险提供可能的期货、期权、掉期交易等金融衍生商品已是不可或缺的。因此，总的来说，需要大力发展人民币金融衍生商品。

（4）中国的外汇市场的建设。无疑，要有一个能够支撑人民币国际结算，包括各种人民币金融衍生商品交易结算的国际外汇交易平台，而这就涉及需要深化外汇市场建设的问题。今后，随着中国汇率制度的改革，人民币汇率变动的幅度会增大，就会产生人民币的汇率风险，那么，为了规避这个风险的金融衍生商品交易需求也将随之增大。但这样一些交易，除了被用于正常的风险规避，也会被大量用于投机，因此，一个健全的金融体系是非常有必要的。所以，建设外汇市场，必须与金融体系的健全化改革一起推进。

中国的外汇市场也被称为"外汇交易中心"，总部设在上海。通过与IT技术的高度融合，其在技术上的现代化已获得相当进展，也导入了如"做市商制度"等现代化的交易规则，但仍然存在很多市场管制。比如，进入市场交易需要严格的资格认证，并非能够自由进出的市场。在此基础

上，外汇交易中心会每天公布中间汇率，只允许外汇市场的交易参加者在中间汇率的上下较小幅度内进行交易。这样人民币汇率也就不能真正反映市场的供求关系，容易导致前几章中谈到的一系列问题。

因此，汇率市场化应该是今后要继续保持的一个改革方向。需要逐步放宽外汇市场交易的资格审查，扩大交易主体数量，充实相关的金融衍生商品的供给，提高市场监管能力，逐步放宽汇率变动幅度等一系列改革。

小　　结

本章对面向东亚货币金融合作的必要的中国经济改革进行了系统的梳理。可简单总结如下。东亚各国经济的同质性和一体化，是东亚货币金融合作的基础。处于低估水平的人民币汇率，可能妨碍区域内进行合理的资源分配和国际分工，影响东亚各国经济的同质性和一体化的形成。因此，为了推进东亚货币金融合作，中国应该允许人民币逐步升值，以趋于人民币汇率的合理水平（均衡汇率水平）。当然，人民币升值不仅是为了推进东亚货币金融合作，也是为了中国自身的经济发展。由于低估的人民币汇率和片面保持对美元稳定的汇率制度，已经给中国带来了较大的通货膨胀压力和资产泡沫压力，维持货币金融政策独立性的成本越来越高。所以，中国还需要改革汇率制度，采用以共同 G3 货币篮子为基准并按照 BBC 规则运行的管理浮动汇率制。这样，也能带动其他东亚各国共同采用该制度。而通过这样的汇率合作（货币合作），也就使东亚货币金融合作得到了深化，这对于中国自身经济的发展非常有利。对汇率制度改革时，必须重视国际金融的"三角悖论"，在放弃了固定汇率制后，中国必须保留货币金融政策的独立性，这就使得资本项目自由化改革成为必选。而随着东亚货币金融合作的深化，资本项目自由化改革将大大有利于推动人民币成为东亚区域内的基轴货币，如果成功，将为中国带来难以估量的利益。但在推进资本项目自由化时，必须小心谨慎，严格按照正确的顺序步骤进行，首先要完成强化本国金融体系等一系列国内经济改革。

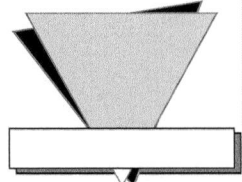

结　　语

　　本书从重构国际货币体系，促进包括中国在内的东亚整体的经济发展的视角，着重探讨了东亚货币金融合作和中国的对策问题。

　　从已有的先行研究来说，当今的国际货币体系"美元本位制"和货币金融危机往往被割裂成两个独立问题来考虑，但是这二者之间其实存在着深刻联系。本书以1997年的东亚货币金融危机为例，详细探讨了二者之间的关系。在当前以浮动汇率制为主流汇率制度的"美元本位制"的国际货币体系下，美元与其他货币之间的"不对称性"问题越来越严重。美国利用美元作为国际基轴货币的"负债结算"特权，支持着其长期持续的经常项目赤字，向世界供给了巨大规模的过剩美元。其结果，以过剩美元为核心，全世界形成了过剩货币资本，伴随着它的过剩流动性等问题也就此产生。在这样的背景下，这些过剩货币资本，在世界各国资本项目自由化改革的助推下，会频繁利用各国利率差和货币汇率波动逐利，由于其规模巨大，很容易对一些国家的经济产生巨大影响，而比较严重的表现就是世界各地频繁发生的货币金融危机。正是从这个角度上说，当今的"美元本位制"是这些货币金融危机的共同根源，充分反映了当前国际货币体系的内在缺陷。为了防止类似危机的再发，在推动东亚货币金融合作时，应该纳入改革"美元本位制"的战略目标。本书就是本着这样的思路，逐步展开相关的分析和探讨。

　　东亚货币金融合作确实具备改革"美元本位制"内在缺陷的巨大潜力。当前，由于东亚各国一直没有脱离"美元圈"，致使美元作为国际基轴货币的能力远超欧元，事实上东亚各国成了支撑"美元本位制"的主要基础。因此，本书提出应将脱离"美元圈"作为东亚货币金融合作的长期目标，以此弱化美国的"负债结算"能力，并通过推动人民币在亚洲的基轴货币化，或最终共同创建出亚洲共同货币，使国际货币体系形成三足鼎立（美元、欧元、人民币或亚元）局面的"复数基轴货币体系"。在这一体系下，通过竞争原理，对当前美元一家独大的国际基轴货币霸权形成有力牵制。在这样的新的国际货币体系下，包括中国在内的东亚各国的经济更容易实现安定发展，这正是东亚货币金融合作的真正意义所在。

　　为了实现上述目标，当前应积极推动深化东亚货币金融合作，而其中的重要一环，就是东亚各国的汇率合作。因此，东亚各国如何进行本国汇

率制度改革，就成为一个重要问题。在这个问题上，国际学界较为流行的"两极论"所提出的见解并不完全正确，也不完全适用于东亚。东亚各国实行汇率制度改革时，还是应该着眼于如何深化东亚货币金融合作，而不是各干各的，单打独斗。对此，日本学者提出的渐进的区域货币金融合作的主张具有较大的合理性，值得重视。

在这种渐进的区域货币金融合作的过程中，中国将可能发挥重大作用，这不单对东亚整体利益有利，对中国本身的经济发展更为有利。本书对此做了详细分析探讨。

首先，从中国的对外贸易投资角度分析，可以明显看到，东亚市场对于中国的意义，已经不亚于美国和欧洲市场。因此，通过深度的东亚货币金融合作，不但可以稳定发展中国与其他东亚各国的经贸往来，还可以通过带动这些东亚国家共同繁荣，为中国经济的稳定发展创造一个良好的周边外部环境。尤其重要的是，从中国自身来说，通过积极推动和参与东亚货币金融合作，能够使所负担的美元"基轴货币税"大大减轻，同时将非常有利于推动人民币在东亚的基轴货币化。类似当年在欧洲，德国马克最终取代美元成为区域基轴货币的一幕，很可能在东亚重新上演。因为通过深化东亚货币金融合作，有利于各国货币实现稳定，有利于区域的贸易构造向"自我完成型"转变，有利于促进区域内贸易投资交易的更加活跃，在这一过程中，人民币很可能在东亚成为区域的基轴货币，这样不但有利于继续深化东亚货币金融合作，更有利于中国自身的经济发展。因此，中国应该积极参与和推动东亚货币金融合作的发展。与持类似观点的先行研究所不同的是，本书将人民币国际化的成败标准严格设定在人民币是否能够成为区域的基轴货币，并以此为中心，详细讨论了人民币基轴货币化的各种经济条件和通过东亚货币金融合作来促进人民币基轴货币化的经济机制，并在此基础上明确提出，人民币应该通过 AMS 体系，争取成为东亚的基轴货币。

其次，在明确了上述东亚货币金融合作对中国的重要意义之后，也要看到，它如今已经陷于停滞状态的所谓"协调性失败"的合作困局。环顾东亚各国，恐怕也只有中国具有打破这个僵局的能力。其原因就在于中国远超其他国家的对贸易竞争压力的承受力。东亚货币金融合作陷入停滞的主要表现，就是区域内的汇率合作迟迟得不到发展，区域内各国在汇率制度的改革问题上仍然各行其道。而导致这一现象的主要原因就在于，很多国家担心，自己如果先行改革现行汇率制度，会招致本国国际价格竞争力下降带来的潜在的损失。而中国对其他国家的贸易竞争压力特别强大，因此，这些国家更加不敢率先改革汇率制度，实行汇率合作。对此，中国应该主动打开僵局，率先迈出改革汇率制度和推动汇率合作的第一步。尽管可能会因此蒙受一定潜在损失，但中国凭借自身强大的经济力足以应付。而此时的一点损失，也可看作是获得未来巨大收益的必要成本。从这也可看出，中国所具备的领导和推动东亚货币金融合作的巨大能力是不可替代的。

当然，中国真正发挥出这样的强大领导力的前提是，必须处理好一系列相关的国内经济改革。

首先就是人民币改革。而它又可分为人民币的汇率改革和汇率制度改革这两个部分。关于人民币的汇率，一直以来就围绕汇率高低存在很大争议。本书采用了不但包含传统的价格变化因素，还包含原材料投入系数、交易条件、劳动投入系数等实体经济层面因素的均衡汇率测定模型——"吉川理论"加以推算，并获得了人民币对美元和日元的具体的均衡汇率数值。如果依据这组数值，人民币的名义汇率确实存在低估现象。而人民币均衡汇率较高的根本原因在于中国快速提高的生产能力。人民币汇率的长期低估，并不利于东亚经济同质性和一体化发展，最终将阻碍深度的东亚货币金融合作，因此，并不符合中国的长期利益。当然，即使从中国的短期国内利益来说，人民币的低估也已经造成了很多问题。因此，对人民币汇率的改革是必要的。当然，除了汇率改革，还需要进行汇率制度改革。而以共同 G3 货币篮子为基准并按照 BBC 规则运行的管理浮动汇率制非常符合中国国内经济发展要求和深化东亚货币金融合作的要求，因此应在现阶段采用。

其次，如果中国选择了上述汇率制度，也就意味着中国放弃了片面保持对美元稳定的汇率制了，此外，由于还必须维持货币金融政策的独立性，那么依据国际金融的"三角悖论"，中国将必须推动资本项目自由化改革。而这项改革又必须以国内金融体系的健全化等一系列改革为基础。

当然，这些改革对于未来的人民币基轴货币化也是必不可少的。可以说，国内的经济改革也需要纳入东亚货币金融合作的国际视野，重新整理思路，而这正是本书最后一章所探讨的问题。

综上所述，本书围绕上述这样一条主线，逐次进行了较为详细的理论阐述和探讨。当然，随着东亚各国乃至世界各国的经济政治形势的日新月异，仅仅通过一本书，甚至几本书，是难以穷尽所有问题的，还需要今后不断地应对新情况、新形势深化研究。比如，针对近年来的欧债危机、英国脱欧事件，东亚应该从中汲取什么样的经验教训？随着美国重返亚太战略的实施，东亚内部围绕领土领海主权争端日益尖锐，在这样的背景下，东亚货币金融合作何去何从？如此等等的不少问题的解答，都有待集思广益，继续探究。

参考文献

日文文献:

[1] 阿部清司. トリレンマ理論からみたアジア危機、マレーシア、及びドル化 [J]. 千葉大学経済研究, 2001 (16 – 2).

[2] 荒巻健二. 国際金融資本取引自由化のsequencing——日本の経験と中国への示唆 [J]. 開発金融研究所報, 2004 (21).

[3] 安念潤司, 岩原紳作, 神田秀樹, 北村行伸, 佐伯仁志, 櫻井敬子, 塩野宏, 道垣内弘人, 福田慎一. 中央銀行と通貨発行を巡る法制度についての研究会 [J]. 日本銀行金融研究所, 2004 (8).

[4] 伊藤隆敏. 人民元は切り上げるべきか (下) [J]. 経済セミナ, 2003 (12).

[5] 伊藤隆敏. 人民元改革の分析 [C]. RIETI Discussion Paper, 2006 (06 – J – 028).

[6] 伊藤隆敏, 清水順子, 小川英治. 東アジア通貨バスケットの経済分析 [M]. 日本：東洋経済新報社, 2007.

[7] 井上伊知郎. 西欧諸国の貿易の契約・決済通貨構成について – 戦後の双務支払協定との関連において – [J]. 産業経済研究, 1987 (28 – 1).

[8] 井上伊知郎. 為替媒介通貨ドイツ・マルク成立の背景について [J]. 産業経済研究, 1992 (33 – 3).

[9] 井上伊知郎. 欧州の国際通貨とアジアの国際通貨 [M]. 日本：日本経済評論社, 1994.

[10] 井上伊知郎. 円の国際化 [A]. 見：上川孝夫, 藤田誠一, 向壽一編. 現代国際金融論 [C]. 有斐閣, 1999.

[11] 今井譲. アジアの通貨危機と金融市場 [M]. 日本：御茶の水書房, 2003.

[12] 岩田健治. 欧州金融・通貨圏と域内証券取引 – 対顧客取引か

らみたマルクの為替媒介通貨化の背景［A］．見：田中素香編．EMS：欧州通貨制度［C］．日本：有斐閣，1996.

［13］岩田健治．グローバル化・地域統合時代の国際通貨論試論［J］．研究年報経済学，2005（66－3）.

［14］岩田健治．EU 通貨統合と新たな模索［A］．見：上川孝夫，藤田誠一，向壽一編．現代国際金融論（第三版）［C］．日本：有斐閣，2007.

［15］岩田健治．金融グローバル化とEU－EMSからユーロへ－［A］．見：田中素香，岩田健治編．現代国際金融［C］．日本：有斐閣，2008.

［16］円の国際化推進研究会．中間論点整理［R］．日本：日本財務省，2000－6－30.

［17］大蔵省．金融の自由化及び円の国際化についての現状と展望［R］．大蔵省，1984.

［18］大田英明．資本取引・金融自由化と安定的経済発展［J］．愛媛大学法文学部論集　総合政策学科編，2007（22）.

［19］大野早苗，福田慎一．東アジアの相互依存と通貨制度－通貨危機後の東アジア経済圏における為替政策の波及効果［J］．ESRI Discussion Paper Series，2003（82）.

［20］大矢繁夫．ドイツの金融自由化・金融国際化［A］．見：村岡修三，佐々木隆生編．構造変化と世界経済［C］．日本：藤原書店，1993.

［21］翁邦雄，白川方明，白塚重典．金融市場のグローバル化：現状と将来展望［J］．金融研究，1999（8）.

［22］小川英治．通貨バスケット制導入の効果と障害［J］．経済研究所年報，2001（14）.

［23］小川英治．中国の台頭と東アジアの金融市場［M］．日本：日本評論社，2006.

［24］小川英治，孫立堅．ドル・ペッグ下における金融危機と通貨危機［J］．経済経営研究，1999（20－33）.

　［25］小川英治，中田勇人．東アジアにおける通貨制度の協調の必要性とその範囲［J］．一橋大学商学部ワーキング・ペーパー，2002（80）．

　［26］奥田宏司．ドル体制と国際通貨［M］．日本：ミネルヴァ書房，1992．

　［27］奥田宏司．西欧におけるドイツ・マルクの国際通貨化の現状と為替調整取引［J］．証券経済，1993（183）．

　［28］奥田宏司．ドル体制とユーロ、円［M］．日本：日本経済評論社，1996．

　［29］奥田宏司．ドル体制の変遷と現局面［J］．経済学研究，1999（66 – 4）．

　［30］奥田宏司．円とドルの国際金融：ドル体制下の日本を中心に［M］．日本：ミネルヴァ書房，2007．

　［31］外国為替等審議会．円の国際化について［R］．大蔵省，1985．

　［32］外国為替等審議会．21世紀に向けた円の国際化［R］．大蔵省，1999．

　［33］河西宏之．カレンシーボード制について［J］．亜細亜大学国際関係紀要，1998（8 – 1）．

　［34］河西宏之．ドル化と最適通貨地域［J］．亜細亜大学国際関係紀要，2000（10 – 1）．

　［35］河西宏之．発展途上国の資本取引規制をめぐって［J］．亜細亜大学国際関係紀要，2001（10 – 2）．

　［36］柏木吾朗，中居良司．均衡為替レートの水準を表す指標について［J］．フィナンシャル・レビュー，1999（48）．

　［37］鎌田信男．アルゼンチン金融危機発生のメカニズム［J］．世界経済評論，2002（46 – 12）．

　［38］上川孝夫．EC通貨統合と国際通貨システム（2）－マルク国際化の構造をめぐって［J］．エコノミア，1992（43 – 3）．

　［39］上川孝夫．EC通貨統合と国際通貨システム－ECU・マルク・

ドル‐［J］．エコノミア，1992（42‐3，42‐4）．

［40］上川孝夫，藤田誠一，向寿一．現代国際金融論［M］．日本：有斐閣ブックス，2003．

［41］上川孝夫，藤田誠一，向壽一．現代国際金融論（第三版）［M］．日本：有斐閣ブックス，2007．

［42］神沢正典．東アジアにおける通貨・金融協力の政策課題［J］．信用理論研究，2006（24）．

［43］河合正弘．為替レート制度の現状と評価［M］．日本：MITI，1995．

［44］河合正弘．振興市場経済と国際金融システム改革‐東アジア通貨・金融危機の教訓［J］．フィナンシャル・レビュー，2001（54）．

［45］河合正弘．通貨バスケット制の提唱‐国際通貨システムと円の役割［J］．季刊未来経営，2002（4）．

［46］河合正弘．東アジアにおける経済統合の制度化［A］．見：国際通貨研究所編．東アジア研究所報告書［C］．日本：国際通貨研究所，2003．

［47］河合正弘．中国経済と人民元‐人民元切上げへの3つの視点［N］．週間東洋経済，2004‐2‐21．

［48］川崎健太郎，小川英治．東アジアにおける共通通貨政策圏［J］．ファイナンシャル・レビュー，2006（83）．

［49］川本明人．為替媒介通貨を巡る論点［J］．修道商学，1995（36‐1）．

［50］関志雄．人民元切り上げ論争［M］．日本：東洋経済新報社，2004．

［51］関志雄．中美と中日間の貿易不均衡実態の解析［R］．経済産業研究所（http：//www．rieti．go．jp/users/kan‐si‐yu/cn/c060224‐2．html），2006．

［52］北原勇，鶴田満彦．資本論体系第10巻‐現代資本主義［M］．日本：有斐閣，1983．

［53］木下悦二．国際経済の理論［M］．日本：有斐閣，1979．

［54］木下悦二. 世界不均衡を巡って – 世界経済の構造変化の視点から – ［J］. 世界経済評論, 2007 (51 – 9).

［55］金明浩. 東アジア通貨協力のためのバスケットについて［C］. 日本：中央大学研究報告会, 2006.

［56］熊本方雄, 熊本尚雄. 為替相場のボラティリティが国際貿易に与える影響［A］. 見：福田慎一, 小川英治編. 国際金融システムの制度設計［C］. 東京大学出版会, 2005.

［57］倉科寿男. 世界の外国為替相場制度（上）（下）［J］. 世界経済評論, 1995 (39 – 10, 39 – 11).

［58］黒岩達也. 人民元問題と中国の金融資本市場改革——中国経済の国際化のためには人民元改革と対外資本取引の自由化が不可欠［J］. 信金中金月報, 2005 (4 – 6).

［59］黒田東彦. 通貨の興亡—円、ドル、ユーロ、人民元の行方［M］. 日本：中央公論社, 2005.

［60］経済産業省. 通商白書 2005 年版［R］. 日本：経済産業省, 2005.

［61］経済理論学会. 現代世界経済と国際通貨（経済理論学会年報第 19 集）［C］. 日本：青木書店, 1982.

［62］小島清. 雁行型経済発展論［第 2 巻］［M］. 日本：文具堂, 2004.

［63］小西一雄. 現代における通貨と信用の諸問題［A］. 見：北原勇, 鶴田満彦, 本間要一郎. 資本論体系第 10 巻 – 現代資本主義［C］. 日本：有斐閣, 1983.

［64］小宮隆太郎. フロート制の回顧と為替理論の展望［J］. 理論経済学, 1984 (4 – 1).

［65］小宮隆太郎, 森川正之. 為替レートはどう決まるか［J］. 通商産業研究所 Discussion Paper, 1995 (95 – DOJ – 58).

［66］近藤健彦. アジア共通通貨戦略［M］. 日本：彩流社, 2003.

［67］蔡剣波. 1997 年アジアの通貨・金融危機における香港のカレンシ – ボード制［J］. 海外事情研究, 2000 (27 – 2).

　　[68] 斎藤智美. 地域的国際通貨としてのユーロ－アンカー通貨機
能を中心に［J］. 研究年報経済学, 2003（64－4）.

　　[69] 清水聡. 中国の為替制度変更と資本取引自由化の展望［J］.
環太平洋ビジネス情報, 2004（15）.

　　[70] 白井早由里. カレンシーボードの経済学—香港にみるドル連
動制の再考［M］. 日本：日本評論社, 2000.

　　[71] 白井早由里. 現代の国際金融・検証経済危機と為替制度
［M］. 日本：東洋経済新報社, 2002.

　　[72] 承怡清. カレンシーボード制の理論と現実—香港ドルの対米
ドルペッグを中心に［J］. 国学院大学経済学研究, 2000（32）.

　　[73] 信用理論研究会. 金融グローバリゼーションの理論［M］. 日
本：大月書店, 2006.

　　[74] 砂村賢. 国際金融危機の政治経済学［M］. 日本：日本経済新
聞社, 2002.

　　[75] 高浜光信. EMSにおける非対称性に関する一考察－ドイツ・
マルクの準備・介入通貨が持つ意味［J］. 六甲台論集, 1995（40－2）.

　　[76] 滝沢健三. 国際通貨論入門［M］. 日本：有斐閣, 1990.

　　[77] 田中素香. ドイツ・マルクの為替媒介通貨化と国際ポートフ
ォリオ投資：『コンヴァージェンス・トレイド』を題材に［J］. 研究年
報経済学, 1994（57－4）.

　　[78] 田中素香. ドルを駆逐して発展するマルク通貨圏［J］. 世界
経済評論, 1994（38－10）.

　　[79] 田中素香. ドイツ・マルクの為替媒介通貨化と国際ポートフ
ォリオ投資：『コンヴァージェンス・トレイド』を題材に［J］. 研究年
報経済学, 1995（57－4）.

　　[80] 田中素香. EMS：欧州通貨制度［M］. 日本：有斐閣, 1996.

　　[81] 田中素香. ユーロ—その衝撃とゆくえ［M］. 日本：岩波新
書, 2002.

　　[82] 田中素香, 藤田誠一. ユーロと国際通貨システム［M］. 蒼天
社, 2003.

［83］田中素香，金明浩．ドル・ユーロ・円の通貨バスケットによる東アジアの為替相場協力——シミュレーション［J］．世界経済評論，2004（48－11）．

［84］田中素香．現代国際金融［M］．日本：有斐閣，2006．

［85］田中素香，岩田健治．現代国際金融［M］．日本：有斐閣，2008．

［86］露見誠良．アジア金融危機とシステム改革［M］．日本：法政大学出版社，2000．

［87］徳永潤二．ヨーロッパにおけるドイツ・マルクの国際通貨化［J］．立教経済学研究，1998（51－4）．

［88］徳永潤二．アメリカ国際通貨国特権の研究［M］．日本：学文社，2008．

［89］徳永正二郎．現代外国為替論［M］．日本：有斐閣，1982．

［90］徳永正二郎．国際通貨・ドル本位制・変動相場制［J］．経済学研究，1989（54－6）．

［91］鳥谷一生．危機後における東アジア地域の通貨金融協力体制：『米ドル本位制』下における意義と限界［J］．大分大学経済論集，2004（56－3）．

［92］中條誠一．アジアにおける円の国際化［J］．経済学論纂，2001（42－1，42－2）．

［93］中條誠一．アジア通貨危機と通貨・金融協力［A］．見：青木健，馬田啓一編．日本の通商政策入門［C］．日本：東洋経済新報社，2002．

［94］中條誠一．アジアの経済統合に不可欠な通貨システムの改革－人民元の調整から通貨統合へ向けて（前編，後編）［J］．貿易と関税，2004（4，5）．

［95］中條誠一．アジアにおける通貨システム改革の筋道［J］．経済学論纂，2008（48－1，48－2）．

［96］中條誠一．東アジアの通貨・金融協力の現状と展望［A］．見：馬田啓一，木村福成編著．検証・東アジアの地域主義と日本［C］．

文眞堂，2008.

　[97] 中條誠一. アジアの通貨・金融協力と通貨統合 [M]. 日本：文真堂，2010.

　[98] 西倉高明. 基軸通貨ドルの形成 [M]. 日本：勁草書店，1998.

　[99] 西島章次. アルゼンチンの通貨危機と今後の課題 [J]. 世界経済評論，2002（46－3）.

　[100] 西島章次. アルゼンチン―カレンシーボード制の挫折と通貨危機 [J]. アジ研　ワールド・トレンド，2003（97）.

　[101] 野村幸宏. ユーロ・マルク市場の構造変化と欧州の国際通貨マルク [J]. 経営研究，1999（50－3）.

　[102] 野村幸宏. 国際通貨マルクとブンデスバンク [J]. 経営研究，2002（53－1）.

　[103] 飯田裕康. 金融グローバリゼーションの理論 [M]. 日本：信用理論研究学会，2005.

　[104] ビヤンバ・バトサイハン. カレンシーボード制と経済伸縮性 [J]. 亜細亜大学大学院経済学研究論集，2004（28）.

　[105] ビヤンバ・バトサイハン. 発展途上国におけるドル化の動向とその意義 [J]. 亜細亜大学大学院経済学研究論集，2005（29）.

　[106] 広田堅志. 中国における短期資本流動管理の実態－現状・問題・対策 [J]. 広島経済大学経済研究論集，2009（32－2）.

　[107] 深尾光洋. 国際金融 [M]. 日本：東洋経済新報社，1990.

　[108] 深町郁彌. 現代資本主義と国際通貨 [M]. 日本：岩波書店，1982.

　[109] 深町郁彌. ドル本位制の研究 [M]. 日本：日本経済評論社，1993.

　[110] 深町郁彌. 基軸通貨ドルの侵食と『不換通貨論』―伊藤武氏の理論をめぐって－ [J]. 松山大学論集，1994（6－3）.

　[111] 福田慎一，小川英治. 国際金融システムの制度設計 [M]. 日本：東京大学出版会，2006.

［112］細野健二，塩澤健一郎．アルゼンチン経済危機とマクロ経済安定化への道のり［J］．開発金融研究所報，2005（26）．

［113］牧野達治，宮川努，外谷英樹．均衡為替レートの作成［J］．統計，2004（3）．

［114］松井謙．フロート制をめぐる諸問題（上）（下）［J］．国際金融，1982（691，692）．

［115］宮川努，外谷英樹．アジア通貨危機と均衡為替レート［J］．フィナンシャル・レビュー，1999（48）．

［116］村瀬哲司．通貨投機のターゲット香港ドル［J］．世界経済評論，1998（42‐12）．

［117］村瀬哲司．東アジアの地域通貨圏，二段階で形成を［A］．見：青木健，馬田啓一編．政策提言：日本の対アジア経済政策［C］．日本：日本評論社，2004．

［118］村瀬哲司．東アジアにおける通貨・金融協力の政策課題［J］．信用理論研究，2006（24）．

［119］村瀬哲司．東アジアの通貨・金融協力［M］．日本：勁草書房，2007．

［120］村本孜．フロート制の経験［J］．経済研究，1982（76）．

［121］毛利良一．アルゼンチン経済危機とIMF［J］．証券経済研究，2003（43）．

［122］山上宏人．変動為替相場制度：フリードマン対ミード（1）（2）［J］．神戸外大論業，1988（39‐6，39‐7）．

［123］山下英次．カレンシーボード制の仕組みと近年における復活の背景［J］．大阪市立大学証券研究年報，1998（3）．

［124］山下英次．カレンシーボード制の導入方法と通貨投機に対する抵抗力［J］．証券経済研究，1999（21）．

［125］山下英次．アジア版EMSの構築と日中両国の共同リーダーシップの必要性［J］．経済学雑誌，2009（110‐3）．

［126］山下英次．東アジア共同体を考える―ヨーロッパに学ぶ地域統合の可能性［M］．日本：ミネルグァ書房，2010．

　[127]　山本栄治. 基軸通貨の交替とドル –「ドル本位制」研究序説 –
[M]. 日本：有斐閣，1988.

　[128]　山本栄治.「ドル本位制」下のマルクと円 [M]. 日本：日本
経済評論社，1994.

　[129]　山本栄治.『ドル本位制』下のマルクと円——三極通貨体制
の構造 [J]. 経済科学，1995.

　[130]　山本栄治. 国際通貨システム [M]. 日本：岩波書店，1997.

　[131]　山本栄治.「ドル本位制」と国際資金循環の不安定性 [J].
経済学研究，1999（66 – 4）.

　[132]　山本栄治. 国際通貨と国際資金循環 [M]. 日本：日本経済
評論社，2002.

　[133]　吉川洋. 均衡円・ドルレートについて [J]. フィナンシャ
ル・レビュー，1987（5）.

　[134]　吉川洋. 均衡円・ドルレート再論 [J]. フィナンシャル・レ
ビュー，1989（12）.

　[135]　吉川洋. 均衡為替レート [J]. フィナンシャル・レビュー之
均衡為替レート特集，1999（48）.

　[136]　吉田頼且. 香港のカレンシーボード制は存続するか？ [J].
国際金融，2002（1092）.

　[137]　吉冨勝. 日本経済—世界経済の新たな危機と日本 [M]. 日
本：東洋経済新報社，1981.

　[138]　吉冨勝. アジア経済の真実 [M]. 日本：東洋経済新報
社，2003.

　[139]　吉冨勝. 東アジア共同体への道 [J]. 日本経済研究センター
会報，2006（940）.

　[140]　李暁. ドル体制の持続可能性、東アジア通貨協力及び人民元
国際 [J]. 国際金融，2010（1217）.

　[141]　李暁，丁一兵. 東アジア通貨体制の構築（上）、（下）[J].
国際金融，2005（1148，1149）.

　[142]　李暁，平山健二郎. 東アジア通貨システムの構築と「円の国

際化」（上，中，3，4）［J］. 世界経済評論，2001，2002（45 – 11，45 – 12，46 – 1，46 – 4）.

［143］渡辺真吾，小倉将信. アジア通貨単位から通貨同盟までは遠い道か［J］. 日本銀行ワーキングシリーズ，2006（06 – J – 21）.

［144］GilpinRobert. グローバル資本主義［M］. 古城佳子，訳. 日本：東洋経済新報社，2001.

［145］KortenDavid. グローバル経済という怪物［M］. 桜井文，訳. 日本：Springer 東京，1997.

［146］Krugman Paul R，Maurice Obstfeld. クルーグマン国際経済学（5 版）［M］. 吉田和男，訳. 日本：エコノミスト社，2002.

［147］Stiglitz Joseph E. 世界を不幸にしたグローバリズムの正体［M］. 鈴木主税，訳. 日本：徳間書店，2002.

［148］Williamson John. 国際通貨制度の選択［M］. 小野塚佳光，訳. 日本：岩波書店，2005.

英文文献：

［149］Barth Richard C，Chorng – HueyWong. Approaches to Exchange Rate Policy［M］. IMF，1994.

［150］Bayoumi T，B Eichengreen，P Mauro. On Regional Monetary Arrangements for ASEAN［J］. Journal of the Japanese & International Economies，2000（14）.

［151］Bayoumi T，B Eichengreen. One Money or Many? Analyzing the Prospects for Monetary Unification in Various Parts of the World［J］. Princetan Studies in International Finance，1994（76）.

［152］Bayoumi T，P Mauro. The Suitability of ASEAN for a Regional Currency Arrangement［J］. The World Economy，2001（24 – 7）.

［153］Bayoumi T. The Effects of the ERM on Participating Economies［J］. IMF Staff Papers，1992（39）.

［154］Bayoumi T，B Eichengreen. Operationalizing the Theory of Optimum Currency Areas［J］. CEPR Discussion Paper，1996（1484）.

［155］Beine M, F Docquier. A Stochastic Model of an Optimum Currency Area ［J］. Open Economics Reiew, 1998 （9）.

［156］BilsonJFO. The 'Vicious Circle' Hypothesis ［J］. IMF Staff Papers, 1979 （26 – 1）.

［157］BIS. Triennial Central Bank Survey of Foreign Exchange and Derivatives Market Activity ［C］. BIS, 2004.

［158］Calvo Guillermo, Carmen M Reinhart. Fear of Floating ［J］. NBER Working Paper, 2000 （7993）.

［159］Cohen Benjamin J. The Future of Sterling as an International Currency ［M］. London: The Macmillan Press LTD, 1971.

［160］Cohen Warren I. East Asia at the Center: Four Thousand Years of Engagement with the World ［M］. New York: Columbia University Press, 2000.

［161］Devereux MB, Charles Engel. Fixed and Floating Exchange Rates: How Price Setting Affects the Optimal Choice of Exchange—rate Regine ［J］. NBER Working Paper, 1998 （6867）.

［162］Dornbush Rudiger, Yung Chul Park. Flexibility or Nominal Anchors? ［A］. in: Stefan Colligon, Jean Pisaniferry, Yung Chul Park. Exchange Rate Policies in Emerging Asian Countries ［C］. London: Routledge, 1999.

［163］Edwards Sebastian. On Crisis Prevention: Lessons from Mexico and East Asia ［J］. NBER Working Paper, 1999 （7233）.

［164］Eichengreen B, Michael Mussa. Capital Account Liberalization and the IMF ［J］. Finance & Development, 1998 （35 – 4）.

［165］Eichengreen B Paul Masson. Transition Strategies and Nominal Anchors on the Road to Greeter Exchanger Rate Flexibility ［J］. Essays in International Finance, 1999 （213）.

［166］Eichengreen B, Ricardo Hausmann. Exchange Rates and Financial Fragility ［J］. NBER Working Paper, 1999 （7418）.

［167］Eichengreen B. International Monetary Arrangements for the 21st Century ［M］. Washington, D. C. , Brookings Institution, 1994.

［168］ Fischer Stanley. On the Need for an International Lender of Last Resort ［J］. The Journal of Economic Perspectives, 1999 (3 −4).

［169］ Fischer Stanley. Exchange Rate Regimes: Is the Bipolar View Correct? ［J］. Journal of Economic Perspectives, 2001 (15 −15, 15 −2).

［170］ FrankelJA, S Schmukler, L Serven (2000). Verifiability and the Vanishing Intermediate Exchange Rate Regime ［J］. NBER Working Paper, 2000 (7901).

［171］ FrankelJA, AKRose. The Endogeneity of the Optimum Currency Area Criteria ［J］. NBER Working Paper, 1996 (5700).

［172］ FrankelJA, AKRose. Is EMU More Justifiable ex post Than ex ante? ［J］. European Economic Review, 1997 (41).

［173］ FrankelJA. No Single Regime is Right for All Countries or All Times ［J］. Essays in International Finance, 1999 (8 −215).

［174］ Goto J. Economic Preconditions for Monetary Integration in East Asia ［J］. Research Institute for Economics and Business Administration − Kobe University, 2002 (132).

［175］ Gourinchas Pierre − Olivies, HRey. From World Banker to World Venture Capitalist: US External Adjustment and the Exorbitant Privilege ［J］. NBER Working Paper, 2005 (11563).

［176］ GrubelHG. The Theory of Optimum Currency Areas ［J］. Canadian Journal of Economics, 1970 (3 −2).

［177］ Hanson J. Opening the Capital Account: Coats, Benefits and Sequencing ［A］. in: Sebastian Edwards. Capital Controls, Exchange Rates, and Monetary Policy in the World Economy ［C］. Cambridge University Press, 1995.

［178］ IngramJC. The Case for European Monetary Integration ［J］. Essays in International Finance, 1973 (98).

［179］ Ishii Shogo, Karl Friedrich Habermeier, Jorge Ivan Canales − Kriljenko. Capital Account Liberalization and Financial Sector Stability ［M］. IMF, 2002.

［180］JohnstonR Barry. Exchange Rate Arrangements and Currency Convertibility: Development and Issues ［M］. IMF, 1999.

［181］Kane, Sara. An Irreversible Trend: Seminar Discusses the Orderly Path to Capital Account Liberalization ［J］. IMF Survey, 1998 (27 – 6).

［182］Kawai Masahiro, Taizo Motonishi. Is East Asia an Optimum Currency Area? ［A］. in: Masahiro Kawai. Financial Interdependence and Exchange Rate Regimes in East Asia ［C］. Tokyo: Ministry of Finance, 2004.

［183］Kawai Masahiro, Shigeru Akiyama. Implications of the Currency Crisis for Exchange Rate Arrangements in Emerging East Asia ［J］. World Bank Policy Research Working Paper, 1999 (2502).

［184］Kenen P. The Theory of Optimum Currency Areas: An Eclectic View ［A］. in: RMundell, ASwoboda. Monetary Problems of the International Economy ［C］. Chicago: University of Chicago Press, 1969.

［185］Krugman Paul R. Currencycrisis ［A］. in: IMF. World Economic Outlook ［C］. IMF, 1998.

［186］Kumar Manmohan S. Deflation: Determinants, Risks, and Policy Options? ［M］. IMF, 2003.

［187］KwanCH. The Theory of Optimal Currency Areas and the Possibility of Forming a Yen Bloc in Asia ［J］. Journal of Asian Economics, 1998 (9).

［188］LeeJW, YCPark. A Currency Union in East Asia ［J］. ISER Discussion Paper, 2003 (571).

［189］Masson Paul R. Exchange Rate Regime Transitions ［J］. Journal of Development Economics, 2001 (64).

［190］MathiesonDJ, Rojas – Suarez L. Liberalization of the Captital Account: Experiences and Issues ［M］. IMF, 1993.

［191］McKinnonRI. After the Crisis, the East Asian Dollar Standard Resurrected: An Interpretation of High – frequency Exchange Rate Pegging ［J］. SCID Working Paper, 2001 (88).

［192］MckinnonRI, HPill. Exchange – rate Regimes for Emerging Markets: Moral Hazard and International Overborrowing ［J］. Oxford Review of

Economic Policy, 1999 (15 - 3).

［193］ MckinnonRI. Money in International Exchange: The Convertible Currency System ［M］. Oxford U. P. , 1979.

［194］ McKinnonRI. Optimum Currency Areas ［J］. AER, 1963 (53 -4).

［195］ McKinnonRI. Optimum World Monetary Arrangements and the Dual Currency System ［J］. BNL, 1963 (16).

［196］ McKinnonRI. Private and Official International Money: The Case for the Dollar ［J］. Essays in International Finance, 1969 (74).

［197］ Mishkin Frederic S, Ben SBernanke. Inflation Targeting: Lessons from the International Experience ［M］. Princeton University Press, 1999.

［198］ Mundell Robert A, Alexander KSwoboda. Monetary Problems of the International Economy ［M］. Univ. of Chicago Press, 1969.

［199］ Mundell Robert A. A Theory of Optimum Currency Areas ［J］. AER, 1961 (51 -4).

［200］ Mundell Robert A. CurrencyAreas, Exchange Rate Systems and International Monetary Reform ［J］. Paper delivered at University del CEMA, 2000 (4 - 17).

［201］ NeumeyerPA. Currencies and the Allocation of Risk: The Welfare Effects of a Monetary Union ［J］. American Economic Review, 1998 (88).

［202］ Obstfeld Maurice, RogoffKS. The Mirage of Fixed Exchange Rates ［J］. Journal of Economic Perspectives, 1995 (9 -4).

［203］ Ogawa Eiji. Should East Asian Countries Return to Dollar Peg Again? ［A］. in: Peter Drysdale, Kenichi Ishigaki. East Asian Trade and Financial Integration: New Issues ［C］. Asia Pacific Press, 2002.

［204］ Ogawa Eiji, TakatoshiIto. On the Desirability of a Regional Basket Currency Arrangement ［J］. Journal of the Japanese and International Economies, 2002 (16 -3).

［205］ Ogawa Eiji, Junko Shimizu. AMU Deviation Indicator for Coordinated Exchange Rate Policies in East Asia ［J］. RIETI Discussion Paper, 2005 (05 - E - 017).

[206] Ogawa Eiji, Junko Shimizu. A Role of the Japanese Yen in a Multi – Step Process toward a Common Currency in East Asia [J]. Fukino Project Discussion Paper, 2008 (003).

[207] Ogawa Eiji, Junko Shimizu. AMU Deviation Indicators and Coordinated Exchange Rate Policies under the Global Financial Crisis [J]. Discussion Paper Series, 2009 (125).

[208] Ogawa Eiji. AMU Deviation Indicator for Coordinated Exchange Rate Policies in East Asia and Its Relation with Effective Exchange Rate [J]. RIETI Discussion Paper, 2006 (06 – E –002).

[209] OhJunggun, Charles Harvie. Exchange Rate Coordination in East Asia [J]. The Journal of the Korean Economy, 2001 (2 –2).

[210] ParkYC. Prospects for Financial Integration and Exchange Rate Policy Cooperation in East Asia [J]. ABI Research Paper Series, 2003 (48).

[211] Portes Richard, Helene Rey. The Emergence of the Euro as an International Currency [J]. Economic Policy, 1998 (13 –26).

[212] Quirk Peter J, Owen Evans. Capital Account Convertibility: Review of Experience and Implications for IMF Policies [M]. IMF, 1995.

[213] Rana Pradumna B. Monetary and Financial Cooperation in East Asia: The Chiang Mai Initiative and Beyond [J]. ERD Working Paper Series, 2002 (6).

[214] RiciiLA. A Model of an Optimum Currency Area [J]. IMF Working Paper, 1997 (97 –76).

[215] Rose Andrew K. One Money, One Market: Estimating the Effect of Common Currencies on Trade [J]. Economic Policy, 2000 (30).

[216] Schneider Benu. Issues in Capital Account Convertibility in Developing Countries [M]. London: Overseas Development Institute, 2000.

[217] Shah Ajay, Achim Zeileis, Ila Patnaik. What is the New Chinese Currency Regime? [J]. Vienna University : Department of Statistics and Mathematics, 2005 (23).

[218] Stiglitz Joseph E. Boats, Planes and Capital Flows [J]. Financial

Times, 1998 (3 –25).

［219］SwobodaAK. Vehicle Currencies in the Foreign Exchange Market：The Case of The Dollar ［A］. in：RZAliber. The International Market for Foreign Exchange ［C］. New York：Frederick A. Praeger, 1969.

［220］Wade Robert, Frank Venoroso. The Resources Lie within ［J］. The Economist, 1998 (7).

［221］Walter Ingo. The Global Asset Management Industry：Competitive Structure and Performance ［J］. Instituions & Instruments, 1999 (8 –1).

［222］Williamson John. What Role for Currency Boards？［J］. Institute for International Economics, 1995 (40).

［223］Williamson John. Globalization and Inequality, Past and Present ［J］. The World Bank Research Observer, 1997 (12 –2).

［224］Williamson John. Exchange Rate Regimes for East Asia：Reviving the Intermediate Option ［J］. Institute for International Economics, 2000.

中文文献：

［225］巴克. 发达国家资本账户自由化的经验 ［M］. 北京：中国金融出版社, 2006.

［226］巴曙松. 把香港打造为人民币离岸金融中心 ［J］. 经济月刊, 2002 (4).

［227］巴曙松. 人民币国际化的边贸之路 ［J］. 浙江经济, 2003 (15).

［228］白当伟, 陈漓高. 东亚货币联盟的实现途径——一个设想方案 ［J］. 世界经济研究, 2002 (6).

［229］北京中立诚会计师事务所. 货币市场要与资本市场相协调发展 ［R］. 北京：北京中立诚会计师事务所, 2005.

［230］陈奉先. 中国的实际汇率制度：基于 BBC 框架的动态考察 ［J］. 国际金融研究, 2015 (11).

［231］樊纲, 关志雄, 姚枝仲. 国际贸易结构分析：贸易品的技术分布 ［J］. 经济研究, 2006 (8).

［232］高建良. 人民币汇率体制与金融安全［M］. 北京：经济管理出版社，2006.

［233］高民尚. 解读最高法院《关于审理涉及金融不良债权转让案件工作座谈会纪要》（上）［R］. 中国法院网（http：//www. chinacourt. org/index. shtml），2009.

［234］耿峰，吴俊. 从德国货币一体化协调政策看人民币主导亚洲货币合作［J］. 当代经济，2007（1）.

［235］国际货币基金组织. 资本账户自由化和金融部门稳定［R］. 北京：中国金融出版社，2005.

［236］国家外汇管理局. 中国资本账户管理的限制现状和展望［R］. 北京：中国金融出版社，2003.

［237］国家外汇管理局. 金融脆弱性分析——中国跨境资本流动监测预警体系构建［R］. 北京：中国商务出版社，2005.

［238］国家外汇管理局. 资本流动脆弱性分析研讨会文集［C］. 北京：国家外汇管理局，2005.

［239］国家外汇管理局综合司. 金融外汇监管与货币可兑换的国际经验［R］. 北京：国家外汇管理局综合司，2004.

［240］郝家龙，高鹤. "中国输出通货紧缩论"与人民币升值的经济分析［J］. 经济师，2003（12）.

［241］何帆，覃东海. 东亚建立货币联盟的成本与收益分析［J］. 世界经济，2005（1）.

［242］何帆. 危机之后的亚洲货币合作［J］. 国际经济评论，2001（1，2）.

［243］何慧刚. 最优货币区理论与东亚货币合作问题研究［M］. 北京：中国财政经济出版社，2005.

［244］何慧刚. 东亚货币合作与人民币国际化［J］. 经济前沿，2005（8）.

［245］何一鸣，武兰玉. 东亚货币合作模式分析与中国对策研究［J］. 经济师，2007（2）.

［246］胡国珠. 我国出口结构分析［J］. 科技情报开发与经济，2008

（18－28）.

　　［247］胡磊. 人民币现行汇率制度的实际归类法研究——基于修正的
LYS 分类法的聚类分析［J］. 世界经济研究，2007（8）.

　　［248］胡再勇. 人民币成为亚洲储备性货币现状研究［J］. 经济经
纬，2004（6）.

　　［249］胡祖六. 人民币：重归有管理的浮动［J］. 国际经济评论，
2000（3，4）.

　　［250］姜波克. 人民币自由兑换论［M］. 上海：立信会计出版
社，1994.

　　［251］姜波克. 开放经济下的宏观金融稳定与安全［M］. 上海：复
旦大学出版社，2005.

　　［252］金立群. 资本账户开放：前提条件和顺序［M］. 北京：中国
金融出版社，2003.

　　［253］景学成. 论人民币基本可兑换［J］. 财贸经济，2008（8）.

　　［254］李富有. 区域货币合作：理论、实践与亚洲的选择［M］. 北
京：中国金融出版社，2004.

　　［255］李建民，支大林. 东亚区域经济合作中的主导力量辨析［J］.
东北亚论坛，2006（2）.

　　［256］李靖. 中国外汇市场与资本项目可兑换的协调发展［M］. 北
京：首都经济贸易大学出版社，2007.

　　［257］李靖. 人民币汇率制度与人民币国际化［J］. 上海财经大学学
报，2009（2）.

　　［258］李巍. 金融发展、资本账户开放与宏观经济金融不稳定［M］.
上海：上海财经大学出版社，2008.

　　［259］李晓.“日元国际化”的困境及其战略调整［J］. 世界经济，
2005（6）.

　　［260］李晓. 东亚货币合作为何遭遇挫折［J］. 国际经济评论，2011
（91）.

　　［261］李晓，戴金平. 21 世纪初东亚货币合作与人民币国际化［M］.
长春：吉林大学出版社，2006.

[262] 李晓，丁一兵. 论东亚货币合作的具体措施 [J]. 世界经济，2002 (11).

[263] 李晓，丁一兵. 东亚区域货币体系的构建：必要性、可行性与路径选择 [J]. 科学社会战线，2003 (4).

[264] 李晓，丁一兵. 新世纪的东亚区域货币合作：中国的地位与作用 [J]. 吉林大学社会科学学报，2004 (3 - 2).

[265] 李晓，丁一兵. 亚洲的超越 [M]. 北京：当代中国出版社，2006.

[266] 李扬，余维彬. 人民币汇率制度改革：回归有管理的浮动 [J]. 经济研究，2005 (8).

[267] 李杨，王国刚. 中国金融改革开放 30 年研究 [M]. 北京：经济管理出版社，2008.

[268] 廖发达. 发展中国家资本项目开放与银行稳定 [M]. 上海：上海远东出版社，2001.

[269] 刘红忠，戚海. 亚元诞生的现实性思考 [J]. 世界经济文汇，2001 (2).

[270] 刘力臻，谢朝阳. 东亚货币合作与人民币汇率制度选择 [J]. 管理世界，2003 (3).

[271] 刘曙光. 东亚货币合作的前景与中国的作用 [J]. 国际经济合作，2002 (2).

[272] 刘振林. 东亚货币合作与人民币汇率制度选择研究 [M]. 北京：中国经济出版社，2006.

[273] 卢万青，袁申国. 人民币汇率对我国产业机构影响的实证研究 [J]. 经济问题探索，2009 (11).

[274] 罗娟. 资本账户开放会引起金融危机吗？ [J]. 新金融，2008 (2).

[275] 麦金农，施纳布尔. 中国是东亚地区的稳定力量还是通缩压力之源 [J]. 比较，2003 (7).

[276] 彭斯达，陈继勇. 中美经济周期的协动性研究：基于多宏观经济指标的综合考察 [J]. 国际经济，2009 (2).

［277］彭玉瑢. "汇改"后人民币汇率制度分析［J］. 当代经济，2009（1）.

［278］尚明. 新中国金融 50 年［M］. 北京：中国财政经济出版社，2000.

［279］施建准. 东亚金融货币合作：短期、中期和长期［J］. 国际经济评论，2004（5）.

［280］宋建军. 人民币成为储备货币的条件探讨［J］. 国际经贸探索，2007（3）.

［281］苏亮瑜. 金融危机背景下美元国际货币地位的变化及我国的应对策略［J］. 南方金融，2009（1）.

［282］王国刚. 资本项目开放与中国金融改革［M］. 北京：社会科学文献出版社，2003.

［283］王雪泪. 试论东亚汇率制度协调［J］. 国际金融研究，2003（12）.

［284］魏浩. 中国制成品出口比较优势及贸易结构分析［J］. 世界经济，2005（2）.

［285］吴晓灵. 中国金融体制改革 30 年回顾与展望［M］. 北京：人民出版社，2008.

［286］熊良俊. 国际银行业监管：趋势与启示［J］. 世界经济，1997（2）.

［287］徐明棋. 从日元国际化的经验教训看人民币国际化与区域化［J］. 世界经济研究，2005（12）.

［288］徐奇渊，刘力臻. 人民币国际化进程中的汇率变化研究［M］. 北京：中国金融出版社，2009.

［289］许少强. 货币一体化概论［M］. 上海：复旦大学出版社，2004.

［290］姚枝仲. 不对称竞争压力与人民币的亚洲战略［J］. 世界经济与政治，2004（7）.

［291］叶辅靖. 人民币汇率形成机制研究［M］. 北京：中国计划出版社，2007.

[292] 叶锢. 东亚货币合作与中国的角色分析 [J]. 东南亚研究, 2007 (4).

[293] 易宪容. 中国资本账户开放对香港经济的影响 [J]. 中国流通经济, 2003 (9).

[294] 殷孟波. 中国经济改革 30 年 [M]. 四川: 西南财经大学出版社, 2008.

[295] 余永定, 何帆. 人民币悬念: 人民币汇率的当前处境和未来改革 [M]. 北京: 中国青年出版社, 2004.

[296] 余永定. 见证失衡: 双顺差, 人民币汇率和美元陷阱 [M]. 北京: 三联书店, 2010.

[297] 曾秋根. 央行票据对冲外汇占款的成本、经济后果分析——兼评冲销干预的可持续性 [J]. 财经研究, 2005 (5).

[298] 张斌. 人民币汇率重估与汇率制度改革——基于均衡汇率理论的视角 [J]. 管理世界, 2004 (10).

[299] 张斌. 东亚区域汇率合作: 中国视角 [J]. 世界经济, 2004 (10).

[300] 张斌, 何帆. 亚洲货币单位对东亚货币合作和人民币汇率改革的影响 [J]. 管理世界, 2006 (4).

[301] 张洪梅, 刘力臻, 刘学梅. 东亚货币合作进程中的中日博弈探悉 [J]. 现代日本经济, 2009 (2).

[302] 张静. 人民币在东亚货币合作中地位的思考 [J]. 内蒙古社会科学, 2005 (1).

[303] 张礼卿. 发展中国家的资本账户开放: 理论、政策与经验 [M]. 北京: 经济科学出版社, 2000.

[304] 张礼卿. 资本账户开放与金融不稳定: 基于发展中国家 (地区) 相关经验的研究 [M]. 北京: 北京大学出版社, 2004.

[305] 张礼卿. 应该如何看待人民币的国际化进程 [J]. 中央财经大学学报, 2009 (10).

[306] 张雪莹, 齐立波. 央行票据冲销外汇占款成本的影响因素研究 [J]. 金融发展研究, 2009 (2).

［307］张宇燕，张静春．货币的性质与人民币的未来选择——兼论亚洲货币合作［J］．当代亚太，2008（2）．

［308］张正荣，顾国达．人民币升值与贸易收支平衡［M］．杭州：浙江大学出版社，2010．

［309］张毅来．国际金融体系的构造缺陷与亚洲金融危机的内在联系［J］．经济经纬，2007（4）．

［310］赵春明，李小瑛．东亚货币合作与人民币核心货币地位探析［J］．当代亚太，2007（2）．

［311］赵海宽．人民币可能发展成为世界货币之一［J］．财经问题研究，2002（11）．

［312］赵海宽．人民币成为世界货币条件已经基本成熟［N］．中国产经新闻，2007 - 3 - 21．

［313］赵玲华．透析中国违规资本流动的种种方式［J］．国际经济评论，1999（3 - 4）．

［314］赵庆明．人民币资本项目可兑换及国际化研究［M］．北京：中国金融出版社，2005．

［315］郑良芳．我国商业银行推进国际化战略研究［J］．新金融，2007（2）．

［316］郑凌云．人民币区域化与边贸本币结算功能扩展［J］．国际贸易，2006（7）．

［317］周宇．人民币汇率机制［M］．上海：上海社会科学院，2007．

［318］邹林．资本项目管理改革及下一步任务［R］．北京：国家外汇管理局，2005．